权威·前沿·原创

皮书系列为
“十二五”国家重点图书出版规划项目

基金会绿皮书
GREEN BOOK OF FOUNDATION

中国基金会发展独立研究报告（2015）

THE DEVELOPMENT OF CHINESE FOUNDATIONS: AN INDEPENDENT RESEARCH REPROT (2015)

基金会中心网
中央民族大学基金会研究中心 / 编

社会科学文献出版社
SOCIAL SCIENCES ACADEMIC PRESS (CHINA)

图书在版编目(CIP)数据

中国基金会发展独立研究报告. 2015/基金会中心网，中央民族大学基金会研究中心编. —北京：社会科学文献出版社，2015. 6
（基金会绿皮书）
ISBN 978 - 7 - 5097 - 7566 - 0

Ⅰ. ①中… Ⅱ. ①基… ②中… Ⅲ. ①基金会 - 发展 - 研究报告 - 中国 - 2015 Ⅳ. ①D632. 1

中国版本图书馆 CIP 数据核字（2015）第 117448 号

基金会绿皮书
中国基金会发展独立研究报告（2015）

编　　者 / 基金会中心网　中央民族大学基金会研究中心

出 版 人 / 谢寿光
项目统筹 / 王　绯
责任编辑 / 黄金平

出　　版 / 社会科学文献出版社 · 社会政法分社（010）59367156
地址：北京市北三环中路甲 29 号院华龙大厦　邮编：100029
网址：www. ssap. com. cn
发　　行 / 市场营销中心（010）59367081　59367090
读者服务中心（010）59367028
印　　装 / 北京季蜂印刷有限公司

规　　格 / 开　本：787mm × 1092mm　1/16
印　张：18　字　数：272 千字
版　　次 / 2015 年 6 月第 1 版　2015 年 6 月第 1 次印刷
书　　号 / ISBN 978 - 7 - 5097 - 7566 - 0
定　　价 / 88. 00 元

皮书序列号 / B - 2011 - 186

敦和基金会
DUNHE FOUNDATION

感谢浙江敦和慈善基金会资助

《中国基金会发展独立研究报告（2015）》编辑委员会

基金会中心网介绍

基金会中心网由国内35家知名基金会联合发起，于2010年7月8日正式上线。基金会中心网的使命是建立基金会行业信息披露平台，提供行业发展所需的能力建设服务，促进行业自律机制形成和公信力提升，培育良性、透明的公益文化。

CFC
基金会中心网
CHINA FOUNDATION CENTER

基金会中心网通过互联网披露全国各基金会的联系方式、管理团队、财务状况、公益项目、捐款方、机构动态等信息，提升基金会的透明度和公信力。信息已广泛被政府、企业、媒体、公益组织、学术机构和公众采用，作为制定政策、寻找公益合作伙伴、发现新闻线索、汇集研究数据和找到捐款对象的重要参考资源。

基金会中心网曾获得《半月谈》授予的“中国社会建设十大新闻”、《南风窗》授予的“年度公益组织”和中央编译局授予的“社会创新奖”等荣誉。包括美国比尔·盖茨基金会、德国BMW宝马基金会、中国青基会、中国扶贫基金会、南都公益基金会、中华儿慈会、老牛基金会、华民基金会在内的国内外近50家基金会为基金会中心网提供资助和支持。

基金会中心网同美国基金会中心、欧洲基金会中心建立全球合作伙伴关系，同时，作为全球资助者协会的理事，同国际上20余个国家的慈善组织保持着紧密联系，积极参与全球慈善的治理。

中央民族大学基金会研究中心介绍

中央民族大学基金会研究中心成立于2007年12月，隶属于中央民族大学管理学院。研究中心致力于基金会领域的理论研究、行业分析及政策咨询，特别是国际经验的本地化结合与开发，包括基金会的行业发展分析、基金会的内部治理结构、基金会筹款、基金会法律法规和制度体系、企业或家族基金会咨询等，并依托高校资源进行公益人才培养。

摘 要
大时代、大数据、大趋势

《中国基金会发展独立研究报告（2015）》（绿皮书）是中国专门、全面发布基金会发展状况、问题趋势的独立性、权威性报告。本书以“大时代、大数据、大趋势”的观察分析研究，记述了我国基金会发展的基本状况，总结了基金会发展的基本特点与亮点，并对2014年基金会发展的趋势和重点进行了预测和展望，为行业发展和业内研究提供借鉴和启示。

大时代。2014年，全国基金会发展特点、亮点精彩纷呈：一是关于慈善事业规范发展的呼声很高，基金会在筹集慈善资源以及资助慈善组织提供社会服务中的平台作用日益凸显。国务院首次出台《关于促进慈善事业健康发展的指导意见》等一系列全国性的规范性文件，将慈善事业上升到国家战略高度，本书解读了《意见》的五大利好。二是伴随着慈善立法进入人大立法议程，“立法”成为牵动慈善事业发展的第一主题词，民间对慈善事业立法热情高涨，先后出现北大清华版、上海交大版等至少7个版本的民间立法建议稿，社会组织三大条例修订也密集进行，基金会管理体制酝酿巨大变革。三是慈善与信托业联姻加速，慈善资源使用进一步优化，本书全面解读了慈善信托给基金会带来的影响。四是“政社分开、权责明确、依法自治”的现代社会组织体制加速建立，基金会监管放松，非公募基金会登记管理权限下放，慈善事业触角进一步下移，人人慈善渐成潮流。本书指出，中国基金会发展在良好的时代机遇下，取得了长足进步，但在行业治理、行业竞争、品牌建设和税收优惠等方面仍面临着问题和挑战。

大数据。报告显示，近年来中国基金会发展呈现出不断增长的态势，非公募基金会注册节节攀升。从登记数量上来看，截至2014年底，全国共登记注册基金会 4211 家，比 2013 年增加 584 家，非公募基金会已成为每年新成立基金会的主流类型，与 2013 年相比，在全国基金会中的占比增加 3.9 个百分点。从地域分布上来看，基金会地域差距明显，超过一半的基金会集中在广东、浙江、江苏、北京和上海五个地区。从资产规模上来看，2013 年底，全国基金会净资产已达 950 亿元，尽管这一数字与欧美国家基金会相比仍存在相当大的差距，但不可否认的是，近几年基金会的资产规模一直保持着两位数的增幅，发展前景不容小觑。在政府补助方面，非公募基金会的政府补助收入持续缩减，目前公募基金会的政府补助金额已经达到非公募基金会的 9 倍。在资产保值增值能力方面，基金会投资收入仅占全部收入的 1.12%，面对通货膨胀严重和独立性的挑战，基金会保值增值的压力也越来越大。在项目领域方面，2013 年全国基金会共开展了 15357 个项目，单就项目数量而言，比 2012 年增加了 57.51%。项目的活动领域较往年而言也更加丰富，除涉及教育、扶贫、医疗救助等传统的慈善项目外，在环境保护、文化艺术、公益行业发展等领域的项目和投入金额也有所增加。在企业基金会项目方面，央企国企和民企的支出项目各有侧重，后者更多体现出多元化的特征。

大趋势。在社会创新的浪潮下，2014 年基金会行业出现了一些可能预示行业发展趋势的新动向，报告通过最佳实践案例的方式对这些趋势进行捕捉和总结。在资助型基金会的新标杆方面，报告从致力于推动基金会运作方式转型的角度出发，选取了老牛基金会和浙江敦和慈善基金会“一老一少”两家资助型基金会，对其资助经验进行梳理和分析，以供其他试图转型资助的国内基金会学习和借鉴；在慈善组织改革的新浪潮中，报告从致力于推动改革的角度出发，选取上海宋庆龄慈善基金会资助北京师范大学珠海分校公益慈善专业人才培养，以及深圳慈善会分拆的社会化改革案例，为基金会改革建言献策；在国外慈善运作的新探索方面，报告从致力于现代慈善事业的战略运作出发，选取了心平公益基金会向美国学习系统慈善，以及美国联合之路在中国的实践两个典型案例，分析基金会“走出去”与“请进来”的国际化趋势；在慈善筹款的新模式方面，报告从致力于慈善筹款的创新角度出发，全面引介了风靡 2014 年的两种新兴筹款方式：体验式筹款和运动筹款，并仔细分析其未来走向；在金融资本与影响力投资方面，报告对基金会领域的社会投资新动向给予了密切关注，选择中和农信和宁波鄞州银行公益基金会两个小额信贷领域的案例，分析基金会影响力投资的尝试。

总之，伴随着社会体制改革的风起云涌，基金会面临着时代发展的巨大机遇，“看透这个时代左右的人，才能左右这个时代”，对过去一年的行业环境进行总结，结合当前的数据走势，认真分析可能预示着行业趋势的新变化，是我们每一个基金会从业者的必修课。

Abstract
Big Era, Big Data, Big Trend

The Development of Chinese Foundations: An Independent Research Report in 2015 (Green Book) is a professional and authoritative report about the development conditions, issues, trends of foundations. The report observes and analyzes from the aspect of "big era, big data, big trend", and describes the basic situation of the foundation in our country. This paper summarizes the basic characteristics and eight bright spot of the foundation in 2014, forecasts and prospects for the trend of the development of the foundation, which can provide reference and enlightenment for the industry development and research.

Big era. In 2014, the foundations have gone on splendidly: the first is about the voice of charity to develop steadily in a sound way, the platform role of foundation to raise resources and funding charities providing became more and more important. For the first time, the State Council issued "The Guidance Opinion to Promote the Healthy Development of Charity" and a series of national and local regulatory documents, which brought the charity to national strategic height, the report explained five goods; the second is "legislation" became the first subject which affects the development of charity with the charity legislation coming into the legislative agenda of the National People's Congress, the civil showed great enthusiasm for the charity legislation, and brought out at least seven versions of civil legislation proposal including Peking and Tsinghua University, Shanghai Jiao Tong University and so on, three regulations about social organization were also busy to revise, regulation mechanism of foundation were brewing up huge change. Third, the marriage of charity and business trust accelerated, the allocation of charitable resources became further optimization, the report analyzed the effects of charitable trust to foundation in detail; the Fourth is with the establishment of the modern social organization mechanism, the deregulation of government, the devolution of the enrollment and regulation authority of non-public offering foundation to local elites, everyone to charity is a trend. Report pointed out that the development of Chinese foundation had made a great progress, but were still faced with serious problems and challenges, such governance, competition, brand building, tax incentives and other aspects.

Big data. According to the report, in recent years the development of Chinese foundation showed a tendency of constant increasing. From the number of registration, by the end of 2014, there were 4211 foundations in our country, 584 increase over 2013, non-public offering foundation became the mainstream of new foundation per year compared with 2013, the proportion of non-public offering foundation increased by 3. 9 points. From the geographical distribution of foundation, the regional gap was obvious, and more than half of the foundationswere concentrated in Guangdong, Zhejiang, Jiangsu, Beijing and Shanghai. From the asset scale, at the end of 2013, the net assets of national foundations reached 95 billion yuan, although there was still a greatly gap between our assets and the European and American countries foundation, but it is undeniable that the foundation's assets in recent years has maintained double-digit growth, the development prospect can not be reckoned with. From the government subsidies, the income from the government subsidies of non-public offering foundation continued to shrink, the current government subsidy of public offering foundation had reached 9 times of non-public offering foundations. From the asset value ability, the income from foundation investment accounted for only 1. 12 percent of the total, in the face of the challenge of the serious inflation and independence, the pressure of foundation is becoming more and more. From project areas, a total of 2013 national foundations had carried out 15357 projects, which were 57. 51 percent more than last year. The areas of project activity are also more abundant, in addition to traditional charitable projects involving education, poverty alleviation, but also medical treatment, in environmental protection, culture and art, public welfare industry development are also increased. From enterprise foundation projects, state-owned enterprises and private enterprises corporation's projects had different contents and forms, the latter reflects the characteristics of diversification more than former.

Big trend. Under the wave of social innovation, there were some new trends in 2014. The report captured the best practice to these trends through multi-case studies. In terms of the new benchmark of funding foundations, the report chose Zhejiang Dunhe Charity Foundation and LaoNiu Charity Organization as to analyze how to develop funding, and provided reference for the other foundations which started to transform funding; In terms of the new wave of official foundation reform, the report chose Shanghai Songqingling Foundation and Shenzhen Charity Association from the view of promoting the reform of official funds, and made recommendations for the reform of official foundation; In terms of the new exploration of the foreign charity, the report selected the Xinping Foundation and the United Way from their strategies in the operation of the modern philanthropy, and analyzed the international trend of foundation; In terms of the new mode of charitable fund-raising, the report comprehensively introduced the two emerging fund-raising ways: experience fund raising and sport fundraising, and carefully analyze its future direction; In terms of financial capital and influence investment, the report chose two microfinance hot spot case including CFPA Microfinance and Yinzhou Bank Foundation in the field of social investment.

In a word, along with social reform blustery, foundation is facing great opportunities of the era, "the man who saw this era around, also controlled the era", to summary the past year's environment, combine with the current data and analyzethe new trend, is required courses of every practitioner of foundations.

序　言

时间飞逝，一转眼这已经是第五本《中国基金会发展独立研究报告》（绿皮书）了。还记得这本绿皮书是基金会中心网创始人徐永光先生早在基金会中心网筹备时提议编写的。那时候，年度的中国基金会发展报告尚无人编写，也就是说还没有一本较为全面的年度基金会发展状况报告。基于此，徐永光先生提出基金会中心网应该站在行业发展角度，以数据为主要形式展示年度的中国基金会发展状况。第一本绿皮书是请中国人民大学 NGO 研究所的康晓光教授及公域合力的冯利博士编写的，开创了社会组织发布基金会发展状况报告的先河；之后几年绿皮书报告，皆是基金会中心网团队在一些学者的支持和帮助下完成的。总体看来，尚显稚嫩，延续着第一本的思路，试图能全景展示当年基金会领域的发展状况。今年的绿皮书我邀请了清华大学王名教授的学生李健博士（现任教于中央民族大学）来负责组织编写，旨在培养和锻炼年轻的学者。

2014 年中国的社会建设快速发展，重新启动的慈善立法工作得到了社会的积极响应，在整个年度中始终处于高热度状态，年终时有若干个版本提交至全国人大内司委。10 月 29 日李克强总理主持召开的国务院常务会议专门研究确定发展慈善事业措施，明确了现代慈善发展的方向，提出了发展慈善事业，引导社会力量开展慈善帮扶，是补足社会建设“短板”、弘扬社会道德、促进社会和谐的重要举措。必须创新机制，使慈善事业与国家保障救助制度互补衔接、形成合力。一要落实和完善公益性捐赠减免税政策，推出更多鼓励慈善的措施。以扶贫济困为重点，引导公众捐款捐物、开展志愿服务，推进股权捐赠、慈善信托等试点。二要优先发展具有扶贫济困功能的慈善组织。地方政府和社会力量可通过公益创投等方式，为初创期慈善组织提供支持。积极探索金融支持慈善发展的政策。三要强化行业自律和社会监督。引导慈善组织依法依规募捐，严格规范使用捐赠款物，及时公开项目运作、款物募集及使用等情况。加强监管，依法查处违规募捐、违约使用捐赠款物、无正当理由拒不兑现捐赠承诺等行为。增强慈善组织公信力，把慈善事业做成人人信任的“透明口袋”，让社会爱心的暖阳照耀困难群众、助力民生改善。会议释放出众多令人振奋的积极信号。

当然，这一年中国的基金会也展示出积极健康专业化发展的态势。以浙江敦和慈善基金会为代表的新型基金会初显了现代慈善发展力量，无不表露出该基金会重要发起人叶庆均先生深厚的国学和慈善情怀理念，以资助形态支持行业发展，支持慈善事业发展，起到了引领作用，为社会所关注。宁波鄞州银行公益基金会也显示出了与众不同的一面，创办者暨理事长陈耀芳先生从一个成功的银行家转身投向慈善事业，以其真挚的人格魅力和金融家独特的视角推动和引领当地的慈善事业发展。2014 年新成立的上海荣昶公益基金会将会成为中国非公募基金会的一颗新星，其发起人王建明先生是一个典型中国社会转型期的优秀代表。20 世纪 90 年代，他在困境时为政府解难，把已成为政府包袱的亏损企业承包改制，苦苦支撑 20 余年，近年刚刚翻身，他即率承包团队，兑现了当年“如未来我们的日子过好了，一定要回报社会”的一句承诺，把他们拥有的存量资产 20 余亿元通过合理方式全部捐赠出来，这一行为将载入史册。

一年一度的《中国基金会发展独立研究报告》绿皮书已经成为基金会中心网每年必须完成的工作，并正在走向成熟。希望这本独立研究报告能够成为中国基金会发展的年度报告，有助于中国的社会建设！

程刚

基金会中心网总裁

目 录

G Ⅰ 总报告

G Ⅱ 数据篇

G Ⅲ 实践篇

GⅣ 附录

CONTENTS

GREEN BOOK

G I General Reports

G II Data

G III Practice

GIV Appendixes

总 报 告

General Reports

GREEN BOOK

G.1

2014年度基金会面临的机遇

摘 要：2014 年是中国基金会发展充满变数的一年。十八届三中全会以来的社会体制改革精彩纷呈，多项涉及基金会管理体制的调整也正式启动，无论是国务院的指导意见，还是慈善立法的动议以及社会组织三大条例修订都在这一年扎堆进行，在政策不断利好的条件下，我国基金会发展面临着巨大的发展机遇，认真梳理和分析这些时代机遇，对基金会发展大有裨益。

关键词：慈善立法 三大条例 慈善信托 放松监管

一 新政出台 利好解读

改革开放以来，我国慈善事业蓬勃发展，特别是 2008 年汶川地震后，我国慈善事业跨入了一个全新的发展阶段，慈善事业对国家经济和社会的发展发挥着越来越重要的作用。与此同时，郭美美等一系列慈善热点事件暴露了慈善事业发展中良莠不齐、鱼龙混杂的现象，慈善事业一度出现公众信任危机，党和政府需要在社会体制改革中给予及时回应与合理安排，保障慈善事业健康发展。进入 2014 年，从中央到地方共出台了 100 余项慈善政策，着力打造慈善事业健康发展的外部环境。2014 年 10 月 29 日，李克强总理主持召开国务院常务会议，确定了我国慈善事业发展的新措施。12 月 18 日国务院正式下发《关于促进慈善事业健康发展的指导意见》（以下简称《意见》）。这是新中国成立以来第一个以国务院名义出台有关慈善事业的规范性、纲领性文件，在我国慈善事业发展史上具有重要的里程碑意义。本报告开篇尝试对这一慈善领域给力新政进行解读，和读者共同展望我国慈善事业未来发展的宏伟蓝图。

“利好”一：鼓励多元主体参与，鼓励兴办慈善组织。

《意见》中首次明确了慈善事业参与主体包括党政机关、事业单位，工会、共青团、妇联等人民团体，各全国性社会团体，各类慈善组织，各类企业，有条件的宗教团体和宗教活动场所，家庭、个人和志愿者等。可持续的慈善要依靠全社会的力量，多元社会主体的广泛参与是慈善事业持续发展的重要保障，有集腋成裘、聚沙成塔的效应，因此，鼓励社会各界广泛开展以扶贫济困为宗旨的慈善活动，营造全民慈善氛围就显得尤为重要。这一举措将会进一步激发全社会慈善捐赠的热情，释放出更多的慈善资源，为基金会快速发展奠定良好的物质基础和社会环境。与此同时，《意见》提出要多措并举鼓励基金会发展，包括实施基金会直接登记，下放非公募基金会登记管理权限，联合社会力量开展公益创投活动，加大政府财政资金购买服务等举措，尤其提到鼓励企业通过设立基金会的方式从事慈善活动。可以预见，随着一系列具体措施的出台，爱心企业通过设立基金会的方式践行企业社会责任将渐成潮流。

“利好”二：鼓励多元捐赠方式，助力慈善事业创新。

《意见》提出要“探索捐赠知识产权收益、技术、股权、有价证券等新型捐赠方式，鼓励设立慈善信托，抓紧制定政策措施，积极推进有条件的地方开展试点”。与此同时，《意见》对于网络慈善等新的慈善形态也给予了制度响应，提出要引导和规范其健康发展。国家对股权捐赠、慈善信托和网络慈善这些“新生事物”的肯定，表明了国家大力发展慈善事业的态度，鼓励基金会进行探索和尝试将进一步激发基金会进行社会创新的积极性。基金会可以通过长期持有受赠股权实现保值增值，获得持续稳定的股权收益，形成慈善事业的新机制；慈善信托可以发挥其在破产隔离、投资运作、资金募集方面拥有的诸多优势，与基金会展开全方位的合作，打造慈善事业的新模式；网络慈善不仅丰富了基金会的筹款渠道，还赋予了捐赠者更大的选择权，促进基金会改进项目管理和信息透明，开辟了慈善事业的“新战场”。

“利好”三：完善税收优惠政策，加大社会支持力度。

《意见》对税收政策在慈善事业发展中的重要性也进行了强调，提出要加强落实企业和个人公益性捐赠所得税税前扣除政策。企业发生的公益性捐赠支出，在年度利润总额12%以内的部分，准予在计算应纳税所得额时扣除；个人公益性捐赠额未超过纳税义务人申报的应纳税所得额30%的部分，可以从其应纳税所得额中扣除。尽管《意见》中提出的减免税政策并未提高减免税的力度，但一直以来，我国基金会的税收优惠政策真正症结在于很多好的政策难以落实。此次《意见》再度重申会加速税收优惠政策的落实步伐，基金会因其在吸收社会捐赠方面的特殊地位和对税收优惠的迫切需要，有望在税收优惠政策方面“尝鲜”。在加大社会支持力度方面，《意见》不仅提出鼓励企事业单位为慈善组织提供活动场所，按照相关规定给予优惠等措施，还提供了探索金融资本支持慈善事业发展的政策渠道。金融资本、金融工具加盟慈善事业不仅有助于推动基金会的资产保值增值，还将会激发新的慈善资源，“撬动”更多的金融资本进入慈善领域，扩大社会影响投资的覆盖面，为慈善事业提供更多的服务载体，并推动慈善事业效率的提升。

“利好”四：健全监督管理制度，打造慈善“透明口袋”。

《意见》提出，要从政府、社会、行业和慈善组织自身四个方面加强对慈善活动的监督管理，形成慈善事业全面监管体系。在政府监督方面，建立起以民政部门为主体，财政、税务部门联合，其他政府部门参与的监督管理格局；在社会监督方面，畅通社会公众对慈善活动中不良行为的投诉举报渠道，支持新闻媒体对慈善组织和慈善活动进行监督，并明确了行业性组织、政府部门和人民法院的受理责任；在行业自律方面，推动建立慈善领域行业型、枢纽型组织，提高行业自我约束、自我管理和自我监督能力，加强第三方评估；在自我管理方面，要求慈善组织建立健全内部治理结构，完善决策、执行、监督制度和决策机构议事规则，加强内部控制和内部审计，确保组织按照章程有序运作。针对完善慈善组织的监督管理，《意见》主要从加强信息公开和责任追究两个角度明确细则。可以预见的是，我国基金会发展即将进入一个支持与监管并重的新阶段，基金会在内部治理、行政支出、募捐活动、捐赠款物、信息公开等方面逐步走向规范，通过打造慈善“透明口袋”，获得公众的信任，建立起行业公信力。

“利好”五：探索建立慈善衔接机制，开启政社合作新局面。

《意见》提出，要在社会慈善和政府救助之间建立有效衔接，在民政部门与其他政府救助部门、慈善组织和其他社会服务机构之间形成紧密合作。政府很难依靠一己之力解决庞大、复杂的社会问题，需要借助社会力量的广泛参与和动员，在信息资源、资金物资、志愿服务和制度政策等方面建立有效衔接。受快速升温的大数据以及数据开放运动的影响，慈善衔接机制首先有助于政府部门和包括基金会在内的慈善组织的社会救助信息和慈善资源信息公开；其次，有助于双方建立起多种形式的合作，为弱势群体提供更优质的服务；最后，有利于实行政府救助与社会帮扶的有机结合，做到因情施救，各有侧重，互相补充，开启政社合作新局面。

二　重启立法　修订条例

进入 2014 年，除国务院出台的慈善“新政”引发公众广泛关注之外，踯躅近十年的慈善立法再度回归人们的视线。2005 年，民政部就已经开始启动慈善立法工作，还专门成立了法律起草小组，起草了一份慈善立法草案递交给国务院法制办。但直到2013年年底，慈善法才正式列入十二届全国人大常委会立法规划。2014年年底，北大清华版、北师大中国公益研究院版、上海交通大学第三部门研究中心版、社科院法学研究所版、中山大学公益研究院版等多部民间版《慈善法》建议稿先后公布，再度引发热议。在这一过程中，社会组织三大条例也在紧锣密鼓地修订当中，据悉，基金会条例已经过了多轮次的修订，修改幅度比较大。那么，慈善法以及新出台的基金会条例究竟会解决哪些问题？给基金会发展带来哪些机遇？我们从坊间流传的几种民间版本中关注较多的问题入手进行梳理和展望，虽为管中窥豹，也可略见一斑。

（一）基金会重新分类

相对于慈善法，基金会条例中对基金会的涉及内容较多。在新的《基金会管理条例》中，基金会分类可能要发生变化，业内也流传多种版本。流传最广的一种版本是依据美国基金会中心的分类标准将基金会分为家族基金会、独立基金会、企业基金会与社区基金会四种。不过，从目前来看，这种分类并不完全适合我国国情，因为我国社区基金会尚属于新生事物，只在深圳、上海和四川等少数地区开展了试点，发展前景尚不明朗，家族基金会也为数不多，对基金会分类过细会人为增加很多弊端。另一种提法是要把基金会分为官办与非官办两种。这种分类也并不科学，按照十八大以来的“政社分开”任务部署，这种说法相当于将官方背景的基金会固化，与十八大精神背道而驰。最后一种分类标准是将基金会分为综合类基金会与支出型基金会。其中，支出型基金会主要负责筹资和资助其他组织，也就是美国法律中所称的资助型基金会；综合类基金会则包括资助和项目执行两种职能。当前，我国的基金会，特别是很多大型公募基金会都是运作型基金会，尽管《意见》中提出了“募用分离”，但实际操作上也会存在较大阻力。

（二）降低基金会注册门槛

在阻碍我国公益行业发展的众多因素中，注册门槛过高是一个重要因素。《基金会管理条例》虽然为基金会设立打开了一扇门，但相对于民办非企业单位和社团，资金门槛依然过高，而且到账必须为货币资金，不能以股票、债券等有价证券形式出资。除此之外，还需有业务主管部门的背书，这已经成为制约中国基金会发展壮大的瓶颈。据悉，慈善法将回应业界呼声，力图破解长期困扰基金会的登记注册问题，进一步创新基金会的登记管理体制，使基金会尤其是社会力量发起成立的基金会能够在一种更加宽松、更加规范的法律环境中诞生和成长。包括取消业务主管单位；简化登记手续；降低办公场所的要求。另外，在本次立法中，关于基金会成立是采用登记制还是备案制尚无定论，预测基金会采用登记制的可能性较大。

（三）抵免税规则调整

抵免税规则是基金会自身最为关心的问题。但不容乐观的是，给予慈善机构捐赠全额免税的，仅限于政府指定的中华慈善总会与中国红十字会等五家慈善机构。减免税的具体办理方式和程序也没有统一规定，手续极其烦琐。现有规则存在两大问题：第一，免税和抵税资格分立。所谓免税资格，指的是人们把钱捐给基金会后，基金会可以免缴企业所得税。所谓抵税资格，指的是人们把钱捐给基金会后，基金会向捐款人开出一张抵税票据，捐款人可以凭此抵扣所得税。在我国，这两个资格是分开的，基金会需要分别申请。其中，免税资格相对容易，门槛较低，而抵税资格则很难申请得到，这也就影响了很多基金会的筹款效果。第二，免税范围有限。我国基金会收入免税的范围十分有限。除了捐款和国债可以免税以外，其他如投资收入、服务收费等都要缴纳税收，这两大弊病常年困扰我国基金会。据悉，慈善法中将进一步明确慈善组织应当享受的税收优惠和对慈善财产依法进行管理使用的权利保障机制。但涉税问题的修订从来不是一件简单的事情，需要上下统筹，上述两个问题牵涉甚广，除民政部门外，还需要协调国家税务总局和财政部。不过，新法和条例将会试图拓宽抵免税的申请资格，为基金会争取更多的税收优惠。

（四）基金会公募资格放开

长期以来，公募资格是一种特权，专属于少数公募基金会、公益性质的事业单位以及政府。所谓公募资格，指的是向社会公众公开募捐善款的资格。比如，非公募基金会可以接受人们的捐赠，但不能主动向公众募捐。由于没有公募资格，很多民间慈善力量无奈只能采取挂靠的方式在公募基金会下设专项基金。然而，《基金会管理条例》中并没有关于专项基金的详细管理规定，各基金会都是依据自身情况规定。一些专项基金游离于基金会的监管之外，暗自进行关联交易，对基金会的信誉造成极大的负面影响。关于公募资格放开这一问题，2012 年 6 月广州市人大出台的《广州市募捐条例》就做出了一些尝试性努力，规定除红十字会、慈善会和公募基金会可以公开募捐以外，慈善公益类的社会团体、民办非企业单位和非营利的事业单位也可以公开募捐。在本次立法中，公募资格问题自然也是讨论的焦点。一个重要的突破是将取消公募与非公募基金会的区别。在针对个人的公募活动方面，由于个人募捐即"激情募捐"一直是我国的慈善传统，慈善法对此会酌情考虑，可能也会适当放开。

（五）信息公开规则

公信力是基金会的生命。许多基金会的程序不透明、管理制度不规范、监督机制不健全，捐赠人知情权、监督权被剥夺，经常出现挪用甚至侵占捐赠款的现象。《基金会管理条例》中对信息披露只有简单的规定，缺乏实操性。《基金会信息公布办法》也规定得比较笼统，对公众更为关心的自己捐款的去向问题并未做出规定。本次国务院下发的《关于促进慈善事业健康发展的指导意见》明确提及了信息披露的问题："确保公开透明。慈善组织以及其他社会力量开展慈善活动，要充分尊重捐赠人意愿，依据有关规定及时充分公开慈善资源的募集、管理和使用情况。慈善组织要切实履行信息公开责任，接受行政监督、社会监督和舆论监督。"据了解，新法和条例将在基金会内部治理结构、利益冲突规则、财产管理和使用等各个方面设计出相应的制度，以保障基金会公正透明运行，还重点对慈善募捐活动进行了规范。

新法和条例的基本立足点是确立慈善募捐活动行政许可制度。从申请募捐的组织条件、申请需要提供的材料、受理申请的机关和许可决定程序以及开展募捐和接受捐赠的基本活动准则等方面进行规范。相信伴随着慈善法的出台和基金会条例的修订，我国基金会的健康发展会迎来新曙光。

三　慈善信托　破局在望

（一）慈善信托的概念辨析

尽管早在 2001 年《中华人民共和国信托法》中就以“公益信托”形式进行专章规定，但是对于大多数人而言，慈善信托仍是个颇为陌生的字眼。这不仅缘于信托制度本身的疏离性，更因为慈善信托十几年来由于审批和税收制度障碍而步履蹒跚。慈善信托，听闻的人少，然而误区却不少。分析慈善信托给基金会带来的机遇，首要任务是对慈善信托进行清晰的界定。

慈善信托的常见误区有以下几种：第一，慈善信托是公益组织买信托，即公益组织通过购买信托产品进行资产保值增值。第二，慈善信托是具有公益元素的信托产品，即信托财产或收益只要用于公益目的，便可称为慈善信托。虽然实践中的“慈善信托”大多是这种，但它并不是法律上的慈善信托。第三，慈善信托是为了公益组织募集善款，调节捐赠收入，按需分配，减少年度支出比例压力，以及有效地进行税收筹划的一个架构。

首先，慈善信托实际上并不是一种金融工具。它本质上是一种法律关系，或者更直观地体现为一个特殊的法律组织形式。实际上，在慈善信托的委托人、受托人和受益人这三方关系中，委托人相当于基金会的捐赠人，受托人相当于基金会中的理事会，受益人相当于基金会的受助人，只是慈善信托在法人主体资格等方面和基金会有区别而已。所以，慈善信托不应理解为公益组织买信托产品。其次，根据我国《信托法》的规定，慈善信托在一般信托的基础上，还必须满足四大要件：为了公益目的而设立，公益事业管理机构审批，信托监察人，本金收益全部用于公益。所以仅有公益元素的信托（也称公益性信托）断然不能称其为慈善信托。对于上述第三个误区，公益组织确实可以通过慈善信托达到此目的。只是，设立普通信托也就是私益信托足矣，无须大费周章地设立慈善信托，这也不是慈善信托的职能和使命。

正因为如此，本文所指的慈善信托对基金会的机遇，只就严格法律意义上的慈善信托而言，而且仅限于实践中常见的信托公司承办的慈善信托，其他形式的慈善信托暂不讨论。

（二）慈善信托实践热潮重启

我国慈善信托具有自身的制度优势：一是设立和运营成本较低。慈善信托不是法人，不存在法定的原始基金门槛，无须设置专门的工作场所和人员，治理结构也不受限制。二是灵活性强，能实现委托人个性化需求。慈善信托设立方式多样化，自然人、法人皆可担任受托人，行政成本、年度公益支出等方面无强制性规定，可充分尊重委托人的自主意愿。三是就我国常见的信托公司承办的慈善信托而言，受托人信用等级和透明度相对高（金融机构信用），具有专业资产管理能力，管理费用低。

据不完全统计，2014 年出现的符合法律要件的慈善信托共计四例，公益性信托的数量更多，整体较往年有明显增长，可谓是继 2008 年后慈善信托发展的另一个高峰。不仅慈善信托在数量上有所突破，其模式也开始展现创新性，实践探索的活跃度较高。比如，湘信・善达农村医疗援助系列慈善信托计划经湖南省政府授权省卫计委审批；国民信托－爱心久久－贵州黔西南州贞丰“四在小学”慈善信托则得到了捐赠当地民政部门以外的教育局的审批，可见，审批环节已开始走出过去民政审批的惯常思路。

不难预计，如果慈善信托的制度障碍，特别是审批和税收障碍得以破除，慈善信托的发展会迎来新一轮热潮。

（三）拓宽资金来源，激发良性竞争

慈善信托的发展对既有的公益组织，特别是基金会意味着什么呢?

信托业作为我国仅次于银行的第二大金融部门，管理信托资产规模已逼近 13 万亿元，自身具有一批高净值客户资源，即潜在的大额捐赠人。如果信托公司承办慈善信托的大门敞开，慈善信托能一跃成为信托公司的业务转型方向之一，既有的高净值客户的信托财产进入公益领域则更为便利。信托公司本业还是金融服务，更擅资产管理，但本身缺乏公益项目的执行能力，故会更加仰仗基金会的协助，将基金会而非最终受助人作为受益人。另外，由于目前慈善信托本身的税收优惠仍是空白，慈善信托为了激励委托人，一般倾向于将有税前抵扣资格的基金会作为受益人以获得发票。所以对于基金会而言，慈善信托的发展实际上为其增加了另一条筹资渠道。历年来的慈善信托和公益性信托实践也充分证明了这一点，比如近年来的西安信托奖学金慈善信托，就是受益人为西安交大教育基金会的慈善信托；华宝信托则更进一步，将众多基金会作为受益人种子库进行筛选。

慈善信托相较于基金会具有一些独特优势，从这个意义上来说，尽管存在慈善信托为基金会拓宽资金来源的情形，但也不可避免地会对公益资源造成分流（因为从一些案例中我们也发现，慈善信托的受益人也会直接选择最终受益人，而跨过相关基金会）。信托公司作为金融机构所具备的相对完备的风险控制能力和较高的信用等级，可以反过来激励基金会提升自身专业能力。在目前公益组织的整体公信力仍然偏低之时，一个竞争者的进入，有利于提振市场，激活慈善资源，促使基金会完善自身能力建设。与此同时，信托公司承办的慈善信托，受制于受托人的性质，更适合于相对简单的资助型而非运作型的公益项目，对基金会的竞争相对有限，也有助于优化公益行业结构，最终形成优势互补的双赢局面。

慈善信托的崛起，对基金会而言不仅意味着竞争，更带来了机遇。下一步，基金会应当以积极的姿态，取长补短，探索慈善信托和基金会的有效合作机制。

四　放松监管　权限下放

自十八大提出加快建立现代社会组织体制的战略部署以来，各地方政府先后向社会组织释放了政策红利。广东、安徽、江苏等20多个省份已陆续在社会组织管理体制上先行先试，采取各种方式突破双重管理体制的障碍，大大降低了社会组织登记注册的门槛。在中央政策的指导下，民政部在2012年年初召开的第十三次全国民政会议上，结合机构改革、支持地方配套改革和修订有关法律法规的基础上，表示将在全国范围内下放非公募基金会登记管理权限，以促进行政效能的提高。半年之后，广东省民政厅宣布将非公募基金会登记管理权限下放至市级民政部门。2013年年初开始，温州、厦门、浙江等地陆续传来利好消息，市级民政登记注册的非公募基金会如雨后春笋般在全国多地出现，截至2014年12月31日，全国已有16个省份成立了市级基金会，其中又有9个省份成立了县级基金会。2014年12月18日，国务院办公厅发布的《关于促进慈善事业健康发展的指导意见》中尤其强调要稳妥推进慈善组织直接登记，逐步下放符合条件的慈善组织登记管理权限，不仅对各地之前所进行的非公募基金会登记权限下放改革尝试给予了肯定，也进一步打开了基金会发展的闸门，为基金会的快速发展注入了新的活力。

（一）政策扩散

1. 扩散趋势

在政策扩散的作用下，从2012年至2014年，成立市本级、区县级基金会的省份数量逐年增加（见表1）。2012年成立市本级基金会的省份仅广东、安徽、广西、江苏4个省份，而2014年已增长到16个；同样，2012年下放至县级的仅广东、广西、江苏3个省份，如今已增长到9个。自非公募基金会的登记管理权限下放至市、县级民政部门之后，在民政部、省级民政部门登记成立的基金会比例相对下降，而在市、县级民政部门登记成立的基金会比例逐年上升。这一情况得归功于2012年的政策松绑，广东省先行先试的举措给政策文件从一纸文件到实在落地开了个好头。从地理位置上分析，我国的非公募基金会登记管理权限下放是由沿海向内地扩散，且从南部向北部延伸，东部地区先于西部地区。整体而言，我国的东南部非公募基金会的活跃度要比其他地方高，未来这一股“东南风”将吹遍整个中国，为处于观望中的其他地区提供范本和可行性。

表1　历年成立市本级、区县级基金会省份

年份	非公募基金会			
	市本级	总数	区县级	总数
2012	广东、安徽、广西、江苏	4	广东、广西、江苏	3
2013	广东、江苏、浙江、福建、四川、内蒙古、山东、安徽、湖北、江西、甘肃、广西	12	广东、广西、山东、江苏	4
2014	广东、安徽、福建、甘肃、广西、河北、河南、湖北、湖南、江苏、辽宁、内蒙古、山东、山西、陕西、浙江	16	甘肃、广西、湖南、江苏、宁夏、山东、山西、云南、浙江	9

资料来源：基金会中心网，中基透明指数 FTI。截止日期：2013 年 12 月 31 日。

2. 效果差异

登记权限下放极大地刺激了我国基金会数量的增长，根据基金会中心网统计，2014 年全年我国新成立了 584 家基金会，其中在民政部、省级民政部门、市本级民政部门、区县级民政部门登记的基金会数量分别为 7、347、184、46 家。全年基金会登记的省份集中分布在东部沿海地区，而西部地区几乎是一片空白，这其中跟区域的经济发展程度有关，也跟政策的引导有所关联。首先，区域经济发展是影响基金会分布失衡的原因之一。我国东部沿海地区特别是广东、福建、浙江、江苏等是经济发达的一带，因此这区域的非公募基金会发展也相对快速。其次，这些地方非公募基金会的发展也与政策有直接关系。

（二）政策创新

2013 年 7 月，民政部发布了《关于进一步促进公益服务类社会组织发展的若干规定》（下称《规定》），明确规定了将非公募基金会登记管理权限下放给已获授权的行政单位。《规定》提出，县级以上人民政府和民政部门是公益服务类社会组织的登记管理机关。这一举措为非公募基金会提供了更加宽松的发展环境。

（三）政策影响

非公募基金会登记管理权限的下放是我国慈善事业发展的一个里程碑，具有深刻的意义，其政策改革给整个慈善行业带来了深远影响。

首先，登记管理权限的下放放松了以往“苛刻”的基金会外部制度环境，降低了非公募基金会的登记门槛，有利于基金会快速发展。与此同时，大大减少部级和省级民政部门的审批工作量，增加了地市和区县层级参与的积极性，为非公募基金会创造更方便更快捷的登记渠道，加快推进现代社会组织体制的建设步伐。

其次，登记管理权限的下放有利于调动更多爱心企业、人士和其他社会力量参与公益慈善事业的积极性，解放更多的慈善生产力，同时也促进了基层民间慈善事业的发展，为公民社会的建设注入重要的催化剂。一个可以观察到的事实是，在非公募基金会登记管理权限下放之后，大量企业和个人登记注册了非公募基金会，整个社会的慈善活力激发，更有利于营造全民慈善的良好社会氛围。

再次，登记管理权限的下放进一步刺激了非公募基金会的增长，在改变整个社会组织格局的宏观层面也扮演着重要角色，倒逼非民间背景的公募基金会进行改革，有效推动了行业竞争，推动中国基金会行业不断进步。

最后，在降低登记门槛的同时，民政部门也将面临更加严峻的监管挑战，如何完善相关制度，强化对非公募基金会运行的监督，确保民间公益力量在健康、有序的轨道上不断发展壮大将是民政部门需要关注的。

G.2
2014年度基金会面临的挑战

摘　要：2014 年中国基金会面临着发展的机遇，也取得了长足进步，即便前景如此广阔，但现实并非如此乐观。基金会在行业治理、行业竞争、品牌建设、税收优惠等方面仍面临着来自内部和外部的问题和挑战，这些问题的解决事关基金会的兴衰成败。然而问题的解决既没有现成的经验，也没有简单解，基金会的发展依然任重而道远。

关键词：行业治理　行业竞争　品牌建设　税收优惠

一　行业治理

作为独立于政府和企业的非营利组织，基金会具有储备资金和专项拨款的功能，在我国慈善事业中居于重要地位。近年来，随着基金会如雨后春笋般越来越多，资金规模也越来越大，基金会面临的形势日益严峻：一方面，受“郭美美”和“卢美美”等热点事件的影响，我国社会慈善捐赠总额由 2010 年的 1032 亿元下降到 2014 年的 989 亿元，基金会资金来源受限，部分基金会全年无任何捐赠收入；与此同时，2014 年的公益热点事件尽管相比 2013 年有所减少，然而一些公益热点事件的持续发酵也不断考验着基金会内部善款善用的公信力。对此，社会各界舆论一致呼吁加强对基金会的行政监管和完善基金会内部治理，然而无论是依靠行政监管来一锤定音，还是直接复制商业公司的治理规则，都使基金会陷入“虚应故事者多、积极自律者少”的怪圈，基金会治理始终面临“破局”之难。

（一）基金会外部治理的挑战

基金会的外部治理主要集中在三个方面，一是政府对基金会的监管；二是社会公众和新闻媒体对基金会的监督；三是专业机构的监督。

1. 政府对基金会的监管

在政策法规方面，中国的基金会监管主要依据《基金会管理条例》和财政部的《民间非营利组织会计制度》。从横向来看，我国基金会的监管相比西方发达国家而言并不宽松，在某些方面甚至有些"苛刻"，但在具体实施上由于缺乏实施细则导致落实困难，社会力量在参与公益慈善事业方面常常容易受到政策限制，而一些用心不良的人却又往往能够抓住政策漏洞牟取私利。在监管主体方面，政府对基金会的监管主要有登记管理机关、业务主管单位、税务会计主管部门以及其他部门的监管管理。民间组织管理局主要负责基金会的登记注册和管理，但民间组织管理局属于民政部下设的一个司局，这种身份难以协调与其他部委之间的关系，尤其对于一些自成系统的具有筹款职能的机构，比如中国红十字会、中华慈善总会等不在民政部登记的组织以及由各大部委设立的全国性公募基金会，存在明显的执行乏力，年检几成过场。许多业务主管单位既当裁判员又当运动员，在部门利益的干预下，诸多公益热点事件内情难以完全曝光，往往最后不了了之。现行审计制度的薄弱使财政和税务部门也难以发挥监管作用。多头监管下的相互推诿扯皮，使得现行行政体系难以实现对基金会进行有效监管。

2. 社会公众和新闻媒体对基金会的监督

目前，社会公众可以通过下列途径和形式对基金会进行监督管理：一是从基金会公开披露的财报中对基金会的资金使用进行监督；二是从基金会公开的年度报告中查询项目信息；三是捐赠人有权查询捐赠财产的支出情况。但是，前两种途径所获得的信息都是基金会"自行"而非独立的第三方发布和披露的，财务审计的薄弱也使信息真实性存在问题；目前法律规定，公众不可以查询与其无关的财产使用情况，也就是说，只有基金会的捐赠人才有权查询资金使用，并且也仅限于某笔限定资金的使用，而无法了解基金会全部资金的使用情况，但现实中，单笔资金在总的盘子下难以限定，就使查询资金使用无法发挥实际作用。尽管2014年年底国务院发布的《关于促进慈善事业健康发展的指导意见》中特别强化了慈善组织的信息公开责任，从公开内容、公开时限和公开途径方面都做了细致的规定，社会公众也对基金会的公开、透明呼声很高，但对于普通民众和新闻媒体而言，要想从浩如烟海的基金会项目捐赠收入和费用支出明细中发现问题，不仅需要一定的专业知识，更需要耗费大量的时间和精力。

3. 专业机构的监督

依靠专业性机构实施监督管理，是当今国际基金会监管中的主流做法，更是我国基金会监督管理走向成熟的必由之路。现阶段，我国第三方机构刚刚起步，在评估方面主要有一些高校的科研机构比如清华大学NGO研究所、北京大学公民社会研究中心、中国人民大学非营利组织研究所，非营利组织比如社会资源研究所，营利性组织比如瑞森德，这些机构的评估方法和工具尚在摸索之中，并且机构运行支出一般来自评估对象或监管部门。当基金会成为第三方评估机构的“客户”，两者之间建立经济关系时，评估的独立性会受到冲击，专业机构评估监督的作用也会随之减弱。由监管部门指定的“第三方”，也可能因权力干预导致评估过程受干扰、评估标准方法不合适，最终影响评估结论。相比之下，美国的很多非营利机构专门对基金会进行监督，比如美国公益事业所（American Institute of Philanthropy）和有效事业全国委员会（National Committee for Responsive Philanthropy），这些机构研究和评价基金会的效能和问责性，并进行建设性的批评，“指南星公司”“慈善导航”等第三方公共慈善机构专门提供信息服务，推动行业自律和信息公开，大大提高了慈善组织的透明度和公信力。

（二）基金会内部治理的挑战

基金会内部治理主要集中在两个方面，一是基金会行业的自律，二是基金会内部治理机制的完善。

1. 行业自律

鉴于慈善事业的特殊地位，基金会本身就有着巨大的自律需求和动力；同时，行业内也希望通过完善的自我管理、自我服务，优化政府监管模式，促进法律法规的完善和管理体制的转型。从20世纪90年代的“中华基金会联合会筹备委员会”开始至今20多年来，基金会行业自律尽管被寄予厚望，但始终在官方与民间之间游走不定，行业自律作用并没有得到充分发挥。有官方背景支持的行业型、枢纽型组织尽管具有行业合法性和号召力，但受官僚体制影响难以发挥实际效果，民间发起的自律联盟影响力有限，也不具有强制力。章高荣等人将基金会行业自律面临的最大挑战描述为“异质性”，认为行业自律仅仅是少数全国性公募基金会和重视内部治理的非公募基金会的诉求，而大量官办基金会和其他草根组织并无这种意愿，这就导致了在推动行业自律的过程中，“异质性”的基金会之间缺乏共同的价值基础、共同的社会压力和共同的自律目标。故而，基金会行业自律始终只能在“同仁”之间酝酿。从2014年的进展来看，民政部大力支持各地组建行业型、枢纽型的慈善联合会，并赋予其在政府的相关法律法规框架下行使行业管理的职能，推动基金会行业自律，这一点在国务院发布的《关于促进慈善事业健康发展的指导意见》中也得到进一步强调。慈善联合会往往是包含基金会、企业、个人和其他社会组织在内的慈善联合体，不同类型的组织需要的信息公开程度和自律标准存在差异，慈善联合会面临单中心治理的适用问题。此外，慈善联合会自身“去行政化”程度也是决定其能否有效发挥职能的关键。

2. 基金会治理：任重而道远

相对于民办非企业单位和社团，我国基金会的内部治理机制相对完善，普遍建立起理事会、监事会和管理层的内部治理机制。但由于基金会面临的“公益产权”难题，具有产权主体分离、所有者缺位、使用权受限、无自由转让权、受益主体虚拟化等特点，基金会常常在产权结构上表现出一系列令人诧异的、矛盾的现象，表现在内部治理机制上就是段德峰所言的“理事会过度控制基金会”现象。公募基金会在发起时有强烈的政府参与色彩。在任命秘书长或行政首长的时候，公募基金会已经很大程度上体现了政府的意见。因此，秘书长有非常全面的行政权，甚至有的理事会事实上没有起到太大的作用。而非公募基金会恰恰是另外一个极端。绝大多数非公募基金会都被不实际参与日常运作的理事会过度控制。这一方面与理事会对基金会的理解存在偏差，缺乏必要的自律有关；另一方面可能与目前国内缺乏一个足够大的基金会管理人员的职业化团队有关，这也是理事会过度控制的一个重要原因。很明显，很多非公募基金会的管理团队没有能够通过自己的表现和管理来赢得理事会阶层的信任和授权。理事会过度控制基金会，掌握几乎全部项目的审批权，会导致两个问题：一是理事会的成员是直接来自企业本身的高层管理人员，容易发生潜在和明显的关联交易；二是执行团队没有成就感和拥有感，团队工作效率不高，不容易形成健康的基金会文化。

基金会是我国公益事业制度体系的组成部分，回首 2014 年，基金会行业的“治理失灵”现象依然存在，反映出我国公益事业乃至现代国家建设过程中整体制度建设缺陷。而基金会制度建设长期裹足不前，反过来又导致基金会开展公益事业没有可靠的制度保障，总体规模难以壮大，社会作用难以深化。所以，由于起步晚，起点低，基础薄，我国基金会发展还将经历漫长的过程，基金会治理只能在实践过程中逐步发展和完善，这将是一个循序渐进的探索过程。

二　行业竞争

2014 年年底全国共有基金会 4211 家，相比 2013 年年底的 3627 家增加了 584 家，增长了 16.1％。很多业内人士担心基金会数量的增加会导致行业竞争加剧，一方面，基金会将不断创新资金募集方式去争夺有限的慈善资源；另一方面，竞争会导致行业内不规范现象的增多，监管压力会随之增加。从过去的一年来看，上述情况似乎都有发生，这是否意味着基金会行业竞争时代业已来临？我们试图从竞争主体、行业集中度、进入壁垒、退出障碍、产品差异和信息完全程度等角度对此进行分析。

（一）竞争主体不足

中国作为发展中国家，贫困人口超过8200万，社会慈善需求非常大，然而，目前整个中国基金会行业规模仅相当于一只中型投资基金，还不到余额宝基金管理公司——天弘基金资金额的5%。相比之下，美国基金会数量约为中国的20倍，资产规模约为中国的50倍。据基金会中心网统计，2014年年底全国共有基金会4211家，比2013年增加584家，增长16.1%，而美国仅2000年一年就新成立了6317家基金会，2012年美国有77832家基金会。从社会组织内部对比来看，2013年全国社会组织54.72万家，基金会数量仅占0.6%，相比2014年全国民办非企业单位和社团的增长速度，基金会增幅依然过低。即便是按照当前全国的慈善捐赠总额，我国的基金会行业竞争主体依然不足。

（二）行业集中度低

行业集中度通常用规模最大的前几家组织所占份额占全部市场份额的比重进行测量，常见的方法有CR4或CR8两种。据统计，2013年全国基金会共接收社会各界捐赠302.9亿元。经测算，年度收入排名前8位的基金会总收入为74.2亿元，占整个捐赠总额的24.5%，见表1所示。根据美国经济学家贝恩和日本通产省对行业集中度的划分标准，当CR8大于等于40%时，行业结构为寡占型，当CR8小于40%时，行业结构为竞争型，其中，竞争型又细分为低集中竞争型（20%≤CR8<40%）和分散竞争型（CR8<20%）。依此判断，我国基金会行业属于低集中竞争型，业内少数大型基金会对整个募捐市场的支配能力还没有达到垄断的程度，但尚未达到理想的完全竞争状态。

（三）进入壁垒高

2014年许多省份将非公募基金会登记权限下放到县市一级，但基金会的进入壁垒依然高昂。这种进入壁垒主要体现在两个方面，一是行政性准入

表 1　2013 年全国基金会捐赠收入 TOP 8

排名	基金会	类型	捐赠收入(亿元)
1	中国癌症基金会	公　募	16.08
2	清华大学教育基金会	非公募	14.51
3	北京大学教育基金会	非公募	13.96
4	上海市慈善基金会	公　募	7.44
5	中国光华科技基金会	公　募	6.43
6	广东省扶贫基金会	公　募	5.27
7	中国扶贫基金会	公　募	5.25
8	深圳壹基金公益基金会	公　募	5.21
	合　计		74.15

数据来源：基金会中心网，中基透明指数 FTI。截止日期：2013 年 12 月 31 日。

管制的进入壁垒，尤其体现在全国性公募基金会上。根据民政部网站公布的信息，当前全国性公募基金会仅 83 家，占基金会总数的不到 2%，而全国性公募基金会普遍按照上限收取捐赠人 10% 的高额管理费，加上项目实际运营成本，总成本经常超过 20%，约为投资基金的 10 倍。二是背景歧视的进入壁垒。我国的“民间基金会”指的是主要依靠民间捐资建立及运行，并按照民主方式实行内部管理的基金会，这些基金会较少直接受到官方的干预，所以《基金会管理条例》虽然允许企业和个人设立自己的基金会，但前提是必须找到业务主管部门。恰恰是这一条，让很多非公募基金会“难产”。就上述 83 家全国性公募基金会而言，没有一家是非官方背景。在许多地方城市，民间力量成立公募基金会也同样受到歧视。

（四）退出障碍高

与进入管制相关，我国基金会行业也普遍存在退出障碍。准入管制越严格的行业，退出就越少发生。一个突出的事实是我国基金会目前还没有破产和并购案例，仅有基金会对民办非企业单位收购的个案。基金会一旦获准登记，在某种程度上相当于获得了稀缺政策资源的保护，形成了一些借“壳”生存的基金会。例如，为获得公募资格，许多基金会采取“挂靠”到公募基金会下面设立专项基金的方式，向公募基金会缴纳6%～8%的管理费并接受其业务管理，而公募基金会不仅增加了筹款总额，还可以相应扩大自身人员的行政开支比例。另外一个退出壁垒主要是官办基金会的历史包袱及相关制度不完善造成的。基金会的退出无论采取哪种退出形式，都要涉及人员的分流和资产的处置，而官办基金会作为许多机关事业单位冗余人员的重要“出口”，显然无法将员工直接转交给社会，只能依靠资金、项目等方面的“援助机制”维持这些基金会低效运行。此外，资本市场、产权交易和退出机制的不健全，也是造成基金会退出障碍的重要因素。

（五）产品差异不大

基金会数量增加导致各类公益项目奇多，全行业同质化现象极其严重。为何国内基金会缺乏创新？一是由于行业监管比较严格。基于风险回避和市场不成熟等原因，无论监管者还是基金会管理层对基金会的一些创新做法都持较为谨慎的态度，在某种程度上影响了基金会的创新。二是基金会人员结构不合理。由于行政开支的限制，许多基金会项目筹款、执行和监督都由一个人负责，不仅工作压力巨大，模仿和抄袭也在所难免。比如中国扶贫基金会爱心包裹项目就被国内多家基金会复制。三是公益产权保护不力。基金会创新投入大，风险也大，如果创新项目取得成功后很容易被其他组织所复制，基金会根据市场需求以及自身特点开发各类项目的能动性就受到抑制。

（六）信息完全程度不高

麦肯锡的一份分析报告指出，当前整个中国慈善市场还缺乏能够甄别慈善资源使用信息的有效机制，捐赠者无法知晓捐赠给哪家基金会才能保证自己的善款得到更有效的使用。基金会中心网发布的“中基透明指数2014排行榜”显示，截至2014年12月31日，全国4211家基金会中，共有1637家基金会拥有官方网站，基金会官网覆盖率为38.9%；其中937家设立了项目信息查询栏目，占比57.2%；555家设立了信息披露栏目。中基透明指数FTI显示，截至2014年12月31日，基金会行业整体透明度得分为

49.45。另外，有33家基金会得分不足1分，在指标体系中只披露了基金会地址，甚至有5家基金会无任何信息披露，得分为0。

总之，由于上述诸多因素的存在，基金会的行业竞争机制受到扭曲，影响了资源配置效率。当下的中国基金会行业，亟须引入市场机制，在保障信息完全的前提下由市场决定资源配置和基金会的优胜劣汰。

三　品牌建设

中国有一句古话："好事不出门，坏事传千里"，基金会品牌管理同样适用这句话。打造一个知名的基金会品牌需要数十年的积累和几代人的努力，但是毁掉一个品牌却往往只需要几天时间，从郭美美事件，到河南宋基会放贷事件，甚至是网络流传的一些子虚乌有的热点事件，这些危机事件对基金会的影响是非常大甚至是毁灭性的。品牌是一种无形资产，基金会品牌是带动慈善事业发展的动力。品牌建设是指基金会对品牌进行的设计、宣传、维护的行为与努力。品牌建设的受益者是基金会，但参与主体包括广泛的利益相关者，如捐赠者、受益者、渠道、合作伙伴、媒体、其他慈善组织等，因此基金会无论大小，都应该重视起机构自身的品牌建设，这是基金会走向持久成功的重要法宝。

（一）品牌建设缘何重要

1. 放松管制背景下的基金会快速发展

十八大以来，国家对包括基金会在内的社会组织非常重视，提出加快建立政社分开、权责明确、依法自治的现代社会组织体制，着手推动了一系列旨在放松管制的重要改革措施。一方面，国家不断降低非公募基金会的登记注册门槛，推动政府和社会组织分开，放开慈善组织公募资格等，传统公募基金会的"特权"将逐渐消失，平等竞争成为未来基金会行业的主流特征；另一方面，进入壁垒的降低势必带来退出壁垒的降低，当失去政府的保护时，优胜劣汰的法则要求基金会必须树立自己的品牌，进行差异化经营，才能获得捐赠人的认可，从而实现自身的生存和发展。

2. 公益市场化背景下行业竞争压力加剧

康晓光认为中国的现代化包含三个不同领域依次递进的市场化过程，其中第二个领域是社会领域的市场化（1990～2020），最终的结果是形成相对发达的第三部门。当前我国正处在第二个领域市场化加速发展的阶段，我国基金会发展呈现出可喜的趋势，公益项目的数量也随之呈指数级增加，公益项目的产品差异性不足，同质化竞争严重。在公益市场化背景下基金会行业竞争加剧，谁掌握了品牌也就意味着掌握了竞争的主动权。

3. 慈善监督机制缺位与互联网时代网民监督和问责的兴起

一直以来，针对公益慈善行业信息透明度不高的现状，中国慈善市场缺乏能够监督慈善资源使用情况的有效机制。自2011年以来，微博、微信等新媒体的横空出世，为公民的监督、问责提供了直接便捷的渠道，在创造惊人传播效果的同时产生了巨大的监督威力。“郭美美”“卢美美”等事件在互联网引爆，让一些基金会，尤其是官办基金会陷入舆论旋涡，面临公信力缺失的困境。如今公众已经不再是信息的单向接收者和传播者，更是信息的挖掘者、分析者，在信息不透明的情况下，公众还可能是信息的制造者，在这种情况下，基金会的专业和透明已经构成基本要求，形成品牌才是建立公信力的必经之路，从而更好地应对这场“新媒体赋权”运动。

（二）品牌建设知易行难

1. 普遍缺少系统的品牌规划

俗话说好的开始是成功的一半，品牌规划就是品牌建设的开始阶段。基金会感受到与日俱增的压力，一方面是因为公益项目同质化竞争日趋明显，另一方面则来源于机构自身的运营和公众认知的压力。在这样的情形下，很多基金会对于品牌在机构发展方面所产生的意义颇为认同，然而对于如何开展品牌建设却所知甚少，尤其是不知道如何开展品牌规划。做规划时要根据品牌资产建设、信息化建设、渠道建设、客户拓展、媒介管理、品牌搜索力管理、市场活动管理、口碑管理、品牌虚拟体验管理等品牌建设的内容提出很明确的目标，然后制定实现目标的措施。对于“老牌”基金会，还要对自身品牌进行诊断，找出品牌建设中存在的问题，总结出优势和劣势，进而给出对策。

2. 缺乏驾驭复杂的机构和项目品牌关系的能力

在只运营一个项目的情况下，基金会的营销传播活动都是围绕提升同一个品牌资产而进行的，而当基金会项目增多后，就面临着很多品牌上的难题。比如基金会的品牌分为机构品牌和项目品牌两种，但是基金会在处理两者之间关系时策略并不清晰，这可以从许多基金会的公益项目的命名中略窥一二。很多基金会都会有这样的困惑，面对公众时到底是机构品牌优先还是项目品牌优先？在推出新项目品牌时新品牌与原有品牌之间的关系如何协调？基金会的公益项目日渐增多更应该注意各个公益项目之间关系和机构品牌之间的关系，公益项目是否还践行着机构的使命？这是理论上非常复杂，实际操作过程中又具有很大难度的课题，而国内不少基金会都欠缺这种驾驭复杂的机构和项目品牌关系的能力，导致很多公益项目名声在外，但是到底是哪家基金会的项目，公众却不甚了解。

3. 透明度不高和与公众互动缺乏

诚信是品牌建设的核心，品牌预示着基金会的信用和形象，是基金会最重要的无形资产。基金会在信息公开方面比较欠缺，基金会应该定期披露自己的财务状况，向资助人汇报项目进度。首先，基金会是否具备自己的官方网站、微博或微信这些可以与公众交流的渠道；其次，是否将财务信息实时更新在官方渠道；再次，公众是否能够轻易获取他想要了解的基金会信息，但是基金会在这些方面的表现是令人失望的，一是没有建立起公开渠道，二是没有信息更新。基金会的透明度不高只会令公信力雪上加霜。即便是透明度表现良好的基金会也存在与公众的互动缺乏问题，基金会更多将公众当成是信息的接收方，与公众缺乏主动的互动沟通。

4. 缺乏舆情监测机制和品牌危机管理制度

舆情监测可以全面清晰地预测基金会的各种品牌危机，及早发现和捕捉品牌危机征兆，从而为处理品牌危机制定对策方案，尽可能将品牌危机防患于未然。我国虽然建立了社会组织舆情监测，但专门针对基金会领域的还没有，而我国的慈善热点事件集中爆发于基金会领域。在危机源头缺乏监测以外，基金会也缺乏品牌危机管理制度，当品牌事件发生时基金会缺乏应对制度，采取“鸵鸟”策略使得机构的品牌管理丧失主动权，导致品牌事件进一步上升为品牌危机，这对基金会自身的品牌有很大的破坏性，积累发酵也会对整个行业产生不良影响。

5. 品牌建立民主参与和品牌内部传播不足

品牌传播分为内部传播和外部传播两部分，通过内外部传播将内部认知和外部形象融合统一。观察基金会在网站、报纸甚至是电视上进行公益项目的传播，可以了解大部分基金会已经意识到外部传播的重要性，但是对于凝聚内部、让每一位员工都成为品牌大使的内部传播却被大部分基金会忽略，在内部传播中机构自上而下和部门横向之间的沟通普遍存在问题，非常愿意讲述机构品牌故事的员工占比较少。常常会见到这样的现象，许多基金会在大力向社会宣传自己的品牌，但自己的员工却对品牌毫无概念。徐永光在非营利品牌建设分享会上谈道：“从机构的长远发展来看，品牌的内部传播比外部传播更加重要”。机构在品牌建立时应当建立广泛的民主基础，员工参与其中建立起来的机构品牌更容易得到广泛的接受。很多基金会的品牌建立在过程中因为缺乏广泛的民主基础，品牌的内部传播也难以达到最佳状态，而当基金会的员工和利益相关群体都主动自愿传播机构的品牌故事时，就是基金会品牌内部传播的最佳状态。

（三）品牌建设四大误区

基金会要想实现跨越，不仅包括技术上的升级、管理体系上的构建、商业模式上的优化以及组织文化的建立，还包括品牌建设的正确实施。可以说，品牌建设是基金会异军突起的最快方式。然而，在开展品牌建设的基金会中依然存在以下几种误区。

1. 品牌没有实际价值

一个常见的误区是只有项目才是有价值的，它既能服务于受益群体又可以形成捐赠人的投入，但在品牌的认识上，因为它属于一项无形资产，且形成往往又需要一个较长的周期，具有一定的风险性和不确定性，导致基金会通常更关注眼下能够带来实用价值的具体业务，而忽视品牌的长久作用。再加上许多基金会创始人喜欢低调做事，做品牌不可避免地会“出名”，这与他们的慈善理念背道而驰，认为不应该投入成本去有意打造品牌。

2. 品牌建设从自我出发

许多基金会容易从自身的角度进行品牌建设和定位，认为品牌完全是基金会的自我需求，而不是站在捐赠人、竞争对手或受益人的角度来审视自己的品牌，还有些基金会甚至根本没有定位，纯粹模仿就开始执行项目运作。《中国非营利品牌报告》发现有将近一半的基金会对市场细分和竞争对手的研究深入程度只达到一般甚至是没有研究。不对市场进行细分必然不能够抓准市场的需求，不了解竞争对手也只会让机构沦为同质竞争的牺牲品。

3. 品牌建设急功近利

即便少数重视品牌建设的基金会，也认为品牌建设就是广告运作，甚至可以通过事件的炒作制造出来，这种观点在实践中是非常有害的，往往导致很多项目品牌在短时间内火爆然后又迅速衰退。必须清楚的是，品牌的创造不可能一蹴而就，而是包含服务质量、顾客认同和组织形象的综合实力的打造过程。一个完整的品牌具有多重内涵，比如个性品质、价值观、感情利益、物质性利益和产品服务特性。基金会只有建立在上述内涵的基础上才可能形成自身的品牌。

4. 品牌建设需要大量投入

很多基金会认为，品牌建设耗资巨大，在政策管制下，基金会的各项开支本就捉襟见肘，经营品牌对于基金会来说无疑是劳民伤财。的确，国内很多基金会粗放型的经营方式对慈善资源造成了巨大浪费，造成了行业整体水平不高的事实，但这并不能成为基金会放弃品牌建设的理由。科学的品牌建设不仅能够“省钱办大事”，还能够让基金会的运转更有效率，打造金字招牌，而缺乏系统性和前瞻性的做法，认为做品牌就是花钱砸广告的思路即使花费大量投入也难以达到目的。

在过去阶段我国基金会面临的竞争几乎没有，只要有身份就可以舒服地“活”着，但现在随着国家政策的进一步开放，中国基金会随时面临着行业内和行业外的新挑战，基金会要想在竞争中取胜，甚至走向国际化，除了不断地积累外，从一些既往经验中获取一些教训，并适当聘请一些咨询机构进行品牌价值评估，找对正确的品牌建设方向，才是明智之策。

四　税收优惠

现代基金会在20世纪初被美国等西方国家称为公益事业的“引擎”和缓解各种社会矛盾的“缓冲器”。非营利组织特别是基金会扮演着弥补市场调节与政府调节空白的重要角色，被誉为平衡财富差距、促进社会稳定的利器。然而，相对于欧美发达国家，我国的慈善捐赠具有起步晚、发展慢的特点。其中一个重要的原因就是我国公益慈善领域税收优惠制度不健全。对此，学界和慈善行业已经连续呼吁多年，但慈善捐赠的税收优惠政策在实际执行中依然面临“看得见，够不着”的窘境。

（一）基金会税收制度的演进历程

1999年我国颁布了《公益事业捐赠法》，规定了向公益事业捐赠包括税收优惠在内的各种优惠措施。2004年国务院颁布了《基金会管理条例》，明确提出捐赠人、基金会和受益人应当享受税收优惠的政策原则。中国慈善税收优惠政策的发展以2008年作为分水岭，相关的税收优惠政策相继出台。2008年先后实施了《中华人民共和国企业所得税法》和《中华人民共和国个人所得税法》，明确了企业和个人的公益税前扣除制度。为进一步贯彻落实这两部法规，国家税务总局、民政部联合发布了《关于公益性捐赠税前扣除有关问题的通知》，对公益组织获得税前扣除资格的条件、程序、申请材料做了明确的规定，并首次将税前捐赠扣除资格的取得和取消与公益组织年检结论及评估登记挂钩。

（二）“看得见”的税收优惠

我国现行的涉及慈善捐赠的税收优惠主要包括两个方面，一类是对基金会接受捐赠的减免税优惠，另一类是对捐赠者给基金会捐赠享受的抵税优惠。

1. 面向基金会的税收优惠

目前我国基金会所得享受到的税收种类，概括起来，主要有所得税、关税、增值税、契税，这些税收优惠主要针对基金会从事的公益性、慈善性活动。

（1）所得税。《中华人民共和国企业所得税法》第 26 条规定了“符合条件的非营利组织的收入”为免税收入。

（2）关税。根据《中华人民共和国进出口关税条例》《中华人民共和国海关进出口税则》的有关规定，外国政府、国际政府无偿赠送的物资，免征关税。

（3）增值税。《中华人民共和国增值税暂行条例》规定，外国政府、国际组织无偿援助的进口物资和设备，免征增值税。

（4）契税。根据《中华人民共和国契税暂行条例》的规定，基金会在承受土地、房屋用于办公、教学、医疗、科研等设施的，免征契税。

2. 面向捐赠者的税收优惠

我国对基金会的捐赠者的税收优惠主要指向基金会提供捐赠的自然人和法人在一定的限制条件下将捐赠金额从税基中扣除。

（1）企业所得税。《中华人民共和国企业所得税法》第 9 条规定，企业发生的公益性捐赠支出，在年度利润总额 12% 以内的部分，准予在计算应纳税所得额时扣除。

（2）个人所得税。《中华人民共和国个人所得税法》规定，个人将其所得对教育事业和其他公益事业捐赠的部分，且捐赠额超过纳税义务人申报的应纳税所得额 30% 的部分，可以从其应纳税所得额中扣除。

（3）关税优惠。对境外向我国境内依法设立的慈善组织无偿捐赠的直接用于慈善事业的物资，在有关法律及政策规定的范围内享受进口税收优惠。

（三）“够不着”的税收优惠

相比欧美发达国家，我国目前税收制度的相关规定不够完善，并且在这些本就有限的“可以享受”的优惠中设置了许多“或明或暗”的政策障碍，办理手续十分复杂，实际享受这些优惠非常困难。

1. 所得税限额扣除低

在所得税限额扣除方面，在考虑递延扣除以后，企业所得税扣除额相对合理，实际水平与国际差异不大，但我国递延的年限较短，国外一般是允许向后递延五年。个人所得税的扣除限额明显过低，只有很少人去办理税收扣除，此外，个人当年的捐赠仅能在当年的应纳税所得额中扣除，而不允许递延抵扣。在某种程度上造成“捐赠越高，纳税越多”，这无疑一定程度上挫伤公众的捐赠热情。

2. 减免申请制度匮乏

在基金会税收优惠申请方面，发达国家都制定了完善的申请流程和制度，基金会在实际办理方面非常简便。我国目前还没有建立起清晰的税收优惠申请制度，许多基金会在办理免税方面还相对容易，但办理抵税发票方面还存在很多困难。此外，也没有明确规定享受捐赠方捐赠的税收优惠待遇的基金会的具体要求，而是实行个案审批，不仅增加了税务主管部门的工作量，在相当程度上也影响了基金会的积极性。

3. 票据混乱

我国目前还没有统一的捐赠票据管理，捐赠票据和资金往来使用的票据是不一样的，因此我国目前各种收据和发票的使用状况比较混乱，管理起来不方便。不少非公募基金会的收入是使用财政部门的收据或自制的收据，较少使用税务部门印发的发票，给税务部门带来了困扰。

4. 所得税优惠难

我国基金会的所得税构成包括政府财政资助、社会捐赠、存款利息、有价证券、经营收入。其中对基金会的政府财政资助、社会捐赠，国家税法明确规定了给予免税资格。而有关营利性收入的，比如基金会购买股票、债券等有价证券所取得的收入，应并入应纳企业所得税收入总额，不管收益是否用于公益目的，都要征收企业所得税，如图1所示。美国的联邦税法对非营利组织的营利性活动给予了明确的税收规定：只要与组织宗旨相关的活动所获得的利润不用缴税；与组织宗旨无关的商业活动则需要缴税。对比而言，我国对基金会的税收制度要苛刻得多。对很多基金会而言，要缴纳高比率的企业所得税，很难维持生存，更别提发展壮大。

- 基金会自身
  - 1.所得税
    - （1）政府财政资助［免］
    - （2）社会捐赠［免］
    - （3）存款利息［无］、有价证券收益［征］
    - （4）经营收入［征］
  - 2.营业税［无］
  - 3.进口关税、进口增值税［免］
  - 4.增值税、消费税［免］

图1　我国基金会涉及的主要税种与税收优惠

注：图中“征”代表征缴税收；“免”代表不同程度地免缴税收；“无”代表缺乏明确法律规定。

（四）税收优惠制度改革的挑战

我国基金会税收优惠之难已成为基金会发展一大阻碍，倒逼着我国基金会税收制度的改革。我国基金会税收制度的改革面临的挑战首先是立法系统散乱。由于慈善事业法尚未出台，有关税收优惠的规定散见于《中华人民共和国企业所得税法》《中华人民共和国个人所得税法》等法律以及《基金会管理条例》等行政法规、规章中，零散而且缺乏法律效力。有些优惠制度是针对基金会的某一类活动而做出的，比如国家税务总局出台的《关于基金会应税收入问题的通知》等。税收问题涉及面广，任何税收优惠的法律制度都可能影响到其他社会领域，产生政策间的目标冲突。

其次，是我国的基金会税收立法层级低。除了《中华人民共和国企业所得税法》《中华人民共和国个人所得税法》等少数法律以外，还存在许多地方性法规、部门规章，甚至还有大量的临时性措施涉及基金会的税收相关问题。这些非正式“条文”充斥着基金会实践领域，凸显出部门之间协调的困难程度，更使得我国在这方面的立法显得缺乏严肃性和连续性。

最后，面对法规的“碎片化”，我国税务部门、财政部门、民政部门之间的行政割裂同样严重。现实的情况是民政部门对出台公益慈善税收优惠政策的积极性很高，多次呼吁要完善和落实税收减免优惠政策。然而，我国的税收政策制定或修改的权限始终掌握在财政与税务部门手中。2014 年 12 月 18 日，国务院印发的《关于促进慈善事业健康发展的指导意见》中提出要落实和完善减免税政策，希望上述新政能够联动财政部门、税务部门和民政部门共同推动基金会的税收优惠完善和落实。

数　据　篇

GREEN BOOK

Data

G.3

2014年度基金会发展概况

摘　要：2014 年基金会发展在数据上呈现出许多新的特点和亮点。进入信息社会，数据及其背后隐藏的巨大价值正在被人们所发现，基金会中心网的大数据优势可以提供很多有价值的信息。本文从数量变化、地区分布、资产规模、政府补助、保值增值、项目领域和企业基金会等多个角度对这些数据变化进行了呈现，这些数据为我们正确认识基金会的发展概况提供了许多新视角。

关键词：数量　地区分布　资产规模　政府补助　保值增值

一　基金会增速放缓，非公募基金会占比进一步提升

2014 年全国基金会总数达 4211 家，较 2013 年增加 584 家，年增长数量和比例较 2013 年均有所下降。在全国 4211 家基金会中，公募基金会 1487

家，占35.31%；非公募基金会2724家，占64.69%。非公募基金会已成为每年新成立基金会的主流，与2013年相比，其在全国基金会中的占比增加3.89个百分点，见图1。

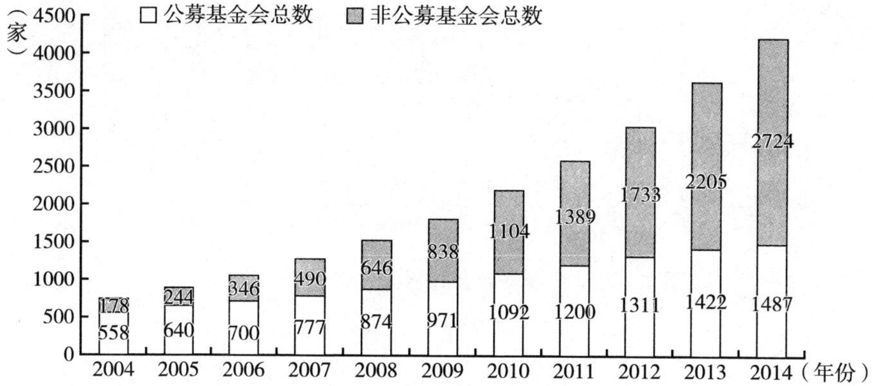

图1　历年基金会数量变化（2004～2014）

资料来源：基金会中心网，中基透明指数FTI。截止日期：2014年12月31日。

就基金会数量的增长比例来看，非公募基金会数量涨幅仍遥遥领先于公募基金会，二者差距进一步加大。在2004～2014年的10年里，全国基金会以年均19%的速度稳步增长，而公募基金会在此期间增长率逐年下滑，年均增长率仅为10%。与此相对，非公募基金会则经历了急速增长而后趋于平稳的过程。在《基金会管理条例》颁布后的10年里，成立了大量非公募基金会，即便近几年非公募基金会增势趋于平稳，其年均31%的增长率仍高于公募基金会20个百分点。

此外，非公募基金会仍是每年新成立基金会的主力。2014年度，全国新成立基金会584家，平均每天就有1.5家新基金会成立。其中，新成立的公募基金会仅有65家，较2013年减少了46家；而新成立的非公募基金会有519家，较2013年增加了47家。由此可见，2014年度新增基金会总数较2013年下降缘于新成立的公募基金会数量减少，非公募基金会仍保持良好的增长势头，见图2。

进一步分析2014年度新增的基金会，我们发现市县级基金会较往年有明显增加。在2014年新增的584家基金会中，市县级基金会数量为232家，占比达40%，比2013年增加127%，见图3。

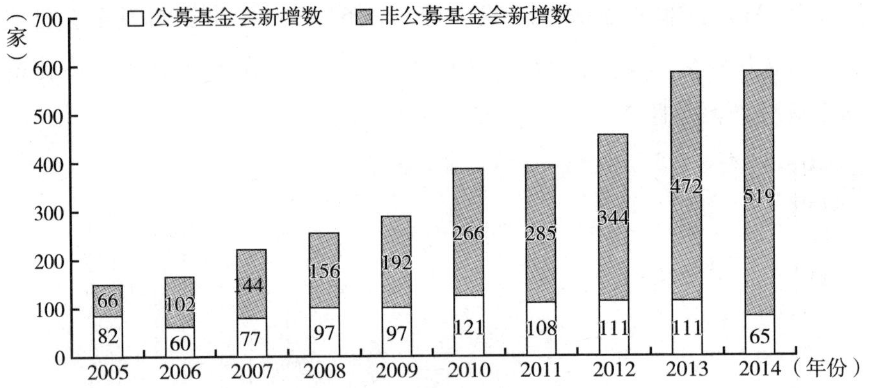

图 2　历年新增基金会数量变化（2005～2014）

资料来源：基金会中心网，中基透明指数 FTI。截止日期：2014 年 12 月 31 日。

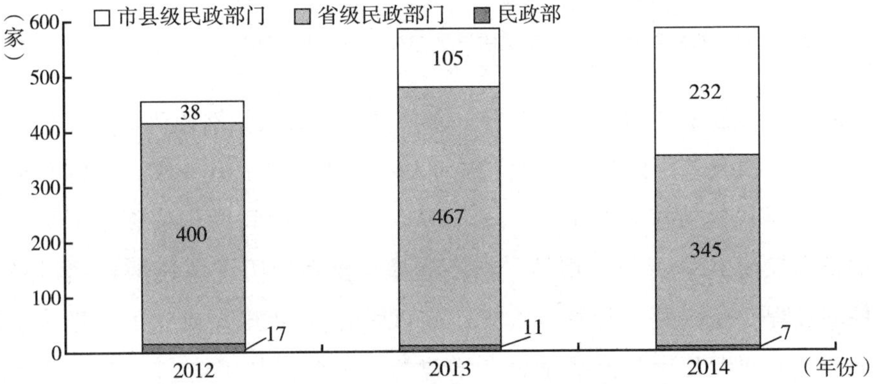

图 3　新增基金会登记部门变化（2012～2014）

资料来源：基金会中心网，中基透明指数 FTI。截止日期：2014 年 12 月 31 日。

2009 年民政部与深圳市签订《推进民政事业综合配套改革合作协议》，深圳试水基金会直接登记制度，最先成立市本级基金会。2012 年民政部通过部省协议的形式，允许一些地方将非公募基金会登记权限由省级登记管理机关下放，允许市级民政部门和县级民政部门登记管理非公募基金会。同年，广州、浙江、福建等地纷纷下放权限，全国共成立 64 家市县级基金会，截至 2014 年市县级基金会增至 401 家（见表 1）。

表1 基金会登记部门分布情况（2012～2014）

单位：家

登记部门	2012 年年底总数	2013 年年底总数	2014 年年底总数
民政部	180	191	198
省级民政部门	2800	3267	3612
市县级民政部门	64	169	401
合 计	3044	3627	4211

资料来源：基金会中心网，中基透明指数 FTI。截止日期：2014 年 12 月 31 日。

此外，基金会登记管理权限下放到市县一级，使那些本来需要到省级民政部门注册的非公募基金会，直接在本地市县部门注册，为基金会成立和管理提供了便利，也带来了新一轮的基金会数量激增，广东、浙江、福建等多出现市县级非公募基金会井喷式增长。在 2014 年新成立的 232 家市县级基金会中，其中广东省数量最多，有 82 家，占市县级基金会的 35.34%；其次为浙江、江苏两地，各自新成立了 38 家市县级基金会。这三个省份已占 2014 年新成立市县级基金会的 68.10%。在 2014 年市县级基金会地域分布中，广东省以 179 家市县级基金会稳居榜首，其次为浙江省，有 44 家市本级基金会和 12 家区县级基金会。市县级基金会前五地区共有 328 家，占全国总量的 81.80%，见表 2。

表2 2014 年市县级基金会数量 Top 5 分布

单位：家，%

省份	基金会数量	市本级基金会数量	占比	区县级基金会数量	占比
广东	567	176	31.0	3	0.5
浙江	385	44	11.4	12	2.9
江苏	488	17	3.5	23	4.7
福建	198	30	15.2	0	0
安徽	92	23	25.0	0	0

资料来源：基金会中心网，中基透明指数 FTI。截止日期：2014 年 12 月 31 日。

二　基金会地区分布差异显著

如同经济水平的地区差异一样，基金会在地域分布上，也存在明显的不同，两极分化情况一直存在。这种差异主要表现在两个方面：一是基金会总量的地区差异；二是地区内部公募基金会与非公募基金会的差异。在2014年全国4211家基金会中，位于广东省的基金会数量最多，达到567家，占全国总数的13.46%，其次为江苏省，其基金会数量为488家。此外，超过一半的基金会集中于广东、江苏、北京、浙江、上海5个省份，这些地区也是非公募基金会数量远远多于公募基金会数量的地区。而基金会数量最少的是西藏自治区，有14家基金会，仅为广东省的2.5%，见图4。

2014年全国31个省份（不含港澳台）中，基金会数量超过100家的有11个省份，与2013年相比，新增山东省。

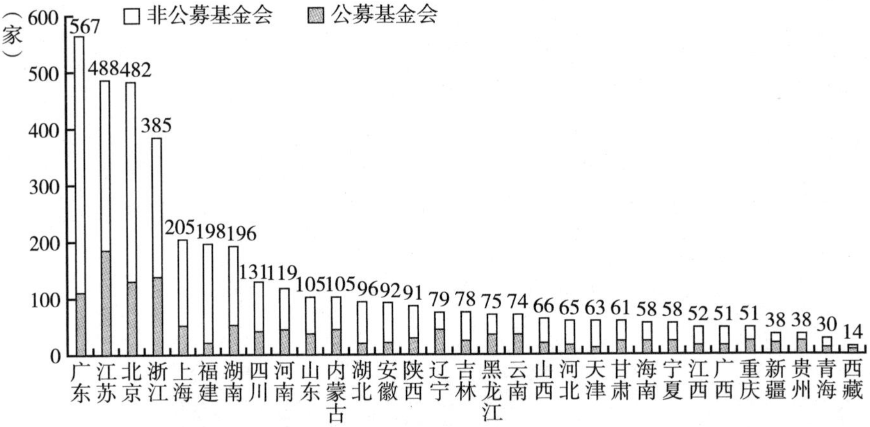

图4　2014年基金会区域分布情况

资料来源：基金会中心网，中基透明指数FTI。截止日期：2014年12月31日。

就基金会类型看，各地公募、非公募基金会分布也存在很大差异。在全国31个省份中，绝大多数地区非公募基金会数量超过了公募基金会，其中基金会总数排名前五的广东、江苏、北京、浙江、上海，既是非公募基金会与公募基金会差距最大的地区，也是经济相对发达、公益慈善活动较为活跃的地区，大量存在的非公募基金会为这些地区开展多样化的慈善活动提供了便利。另外仍有12个地区公募基金会数量多于非公募基金会，它们多集中于东北部和西部，并且基金会数量也少于其他地区。在慈善项目上，这些地区仍以传统的扶贫济困为主，其公募基金会在满足社会需求上发挥了主要作用，见表3。

表3　2014年各地域基金会数量分布

单位：家，%

地　域	基金会数量	全国占比	公募	公募占比	非公募	非公募占比
广　东	567	13.46	114	7.64	453	16.65
江　苏	488	11.59	188	12.60	300	11.03
北　京	482	11.44	130	8.71	352	12.94
浙　江	385	9.14	139	9.32	246	9.04
上　海	205	4.87	56	3.75	149	5.48
福　建	198	4.70	25	1.68	173	6.36
湖　南	196	4.65	110	7.37	86	3.16
四　川	131	3.11	78	5.23	53	1.95
河　南	119	2.83	46	3.08	73	2.68
内蒙古	105	2.49	45	3.02	60	2.21
山　东	105	2.49	39	2.61	66	2.43
湖　北	96	2.30	22	1.54	74	2.72
安　徽	92	2.18	25	1.68	67	2.46
陕　西	91	2.16	32	2.14	59	2.17
辽　宁	79	1.88	48	3.22	31	1.14
吉　林	78	1.85	26	1.74	52	1.91
黑龙江	75	1.78	38	2.55	37	1.36
云　南	74	1.76	40	2.68	34	1.25
山　西	66	1.57	26	1.74	40	1.47
河　北	65	1.54	18	1.21	47	1.73
天　津	63	1.50	21	1.41	42	1.54
甘　肃	61	1.45	28	1.88	33	1.21
宁　夏	58	1.38	28	1.88	30	1.10
海　南	58	1.38	26	1.74	32	1.18

续表

地　域	基金会数量	全国占比	公募	公募占比	非公募	非公募占比
江　西	52	1.23	20	1.34	32	1.18
重　庆	51	1.21	27	1.81	24	0.88
广　西	51	1.21	18	1.21	33	1.21
贵　州	38	0.90	29	1.94	9	0.33
新　疆	38	0.90	23	1.54	15	0.55
青　海	30	0.71	16	1.07	14	0.51
西　藏	14	0.33	10	0.67	4	0.15
合　计	4211	100.00	1491	100.00	2720	100.00

资料来源：基金会中心网，中基透明指数 FTI。截止日期：2014 年 12 月 31 日。

三　基金会资产规模节节攀升

近年来，基金会的资产规模一直保持高速增长的态势。截至 2013 年年底，全国 4211 家基金会净资产已达 950 亿元，尽管这一数字与欧美国家基金会相比仍存在相当大差距，但不可否认的是近几年基金会的资产规模一直保持着两位数的增幅，发展前景不容小觑。

（一）净资产

从最近五年基金会净资产变化趋势来看，其年均增长率超过 20%。截至 2013 年年底，全国基金会净资产规模已达 950 亿元。同时，非公募基金会净资产首度超过公募基金会，这也是继 2012 年非公募基金会数量超过公募基金会之后的又一个重大突破（见图 5）。在全国 4211 家基金会中，净资产前三甲均为非公募基金会，而往年净资产最高的河南省宋庆龄基金会，在 2013 年度基金会资产排行中位居第四。

全国基金会净资产的地域分布严重不平衡。就全国而言，基金会净资产占比超过 10% 的只有北京、江苏、上海三地，它们的净资产占全国基金会的 55.73%。仅就北京而言，基金会净资产规模占全国总量的近 1/3，是除

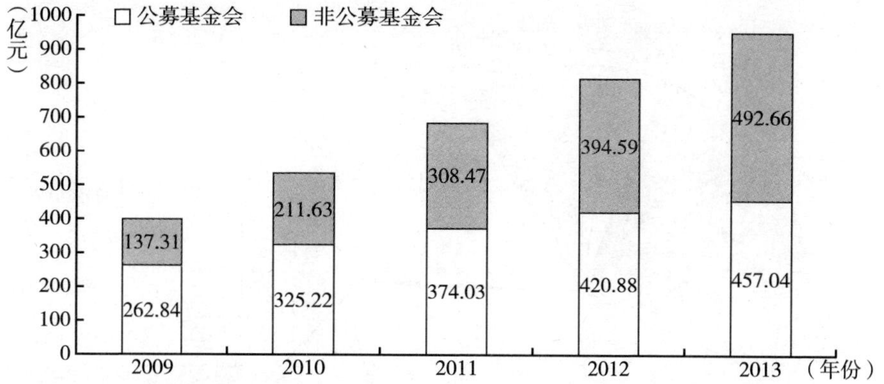

图5　基金会净资产历年分布情况（2009～2013）

资料来源：基金会中心网，中基透明指数 FTI。截止日期：2013 年 12 月 31 日。

中西部外各地区资产之和，其主要原因是 90% 以上的民政部注册基金会位于北京，极大地提升了整个北京地区基金会净资产规模。

正如上文所说，北京、江苏、上海、广东、浙江不仅是中国基金会数量最多的省份，同时也是大型基金会最为集中的地区。截至 2013 年年底，全国净资产过亿元的基金会有 184 家，净资产之和达 576. 61 亿元，占全国的 60. 71%。其中 145 家集中于上述 5 个省份，这 5 个省份基金会净资产达 659. 85 亿元，占全国总量的 69. 48%，见图 6。

在不同净资产规模的地域分布上，也呈现出很大差别：57 家净资产在亿元以上的基金会位于北京，其净资产规模占全国该区间的 37. 94%，远高于全国其他地区，上海有 22 家净资产在亿元以上的基金会，其净资产规模占全国该区间的 15. 91%，北京、上海、江苏、广东、浙江五地是大型基金会集中地区，这五个地区基金会净资产总和占全国基金会净资产的 70%。在净资产 5000 万～1 亿元规模区间中，北京与江苏相差不大，占比均在 20% 以上，而其他地区占比则远低于以上两地，广东省居第三位，在这一净资产区间的比例仅有 9. 68%，不到北京和江苏的一半。此外，在 500 万元以下的净资产区间中，广东和北京的占比最高，均超过 10%。广东省有 156 家净资产低于 500 万元的基金会，其中，90% 以上为非公募基金会。大型基

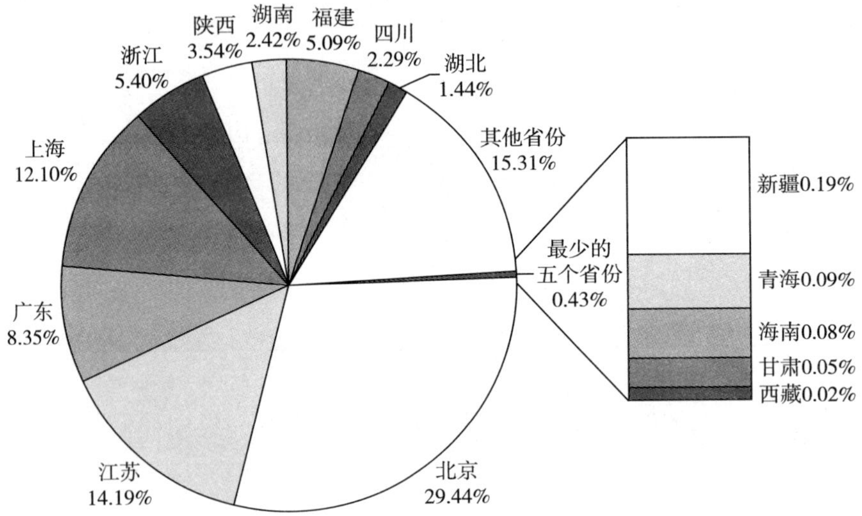

图 6　基金会净资产的地域分布

资料来源：基金会中心网，中基透明指数 FTI。截止日期：2013 年 12 月 31 日。

金会和小型基金会分布均过度集中，导致中国基金会资产分布呈“两边大，中间小”的特点。见表 4。

表 4　各地域基金会净资产分布情况

地域	净资产全国占比(%)					合计（亿元）	全国占比（%）
	净资产＜500 万元	500 万元≤净资产＜1000 万元	1000 万元≤净资产＜5000 万元	5000 万元≤净资产＜1 亿元	净资产≥1 亿 元		
北　京	10. 75	8. 48	15. 56	21. 19	37. 94	279. 54	29. 44
江　苏	8. 09	16. 80	15. 00	22. 27	12. 55	134. 73	14. 19
上　海	3. 71	3. 92	5. 85	8. 03	15. 91	114. 95	12. 10
广　东	11. 03	7. 26	10. 04	9. 68	7. 47	79. 30	8. 35
浙　江	8. 68	11. 43	9. 58	5. 20	3. 52	51. 33	5. 40
福　建	6. 62	3. 38	4. 57	2. 95	5. 69	48. 30	5. 09
陕　西	1. 06	1. 56	1. 66	1. 40	4. 82	33. 62	3. 54

续表

地域	净资产全国占比（%）					合计（亿元）	全国占比（%）
	净资产＜500万元	500万元≤净资产＜1000万元	1000万元≤净资产＜5000万元	5000万元≤净资产＜1亿元	净资产≥1亿元		
河　南	4.03	2.09	3.00	—	3.89	30.29	3.19
湖　南	4.74	8.09	6.49	1.33	0.84	23.02	2.42
四　川	3.81	4.80	3.11	4.73	1.29	21.72	2.29
内蒙古	3.83	3.02	1.30	1.96	1.49	16.24	1.71
湖　北	2.46	2.53	2.32	2.45	0.83	13.64	1.44
山　东	2.77	2.30	2.15	4.81	0.20	12.31	1.30
天　津	1.85	1.99	1.28	4.33	0.74	11.97	1.26
安　徽	2.90	1.66	1.58	3.23	0.39	10.43	1.10
黑龙江	2.70	1.85	1.67	—	0.64	8.41	0.89
贵　州	1.24	1.68	1.11	0.61	0.66	7.64	0.80
辽　宁	2.35	2.89	2.31	1.01	—	7.30	0.77
云　南	2.47	2.55	0.82	2.06	0.18	6.74	0.71
重　庆	1.97	2.01	1.61	0.51	0.22	6.26	0.66
江　西	0.92	1.31	0.86	—	0.52	5.79	0.61
山　西	1.69	1.71	1.66	1.17	—	5.58	0.59
广　西	1.02	1.91	1.62	—	0.22	5.36	0.56
吉　林	2.46	0.95	1.44	0.61	—	4.51	0.47
河　北	2.64	0.88	1.13	0.45	—	3.81	0.40
宁　夏	1.76	1.56	0.80	—	—	2.71	0.29
新　疆	1.35	0.50	0.64	—	—	1.83	0.19
青　海	0.65	0.66	0.22	—	—	0.90	0.09
海　南	0.30	—	0.19	—	—	0.76	0.08
甘　肃	—	—	0.29	—	—	0.52	0.05
西　藏	0.13	0.24	0.13	—	—	0.19	0.02
合　计	100	100	100	100	100	949.70	100

资料来源：基金会中心网，中基透明指数FTI。截止日期：2013年12月31日。

截至2013年12月31日，在全国184家净资产过亿元的基金会中，公募基金会94家，净资产总额达262.42亿元；非公募基金会90家，净资产总额达314.19亿元，尽管非公募基金会在数量上略逊于公募基金会，但净资产规模却比公募基金会高20%。此外，净资产超过5亿元的基金会23家，较2012年增加3家，净资产规模达274.82亿元。在这些基金会中，公募基金会仅有11家，净资产总额为109.20亿元，而12家非公募基金会的净资产规模则达到165.62亿元，远高于公募基金会，见表5。

表5　净资产5亿元以上的基金会

基金会名称	类型	成立时间	地域	2013年末净资产(亿元)
清华大学教育基金会	非公募	1994	北京	32.20
北京大学教育基金会	非公募	1995	北京	29.90
陕西省神木县民生慈善基金会	非公募	2011	陕西	23.60
河南省宋庆龄基金会	公　募	1992	河南	22.28
上海市慈善基金会	公　募	1994	上海	20.68
河仁慈善基金会	非公募	2010	福建	17.35
浙江大学教育基金会	非公募	2006	浙江	11.93
上海市大学生科技创业基金会	公　募	2006	上海	9.58
中国青少年发展基金会	公　募	1989	北京	9.14
上海民生艺术基金会	非公募	2010	上海	8.81
中华全国体育基金会	公　募	1994	北京	8.63
南京大学教育发展基金会	非公募	2005	江苏	8.21
中国残疾人福利基金会	公　募	1984	北京	8.04
南京金陵文化保护发展基金会	非公募	2010	江苏	7.27
神华公益基金会	非公募	2010	北京	7.19
老牛基金会	非公募	2004	内蒙古	7.11
中国扶贫基金会	公　募	1989	北京	6.97
中国光华科技基金会	公　募	1993	北京	6.92
上海交通大学教育发展基金会	非公募	2005	上海	6.79
上海市拥军优属基金会	公　募	1995	上海	6.69
中国海油海洋环境与生态保护公益基金会	非公募	2012	北京	5.26
上海宋庆龄基金会	公　募	1993	上海	5.20
中国红十字基金会	公　募	1994	北京	5.07

资料来源：基金会中心网，中基透明指数FTI。截止日期：2013年12月31日。

（二）捐赠收入

近五年来基金会捐赠收入呈总体上升趋势。除2011年河仁慈善基金会接收35亿元股权捐赠和陕西省神木县民生慈善基金会接收12.06亿元的捐赠这两大特殊事件外，基金会捐助收入仍是逐年提高的。根据基金会中心网统计，截至2013年12月31日，全国基金会捐赠收入约为350亿元，比2012年同期增长14.57%，其中芦山地震期间，基金会捐赠收入约为18亿元，壹基金更是以3.85亿元救灾款物捐助位居全部基金会之首，见图7。在2013年捐赠中，公募基金会以184.29亿元收入比非公募基金会多11.04%，较2012年增加了近30亿元。这是公募基金会连续两年捐赠收入高于非公募基金会，见图8。

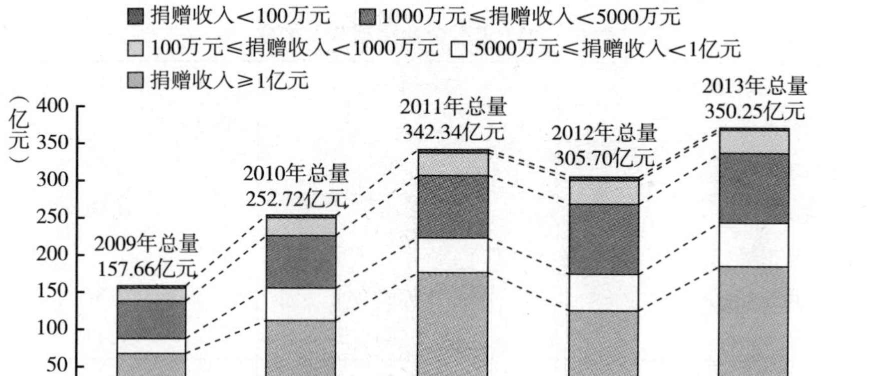

图7　捐赠收入历年分布情况（2009~2013）

资料来源：基金会中心网，中基透明指数FTI。截止日期：2013年12月31日。

在基金会捐赠主体的分布上，仍存在极大的不平衡。90.99%的捐赠收入来自境内，超过一半的捐赠来自境内机构，境内自然人的捐赠仅为36.09%，这与欧美国家70%以上公益捐赠来自个人的情况正好相反。其中公募基金会捐赠收入占52.73%，高于非公募基金会捐赠收入，见表6。

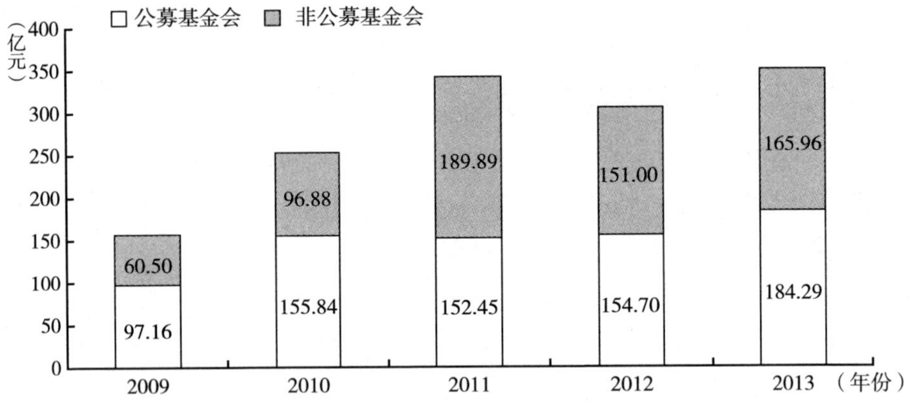

图 8　基金会捐赠收入年度变化情况（2009～2013）

数据来源：基金会中心网，中基透明指数 FTI。截止日期：2013 年 12 月 31 日。

表 6　2013 年基金会捐赠收入构成

捐赠收入	总量(亿元)	比例(%)
来自境内的捐赠	318.68	90.99
来自境内自然人	126.39	36.09
来自境内机构	192.29	54.90
来自境外的捐赠	31.57	9.01
来自境外自然人	9.97	2.84
来自境外机构	21.60	6.17
合　计	350.25	100

资料来源：基金会中心网，中基透明指数 FTI。截止日期：2013 年 12 月 31 日。

此外，基金会与基金会之间的横向捐赠，也无形中增加了基金会的捐赠收入。在 2013 年度基金会大额支付对象中，支付对象为基金会的金额达 15.17 亿元，此外还有二次乃至三次的横向捐赠，这些重复性的捐赠收入计算，都使 2013 年度基金会财务报表中提交的捐赠收入远高于其实际的收入金额。这类现象主要发生在两种类型的基金会中：大型公募基金会与小型非公募基金会。大型公募基金会具备公募资格、成立时间早，形成了诸多品牌项目，它们在接受公众捐赠的同时也可以接受来自其他基金会的捐赠。小型非公募基金会则以资产规模小、开展筹款和项目运作的基金会为主，这些基金会更大程度上发挥了民办非企业单位的作用，向基金会筹款也成为其业务内容之一。

在2013年度基金会捐赠收入Top 50的地区中，位于北京的基金会中有24家上榜；其次为东部沿海地区的江苏、上海、浙江、福建、广东五地，共有21家上榜。捐赠收入Top 50的地区，集中了国内绝大部分的公益资源，是公益发展的主要力量，见图9。

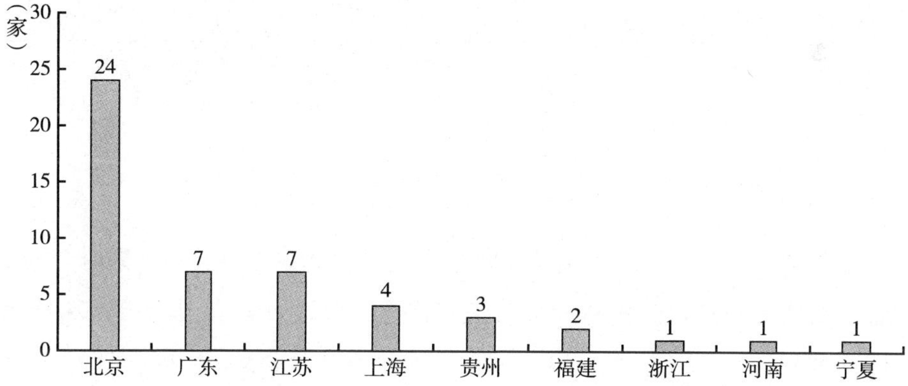

图9　2013年基金会捐赠收入Top 50地域分布

资料来源：基金会中心网，中基透明指数FTI。截止日期：2013年12月31日。

在2013年度中，捐赠收入最多的基金会与2012年相同，仍为中国癌症基金会，其捐赠收入为16.08亿元，占全部基金会捐赠收入的4.59%。与2012年不同的是，高校基金会异军突起，成为吸收公益捐赠的新兴力量。2013年，全国基金会捐助收入第二名与第三名均为高校基金会，其中，清华大学教育基金会，以14.51亿元捐赠收入居全国第二，非公募之首，其捐赠收入额比2012年增加6.48亿元；其次为北京大学教育基金会，以13.96亿元的捐赠位列全国第三，比2012年增加9.83亿元，见表7。

表 7　2013 年基金会捐赠收入 Top 10

排名	基金会名称	基金会类型	成立时间	地域	捐赠收入(亿元)
1	中国癌症基金会	公　募	1984	北京	16. 08
2	清华大学教育基金会	非公募	1994	北京	14. 51
3	北京大学教育基金会	非公募	1995	北京	13. 96
4	上海市慈善基金会	公　募	1994	上海	7. 44
5	中国光华科技基金会	公　募	1993	北京	6. 43
6	广东省扶贫基金会	公　募	1994	广东	5. 27
7	中国扶贫基金会	公　募	1989	北京	5. 25
8	深圳壹基金公益基金会	公　募	2010	广东	5. 21
9	中国青少年发展基金会	公　募	1989	北京	5. 03
10	上海民生艺术基金会	非公募	2010	上海	4. 52

资料来源：基金会中心网，中基透明指数 FTI。截止日期：2013 年 12 月 31 日。

（三）公益支出

在基金会近五年公益支出的变化中，也是总体呈上升趋势。同时，与捐赠收入的情况一致，公募基金会公益支出金额远超非公募基金会。2013 年全国基金会公益支出为 298. 29 亿元，其中公募基金会支出 195. 36 亿元，占全国总量的 65. 49%，是非公募基金会的 2 倍左右，见图 10。

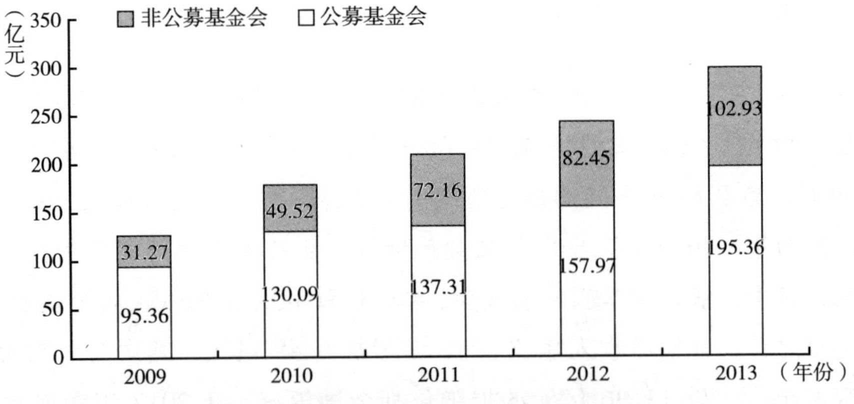

图 10　基金会公益支出年度变化情况（2009 ~ 2013）

资料来源：基金会中心网，中基透明指数 FTI。截止日期：2013 年 12 月 31 日。

从基金会近五年的公益支出结构看，公益支出在5000万元以上的基金会数量寥寥，占比不足5%。大部分基金会仍以支出在500万元以下为主，尤其是将近一半的基金会年公益支出小于100万元，这些基金会80%以非公募为主，见图11。这些基金会的大量存在，影响了公众对基金会的认同，不利于行业健康发展。

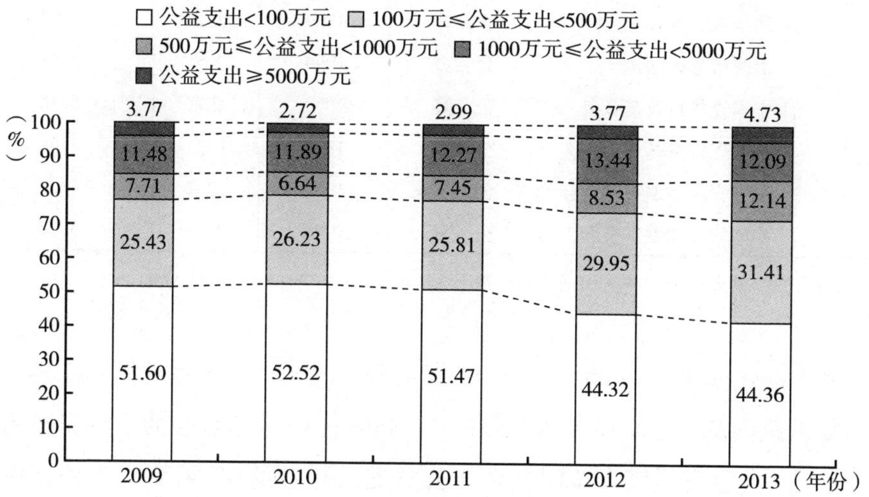

图11　基金会公益支出结构年度变化情况（2009～2013）

资料来源：基金会中心网，中基透明指数FTI。截止日期：2013年12月31日。

在2013年度中，公益支出最多的基金会为中国教育发展基金会，支出金额达18.94亿元，占全部基金会公益支出的6.36%，比2012年增加5.43亿元；其次为中国癌症基金会，公益支出为16.57亿元。在公益支出Top 10的榜单中，非公募基金会仅有清华大学教育基金会以6.94亿元公益支出上榜，其余9家基金会均为公募基金会，并且以中字头基金会居多，由此可见公募基金会在公益支出上的主导地位仍不可撼动，见表8。

在对全国基金会资产规模（净资产、捐赠收入、公益支出）比较中发现，基金会资产规模差异化十分明显：184家净资产超亿元的基金会，净资

表 8　2013 年基金会公益支出 Top 10

排名	基金会名称	类　型	成立时间	地域	公益支出(亿元)
1	中国教育发展基金会	公　募	2003	北京	18. 94
2	中国癌症基金会	公　募	1984	北京	16. 57
3	河南省宋庆龄基金会	公　募	1992	河南	8. 29
4	中国博士后科学基金会	公　募	1990	北京	7. 95
5	清华大学教育基金会	非公募	1994	北京	6. 94
6	上海市慈善基金会	公　募	1994	上海	5. 42
7	中国光华科技基金会	公　募	1993	北京	5. 10
8	广东省扶贫基金会	公　募	1994	广东	5. 01
9	中国青少年发展基金会	公　募	1989	北京	4. 34
10	中国妇女发展基金会	公　募	1988	北京	3. 94

资料来源：基金会中心网，中基透明指数 FTI。截止日期：2013 年 12 月 31 日。

产之和占全国基金会的 60. 71%；52 家基金会的捐赠收入超过亿元，其捐赠收入额占全国基金会捐赠收入总量的 45. 83%；41 家基金会的公益支出超过 1 亿元，其公益支出额占全国基金会公益支出总量的 45. 47%。另外，在地区分布上，东部地区基金会资产规模是中西部地区的 5 倍之多。中西部小型基金会大量存在，严重影响了基金会整体发展，这些基金会亟须自我提升，成为基金会行业发展的上升潜力。

同时，高校基金会异军突起，在资产和捐赠收入上均有上乘表现，带动了整个非公募基金会在全国的发展。然而在公益支出的对比中，非公募基金会则要远远落后于公募基金会。

四　政府补助严重失衡

在基金会的收入构成中，政府补助收入是除捐赠收入外，基金会的第二大收入来源，约占基金会年度总收入的 7. 98%。通过对比 2009 ~ 2013 年公募与非公募基金会的政府补助收入情况，可以清晰地看到其有严重不平衡的特点。在这 5 年的时间里，公募基金会政府补助金额持续上升，从 2009 年的 17.42 亿元到 2013 年的 30.05 亿元，增长了将近一倍。而与此同时，非公募基金会的政府补助收入则从 2009 年的 6.72 亿元下降到 2013 年的 3.62 亿元，缩减了将近一半，见图 12。公募基金会的政府补助金额约为非公募基金会的 9 倍，这种严重失衡的现象，不利于民间公益组织的长期发展。

图 12　基金会政府补助收入历年变化情况（2009～2013）

资料来源：基金会中心网，中基透明指数 FTI。截止日期：2013 年 12 月 31 日。

5 年来，政府补助金额总量增加约 10 亿元，这本身是一个积极的信号，表明政府在社会领域的投入资金不断增加，公益慈善也越来越得到重视。然而，这种公募基金会与非公募基金会的明显差别，则有失公允。

在 2013 年政府补助 Top 10 的基金会中，5 家基金会的政府补助性收入高于 1 亿元，其中中国教育发展基金会的此项收入达到了 8.78 亿元，居全国首位，比 2012 年增加了 4000 多万元。另外，中国博士后科学基金会和陕西省神木县民生慈善基金会的政府补助收入分别达到了 7.96 亿元和 1.50 亿元。

2013 年政府补助收入前十名的基金会中，仅有 2 家为非公募基金会，见表 9。

表 9　2013 年政府补助收入 Top 10

基金会名称	类　型	成立时间	地域	政府补助收入(亿元)
中国教育发展基金会	公　募	2003	北京	8.78
中国博士后科学基金会	公　募	1990	北京	7.96
陕西省神木县民生慈善基金会	非公募	2011	陕西	1.50
上海市大学生科技创业基金会	公　募	2006	上海	1.20
中国法律援助基金会	公　募	1997	北京	1.01
中国文学艺术基金会	公　募	1994	北京	0.87
中国红十字基金会	公　募	1994	北京	0.80
上海文化发展基金会	公　募	1992	上海	0.74
重庆大学教育发展基金会	非公募	2013	重庆	0.49
上海市老年基金会	公　募	1992	上海	0.46

资料来源：基金会中心网，中基透明指数 FTI。截止日期：2013 年 12 月 31 日。

五　资产保值增值能力有待提升

长期以来，中国基金会资产规模的增加依赖于捐赠收入的提升，保值增值的水平和积极性亟须提升。2013 年基金会的收入构成中，捐赠收入占全部收入的 82.99%，其次为政府补助收入，占 7.98%，投资收入仅占基金会全部收入的 5.04%。面对通货膨胀严重和独立性的挑战，基金会保值增值的压力也越来越大，见图 13。

当前，基金会保值增值远非主流。主要表现在两个方面：一是参与投资理财的基金会数量少，二是投资理财的资金规模小、投资收入低。

图 14 反映了从 2009 年至 2013 年参与投资理财的基金会数量，尽管每年有投资行为的基金会数量都有小幅增加，然而其占当年基金会总数的比重稳定地维持在 32% 上下，基本没有变化。换句话说，平均每年只有 1/3

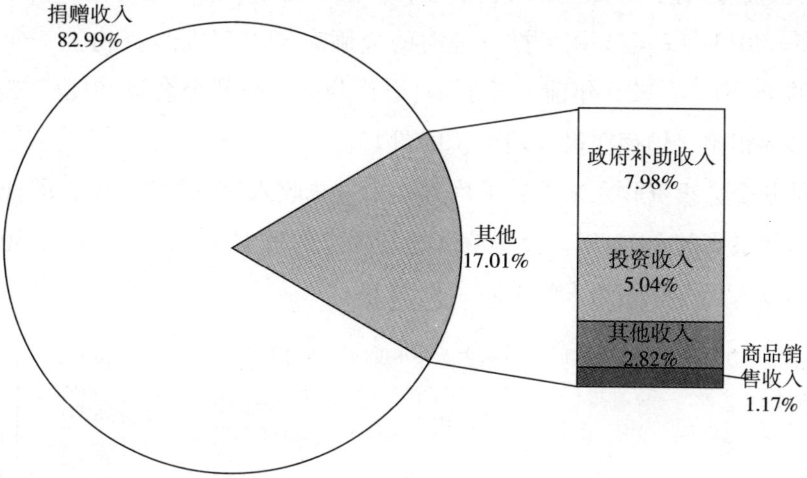

图 13　2013 年基金会收入构成

资料来源：基金会中心网，中基透明指数 FTI。截止日期：2013 年 12 月 31 日。

的基金会有投资理财行为，仍有 2000 多家基金会没有参与到投资理财中去。

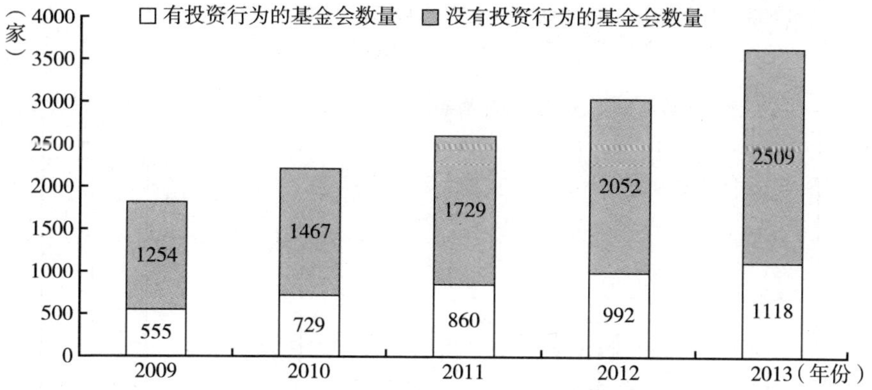

图 14　基金会投资理财情况（2009～2013）

资料来源：基金会中心网，中基透明指数 FTI。截止日期：2013 年 12 月 31 日。

从基金会用于投资理财的金额上看，基金会用于投资的金额约占净资产的2/5。2013 年基金会用于投资理财的金额为 379.77 亿元，占上一年度净资产的 46.57%，较 5 年前上升了 11 个百分点，与基金会资产规模 20% 以上的增幅相比，仍存在很大差距，见图 15。

从基金会投资收入来看，平均五年来占总收入比重约为 4%，即便在总收入占比最高的 2013 年，投资收入也仅有 21.26 亿元，与 33.67 亿元的政府补助收入仍存在相当大的差距，见图 16。

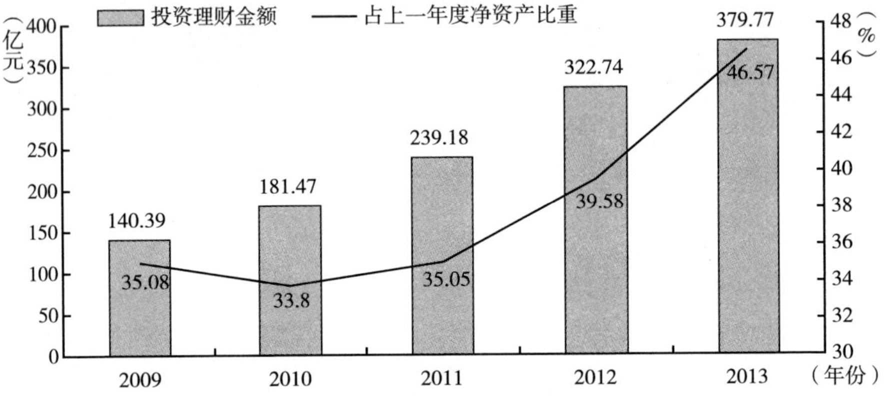

图 15　基金会用于投资理财金额比较（2009～2013）

资料来源：基金会中心网，中基透明指数 FTI。截止日期：2013 年 12 月 31 日。

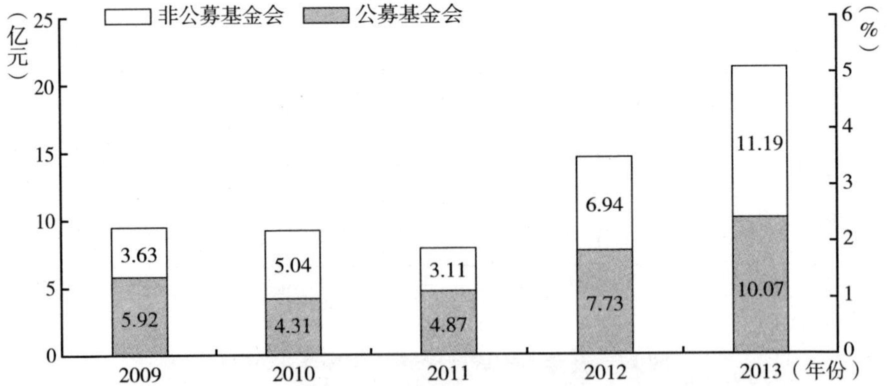

图 16　投资理财收入历年变化情况（2009～2013）

资料来源：基金会中心网，中基透明指数 FTI。截止日期：2013 年 12 月 31 日。

东部地区基金会是保值增值的主要力量。在不同地域的比较中，北京的基金会投资收入高达8.64亿元，占全国的40.64%。保值增值前五的地区也是基金会投资收入的增长主力，它们的投资收入已占全部投资收入的近80%，见表10。一方面，东部地区基金会基数大，保值增值比重大的地域也是基金会集中分布地域；另一方面，这些地域经济发达，社会对基金会保值增值行为普遍认同，加之人才集中，也有利于基金会保值增值活动的开展。

表10　基金会投资收入 Top 10 地域分布

地域	投资收入(亿元)	全国占比(%)	地域	投资收入(亿元)	全国占比(%)
北　京	8.64	40.64	浙　江	1.10	5.17
上　海	2.51	11.81	湖　南	0.56	2.63
江　苏	2.21	10.40	天　津	0.37	1.74
福　建	1.96	9.22	陕　西	0.35	1.65
广　东	1.42	6.68	内蒙古	0.34	1.60

资料来源：基金会中心网，中基透明指数FTI。截止日期：2013年12月31日。

在基金会投资收入Top 50的地区中，有18家基金会位于北京，是全国数量最多的地区；其次为上海、江苏、广东三地，入榜基金会均超过5家。而基金会数量在全国排名第四的浙江省，仅有3家基金会入榜Top 50，远落后于其他基金会数量排名靠前的地区，见图17。

在2013年投资收入Top 10的基金会中，仅有3家基金会投资收入金额超过1亿元，绝大部分基金会投资收入金额仍处于1000万元及以下级别。此外，部分高校基金会在投资收入方面，表现得比其他基金会更加积极。在2013年基金会投资收入Top 10中，有一半的高校背景基金会开展投资理财行为并获得收入。另外，基金会投资收入的差距仍十分明显，在Top 10榜单的基金会中，第一名的中国青少年发展基金会投资收入2.02亿元，是第十名中华全国体育基金会投资收入的近10倍，见表11。

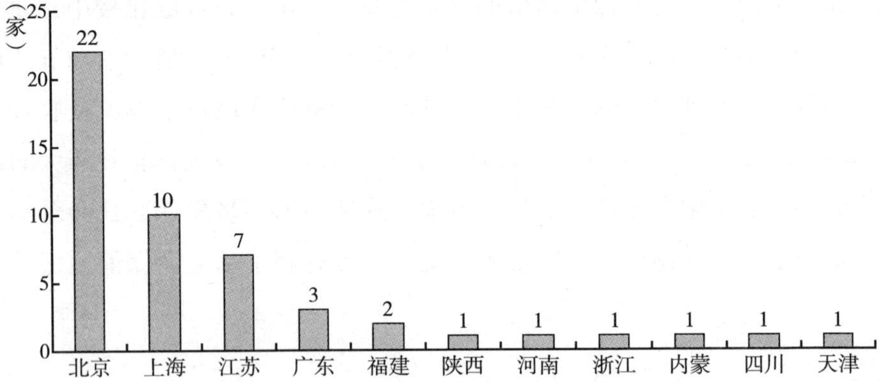

图 17　基金会投资收入 Top 50 分布

资料来源：基金会中心网，中基透明指数 FTI。截止日期：2013 年 12 月 31 日。

表 11　2013 年基金会投资收入 Top 10

基金会名称	类　型	成立时间	地域	投资收入金额(亿元)
中国青少年发展基金会	公　募	1989	北京	2.02
清华大学教育基金会	非公募	1994	北京	1.84
河仁慈善基金会	非公募	2010	福建	1.45
北京大学教育基金会	非公募	1995	北京	0.92
上海市慈善基金会	公　募	1994	上海	0.50
浙江大学教育基金会	非公募	2006	浙江	0.39
上海交通大学教育发展基金会	非公募	2005	上海	0.38
北京市中国人民大学教育基金会	非公募	2004	北京	0.33
中国海油海洋环境与生态保护公益基金会	非公募	2012	北京	0.31
中华全国体育基金会	公　募	1994	北京	0.26

资料来源：基金会中心网，中基透明指数 FTI。截止日期：2013 年 12 月 31 日。

此外，按《基金会管理条例》，基金会保值增值须遵循“合法、安全、有效”的原则，但该条例未就具体的保值增值方式做出详细规定。

在实际执行中，基金会在保值增值运作以及如何提高基金会收益方面渠道狭窄，更多地倾向于稳妥的银行理财。在对基金会2013年委托理财的机构分析中，银行是最受基金会青睐的，有62%的基金会选择银行来进行委托理财，其次为信托公司，有17%的基金会选择，而风险系数高的基金公司和证券公司则鲜少选择，它们的占比加起来不足10%，见图18。

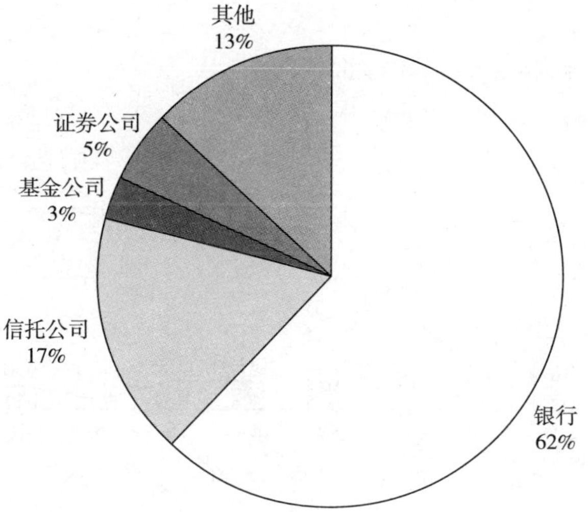

图18　2013年基金会委托理财机构分布

资料来源：基金会中心网，中基透明指数FTI。截止日期：2013年12月31日。

六　项目领域多样化与环球慈善的兴起

2013年全国基金会共开展了15357个项目，单就项目数量而言，比2012年增加了57.75%。项目的活动领域较往年而言也更加丰富，除涉及教育、扶贫、医疗救助等传统的慈善项目外，在环境保护、文化艺术、公益行业发展等领域的项目和投入金额也有所增加。从关注最多的 10 个活动领域来看，教育一直以来都是基金会项目的重点，无论公募基金会还是非公募基金会，教育领域项目支出都占全部项目将近一半的比重。与此同时，2013 年度基金会项目最大的特点是公益行业发展和环境保护类项目数量首度入榜 Top 10。随着现代慈善理念的不断深入，基金会的慈善项目也越来越丰富，不仅关注那些传统慈善救助类的项目，也开始关注与社会大众生活相关和推动行业发展的议题，见图 19。

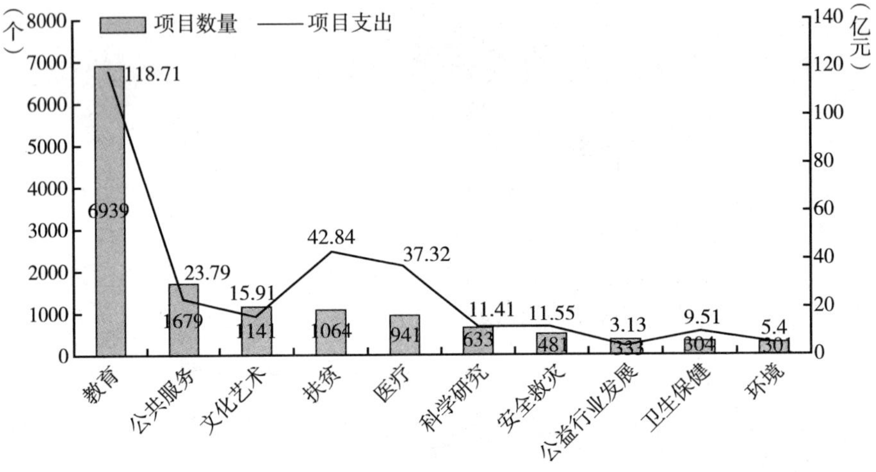

图 19　2013 年项目数量 Top 10 支出情况

资料来源：基金会中心网，中基透明指数 FTI。截止日期：2013 年 12 月 31 日.

在项目活动的地域上，仍存在着东西部的地区差异。项目地点位于广东的数量最多，其次是上海、江苏、四川、北京、浙江等基金会数量多的省份，这些地区也是非公募基金会集中地。由此可见，大部分的基金会，尤其是非公募基金会，仍倾向于在当地开展公益项目。此外，四川省项目数量多则是由于芦山地震，大量灾后救援与重建项目涌入而导致，见图 20。

另一方面，2013 年基金会公益项目的另一大特点就是环球慈善项目

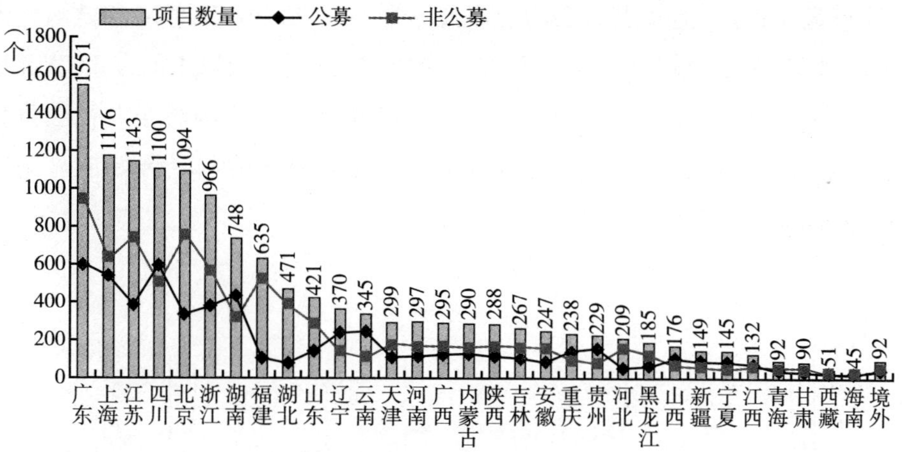

图20　2013年项目地点分布

资料来源：基金会中心网，中基透明指数FTI。截止日期：2013年12月31日。

的兴起，中国基金会开展公益项目的地点不仅限于本国境内，而且开始走出国门，参与全球慈善话题。2013年度，共有45家基金会在非洲、东南亚、欧美等40多个国家和地区开展了92个海外项目，项目内容涉及灾害救助、医疗救援、文化交流等多个领域。未来，随着“一带一路”的进一步深入以及民间外交的发展，中国基金会也将开展更多的环球慈善项目。

七　企业基金会的公益实践

（一）国企基金会公益支出分析

国企掌握了国民经济的命脉，其雄厚的资金对经济社会发展起到了重要的作用。根据基金会中心网统计，截至2014年年底，国企背景的基金会有81家，其中10家为央企基金会，占央企数量的8.06%。[①] 根据《基

① 国务院国有资产监督管理委员会《央企名录》。

金会管理条例》，企业基金会均为非公募类型，均成立于2004年之后，发展时间短是其主要特点。在国企基金会中，成立5年及以上的有38家，更多则是成立于2008年汶川地震之后，尤其是近几年，随着企业社会责任的深入以及税收优惠等政策的不断完善，越来越多的国企开始成立基金会，见图21。

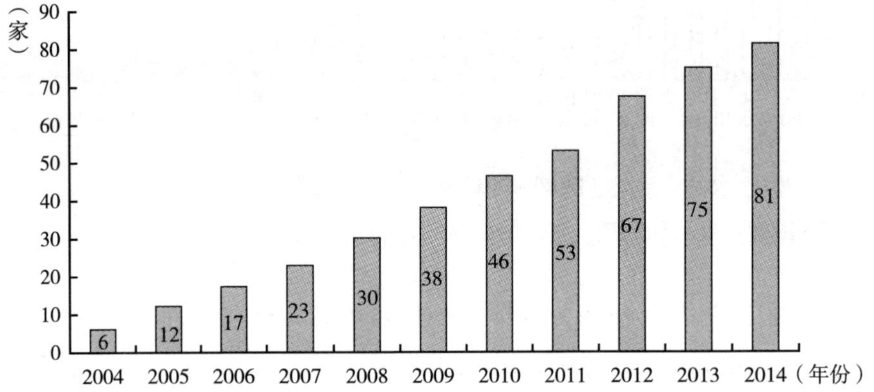

图21　国企基金会数量变化（2004~2014）

资料来源：基金会中心网，中基透明指数FTI。截止日期：2014年12月31日。

在公益支出上，国企基金会一直是企业基金会的主力。在2013年的公益支出中，企业基金会支出总计23.57亿元，其中，国企基金会占比达34.41%。

从公益资金的支出领域来看，教育是其主要关注方向。基金会中心网2013年采集了63家国企基金会的446个公益项目。在这些项目中，46家基金会在学校教育领域开展了161个项目，占2013年国企基金会公益项目的36%，其中，中远慈善基金会在该领域开展的项目达14个之多，包括捐赠云南地区教学桌椅、资助支教教师、为海事院校师生提供奖助学金等；此外，弱势群体关爱也是国企基金会主要关注的方向，2013年有40家国企基金会开展了84个涉及老年人、残疾人、孤儿等群体的关爱项目，为他们提供生活补助资金、修建养老院和儿童福利院等，见图22。

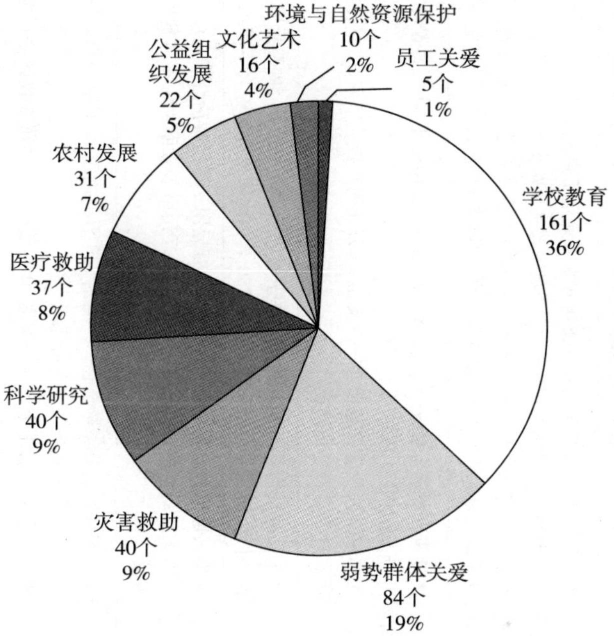

图22　2013年国企基金会项目数量构成

资料来源：基金会中心网，中基透明指数FTI。截止日期：2013年12月31日。

从国企基金会在公益领域投入的资金来看，扶贫济困、奖教助学等传统的慈善项目仍是公益资金的主要流向。2013年，63家国企基金会的公益支出总额为8.11亿元，其中，支出排名前五的领域分别为学校教育、医疗救助、农村发展、灾害救助和弱势群体关爱，其资金合计达7.48亿元，占比92.36%。学校教育与医疗救助两大领域支出居首，均为1.77亿元。在学校教育中，以奖助学金为主要资金流向。2013年国企基金会用于资助贫困学生，奖励优秀教师的资金达1.16亿元，是所有公益项目中支出最高的领域，见图23、表12。

表 12　2013 年国企基金会项目支出详情

一级分类	二级分类	分类说明	基金会项目案例
学校教育	奖教助学	设立学生奖学金、助学金以及教师发展基金等教学资助	• 宝钢教育基金会——支出 934 万元用于奖励 114 所学校中 1213 名师生 • 北京联想控股公益基金会——支出 209 万元用于资助 300 名困难高中生
	学校基础设施建设	修建教学楼、校园建设、捐赠教学设备及文体设施等	• 中国移动慈善基金会——支出 650 万元用于资助宁夏、山西、河北等 12 个省份农村中小学建设图书馆 216 个、多媒体教室 206 个 • 华润慈善基金会——支出 239 万元用于韶山华润学校提升教学设备 • 招商局慈善基金会——支出 238 万元用于捐建“梦想中心”67 间、“梦想书屋”5 间
	教学服务	开展农村支教、举办校园文化活动、捐赠图书等	• 神华公益基金会——支出 1500 万元用于捐赠福建、陕西两省贫困地区图书 513 万册，爱心书屋 1936 所 • 福建省兴业慈善基金会——支出 39 万元用于资助广东、广西、福建 3 个省份 12 所农村小学图书角建设
医疗救助	普通疾病救助	资助白内障手术等常见疾病	• 中国海油海洋环境与生态保护公益基金会——支出 50 万元用于资助广东、广西、甘肃、湖北 4 个省份边穷地区 250 名白内障患者实施复明手术
	重大疾病救助	癌症、白血病、先天性心脏病、艾滋病等重大疾病救助	• 中兴通讯公益基金会——支出 26 万元用于帮助难治性肾病综合征儿童 • 中国移动慈善基金会——支出 720 万元用于救助 400 多名贫困先天性心脏病儿童
	公共健康服务	开展医疗保健讲座、义诊等活动	• 江苏梦之蓝公益基金会——支出 230 万元用于乡村医疗宣传节目“寻找最美乡村医生”，帮助他们改善医疗条件 • 北京中金公益基金会——支出 20 万元用于对西藏农牧区乡村医生妇幼保健培训，提高村民母婴保健意识
	医疗设施配套	修建卫生站、捐赠医疗器械等	• 北京市华夏人慈善基金会——支出 170 万元用于广西德胜社会福利院和柳州市儿童福利院购买一批专用脑瘫康复训练设备 • 东风公益基金会——支出 100 万元用于向湖北贫困地区捐赠 12 辆母亲健康快车

续表

一级分类	二级分类	分类说明	基金会项目案例
农村发展	农村社区发展	修建农村基础设施（道路、桥梁），建造幼儿园、社区活动中心等	• 招商局慈善基金会——支出 2165 万元用于支持乡村完善基础设施、修建公共建筑，建设美丽乡村 • 东风公益基金会——支出 99 万元用于 4 个村落的乡村改造活动
	农村经济发展	资助农民从事农业、手工业等创收项目	• 中远慈善基金会——支出 20 万元用于开展农村培训课程，提高村民致富技能
灾害救助	灾区救援	配备救灾物资（帐篷、食品、药品等）、安置灾民等紧急救援项目	• 人保慈善基金会——支出 1000 万元用于向芦山地震受灾群众发放医疗药箱 10000 个 • 中国海油海洋环境与生态保护公益基金会——支出 509 万元发放芦山地震中受灾母亲所需的生活用品 • 山西省汾酒集团公益基金会——支出 500 万元用于芦山地震灾害救援
	心理援助	灾民心理咨询	• 深圳市博时慈善基金会——支出 399 万元用于雅安地震灾后心理援助
	灾后重建	灾后基础设施（楼房、校园等）建设	• 中国人寿慈善基金会——支出 1 亿元用于雅安地震灾后重建 • 广东省南方基金慈善基金会——支出 200 万元用于雅安地震灾区小学灾后重建
弱势群体关爱	老年人关爱	慰问老年人、组织老年人活动等	• 中远慈善基金会——支出 175 万元用于改造借母溪乡敬老院的环境 • 湖南飞翔公益基金会——支出 28 万元用于建设福建霞浦长春镇大京村老人幸福园 • 上海浦发公益基金会——支出 3 万元用于 230 名 90 周岁以上的老人拍摄全家福
	儿童关爱	慰问婴幼儿、孤儿等群体，资助儿童福利院等机构	• 华润慈善基金会——支出 90 万元用于建设社会福利中心儿童福利院，解决 301 名孤儿的安置问题 • 内蒙古电力公司扶贫济困基金会——支出 5 万元用于六一节为儿童购书 • 福建省兴业慈善基金会——支出 1.9 万元举办六一活动，丰富农村地区小学生课余生活

续表

一级分类	二级分类	分类说明	基金会项目案例
弱势群体关爱	扶贫济困	为经济困难群体提供物质和资金资助	• 中远慈善基金会——支出 87 万元用于发放救助金，帮扶困难家庭 52 户 • 包商银行公益基金会——支出 100 万元用于援助青海省玉树州治多县困难家庭 • 上海浦发公益基金会——支出 100 万元用于现金资助 2000 名面临重大突发问题的弱势群体
	资助其他弱势群体	资助农民工、伤残军人等	• 中国人寿慈善基金会——支出 200 万元用于特困公安民警家庭抚助 • 中兴通讯公益基金会——支出 33 万元用于 236 名抗战老兵的慰问金以及保暖衣袜、保温杯 850 件
文化艺术	文体活动	举办少数民族演出、体育赛事等活动	• 中远慈善基金会——支出 20 万元用于举办“中远杯”安化黑茶茶艺大赛 • 内蒙古草原文化保护发展基金会——支出 100 万元捐助弘扬草原文化刊物《传承》的发行
	艺术交流	举办音乐会、书画展等活动	• 北京歌华文化创意产业发展基金会——支出 155 万元用于资助“2013 年北京国际设计周”项目 • 内蒙古草原文化保护发展基金会——支出 9 万元用于布赫书法作品展
公益组织发展	资金支持	开展公益创投、为公益组织项目提供资金支持等	• 山西省西山慈善基金会——支出 170 万元资助太原市慈善总会 • 广东省保利地产和谐文化基金会——支出 10 万元资助广东省扶贫基金会开展活动
	能力建设	组织公益组织人员参加相关培训、举办行业论坛等	• 招商局慈善基金会——支出 8 万元用于开展中国非公募基金会发展论坛

续表

一级分类	二级分类	分类说明	基金会项目案例
科学研究	课题研究	改进生产技术，优化组织管理等提高企业生产率的相关课题	● 上海汽车工业教育基金会——支出90万元用于对上汽的发展研究工作 ● 上海汽车工业科技发展基金会——支出39万元用于提高企业DCT电控系统的自主研发水平 ● 山西省晋驹科教基金会——支出20万元用于奖励技术成果符合“绿色建筑“的指标
	学术交流	举办行业论坛，研讨会等	● 内蒙古草原文化保护发展基金会——支出102万元用于举办第十届中国草原文化百家论坛 ● 广东省南山医学发展基金会——支出15万元用于举办抗击非典十周年学术研讨会
环境与自然资源保护	自然资源保护	保护水、森林等自然资源的资助和倡导	● 人保慈善基金会——支出300万元用于宁夏回族自治区灵武市集中种植防护林1000亩 ● 中国海油海洋环境与生态保护公益基金会——支出50万元用于开展“践行广东精神——感恩东江环保行”活动
	野生动物保护	保护生物多样性	● 中国海油海洋环境与生态保护公益基金会——支出150万元用于开展关于大连斑海豹国家级自然保护区内斑海豹年度资源状况调查 ● 中国海油海洋环境与生态保护公益基金会——支出137万元用于举行增殖放流活动，并将200只海龟等其他海洋生物放归大海
员工关爱	员工关爱	节日慰问环卫工人、行业从业人员等	● 北京市阳光保险爱心基金会——支出40万元用于对一线记者的关怀 ● 山西省汾酒集团公益基金会——支出15万元用于对山西省太原市环卫工人的关怀，为200名环卫工人发放每人500元慰问金和价值600多元的两瓶公益汾酒及饮料 ● 江苏国泰国际集团企业发展研究基金会——支出20万元用于党员关爱

资料来源：基金会中心网，中基透明指数FTI。截止日期：2013年12月31日。

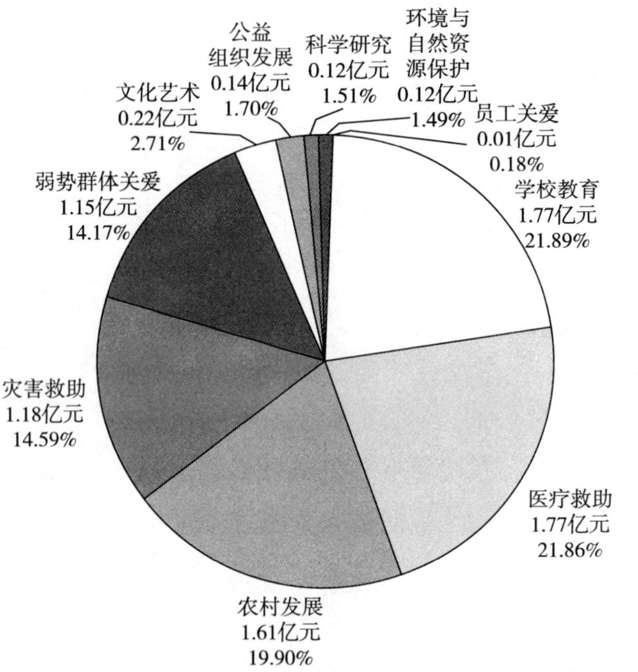

图 23　2013 年国企基金会公益支出构成

资料来源：基金会中心网，中基透明指数 FTI。截止日期：2013 年 12 月 31 日。

表 13　2013 年国企基金会公益支出 Top 10

基金会名称	成立时间	所在地	公益支出(亿元)	主要公益领域
神华公益基金会	2010	北京	2. 29	扶贫、济困、救助灾害、开展援藏、文化教育、科学研究、环境保护、合作交流、社区共建
华润慈善基金会	2010	深圳	1. 06	扶贫、教育、赈灾、环境保护
中国海油海洋环境与生态保护公益基金会	2012	北京	0. 60	海洋环境保护、扶贫济困
招商局慈善基金会	2009	深圳	0. 45	扶贫济困、赈灾、助孤、助残、助医、助学、助教
中国移动慈善基金会	2009	北京	0. 38	扶贫济困、助学救急
中远慈善基金会	2005	北京	0. 34	济困、赈灾、扶贫、扶幼、助医、助学
中国人寿慈善基金会	2007	北京	0. 31	济困、扶贫、赈灾、助残

续表

基金会名称	成立时间	所在地	公益支出(亿元)	主要公益领域
东风公益基金会	2012	湖北	0.23	助学、助老、赈灾
人保慈善基金会	2008	北京	0.23	济困、扶贫、赈灾、救济、助残、助学、环境保护
内蒙古草原文化保护发展基金会	2006	内蒙古	0.17	草原文化艺术、新闻出版、广播电视、社会科学研究及草原文化公益事业

资料来源：基金会中心网，中基透明指数 FTI。截止日期：2013 年 12 月 31 日。

在国企基金会公益支出 Top 10 的基金会中，除中国人寿慈善基金会、人保慈善基金会和内蒙古草原文化保护发展基金会 3 家外，另外 7 家基金会均为央企背景。正如前文中提到的，央企背景的基金会数量不多，然而其资产规模和每年公益支出的金额仍是国企基金会中的主力。另一方面，就公益支出 Top 10 基金会所关注的公益领域看，扶贫济困的传统慈善项目仍是主流。国企基金会在践行企业社会责任，解决社会最基本的需求方面仍发挥了重要作用，见表 13。

（二）民企基金会公益支出分析

民企一直以来都是国民经济中最为活跃的经济增长点，数量众多的民营企业也使民企背景的基金会成为企业基金会的主要部分。民企基金会自 2004 年《基金会管理条例》颁布后开始出现，从最初的 8 家增加到 2014 年的 425 家，在全国的 554 家企业基金会中，民企背景的基金会占比达 76.71%，见图 21。在企业基金会中，民企背景的基金会不仅具有绝对的数量优势，更有绝对的资金规模，2013 年民企基金会捐助收入达 16.62 亿元，占企业基金会的 67.12%；公益支出为 13.82 亿元，占比达 58.63%。

先天具有民企的创新基因也就决定了民企基金会的项目比传统慈善更加丰富多样化。基金会中心网 2013 年采集了 283 家民企基金会的 1500 个公益项目。从公益资金的支出领域来看，一方面，学校教育作为永恒的话题也是民企的主要关注方向；另一方面，自然环保、文化艺术等多样化的项目比例较国企基金会有明显增加。2013 年 214 家民企基金会开展了 473 个与学校教育相关的项目，占 2013 年民企基金会的公益项目的 31.53%，比例略低

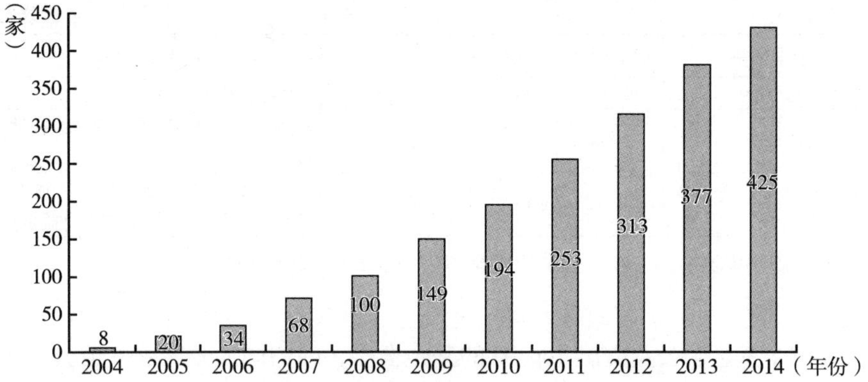

图 24　民企基金会数量变化（2004～2014）

资料来源：基金会中心网，中基透明指数 FTI。截止日期：2014 年 12 月 31 日。

于国企基金会。另一方面，从各类项目的数量占比来看，排在前三位的传统类慈善项目占 69.73%，见图 25。

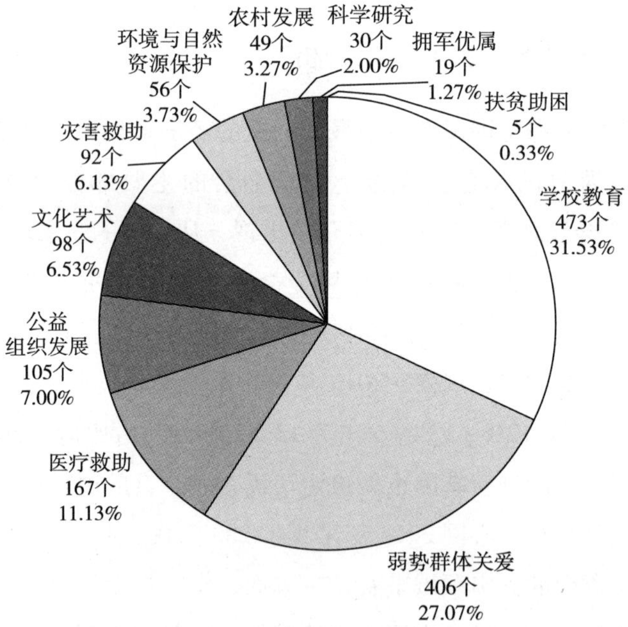

图 25　2013 年民企基金会项目数量构成

资料来源：基金会中心网，中基透明指数 FTI。截止日期：2013 年 12 月 31 日。

就公益资金投入的领域，除学校教育和弱势群体关爱外，其余项目资金所占比例相差不大，并没有出现像国企基金会那样高度集中的现象。此外，在学校教育和医疗救助这两个主要的项目领域中，民企基金会也在传统项目的基础上探索新方向。如学校教育类的项目中，民企基金会开展了11个为偏远地区学生建设图书馆的项目，提升儿童阅读水平成为继发放奖助学金、修建教学楼之后民企基金会再度关注的领域。同样，在医疗救助中，除传统的身体疾病救治外，民企基金会还开展了心理疾病的治疗和倡导项目，见图26。如万科公益基金会发起了“爱的每一步”跑步活动，2013年在合肥、武汉举行两场为自闭症儿童筹款的慈善跑步，见表14。

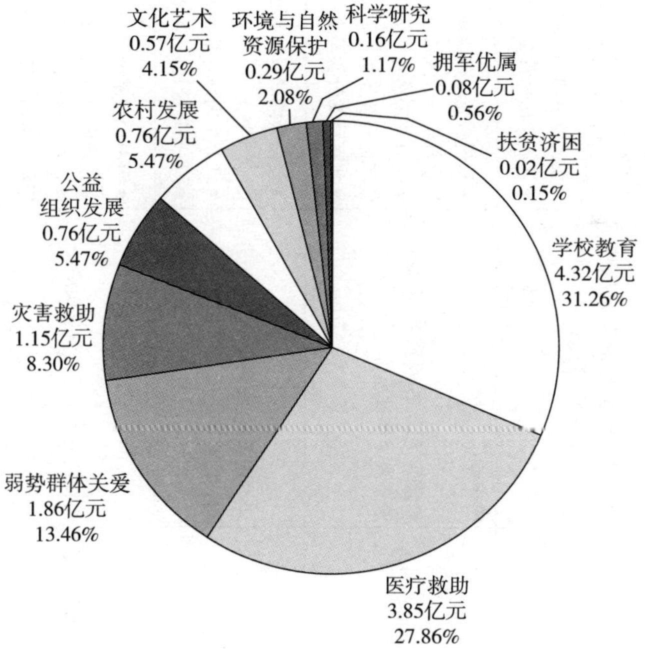

图26　2013年民企基金会公益支出构成

资料来源：基金会中心网，中基透明指数FTI。截止日期：2013年12月31日。

表 14　2013 年民企基金会项目支出详情

一级分类	二级分类	分类说明	基金会项目案例
学校教育	奖教助学	设立学生奖学金、助学金以及教师发展基金等教学资助	• 腾讯公益慈善基金会——支出 5586 万元用于在北大、清华等 20 余所高校设立腾讯科技卓越奖学金 • 贵州省宏立城公益基金会——支出 1150 万元用于开展“情牵你我圆梦助学”的大型公益活动，资助 1916 名高考学生相关费用 • 江苏中南慈善基金会——支出 968 万元用于资助 200 余名贫困大学生
	学校基础设施建设	修建教学楼、校园建设、捐赠教学设备及文体设施等	• 福建省龙岩市李新炎慈善基金会——支出 398 万元用于资助宁夏地区的学校建设教学办公大楼以及必备设施 • 北京苹果慈善基金会——支出 386 万元用于资助冈底斯藏医学院完善硬件设施和提升教学水平 • 北京百度公益基金会——支出 329 万元用于西部地区学校建设多媒体教室
	儿童阅读	建设图书室、捐赠图书等促进儿童阅读内容	• 湖南潇湘晨报公益基金会——支出 22 万元用于湖南、四川建设 6 所儿童图书馆 • 江苏中南慈善基金会——支出 485 万元用于在四川地区建设 50 所爱心图书室、贵州地区建设 25 个爱心图书室
医疗救助	普通疾病救助	资助白内障手术等常见疾病	• 万科公益基金会——支出 15 万元资助安徽、四川、广西等 30 个地区的 27000 多名白内障患者实行手术 • 广东省卓如医疗慈善救助基金会——支出 124 万元用于资助基层患者体检及眼科手术治疗费 1455 人
	重大疾病救助	癌症、白血病、先天性心脏病、艾滋病等重大疾病救助	• 阿里巴巴公益基金会——支出 470 万元用于资助先天性心脏病患儿接受手术治疗 • 浙江健怡慈善基金会——支出 179 万元用于救助重大疾病患者 650 人

续表

一级分类	二级分类	分类说明	基金会项目案例
医疗救助	心理疾病救治	自闭症等心理疾病救助	• 浙江省实方慈善基金会——支出 11 万元用于资助 4 个自闭症儿童家庭 • 万科公益基金会——支出 48 万元用于在合肥、武汉举办“爱的每一步”慈善跑步活动，为自闭症儿童募款
	公共健康服务	开展医疗保健讲座、义诊等活动	• 常熟振华孝心基金会——支出 5 万元用于开展 3 期全国各地癌症患者公益讲座 • 盐城胡友林慈善基金会——支出 5 万元用于开展儿童义诊活动
	医疗设施配套	修建卫生站、捐赠医疗器械等	• 广东省雅居乐公益基金会——支出 15 万元用于购置弃婴儿童康复设备 • 华阳慈善基金会——支出 29680 万元用于修建北京清华长庚医院 • 广东省豪爵慈善基金会——支出 100 万元用于江门市蓬江区杜阮镇卫生院改造
农村发展	农村社区发展	修建农村基础设施（道路、桥梁），建造幼儿园、社区活动中心等	• 江苏中南慈善基金会——支出 305 万元用于江苏省海门市常乐镇中南村实现新农村建设 • 上海华信公益基金会——支出 226 万元用于为革命老区和贫困地区修建公路
	农村经济发展	资助农民从事农业、手工业等创收项目	• 腾讯公益慈善基金会——支出 1258 万元用于探索实践互联网企业助力西部乡村教育、文化、环保、经济发展的新模式
灾害救助	灾区救援	配备救灾物资（帐篷、食品、药品等）、安置灾民等紧急救援项目	• 金龙鱼慈善公益基金会——支出 1200 万元用于雅安地震的灾民救助以及配备价值 700 万元的粮油豆奶产品 • 浙江省康恩贝慈善救助基金会——支出 215 万元用于雅安地震药品、食品支援
	灾害预防	防灾减灾教育	• 网易慈善基金会——支出 131 万元用于在雅安地区 100 所小学开展儿童减防灾教育
	灾后重建	灾后基础设施（楼房、校园等）建设	• 上海华信公益基金会——支出 328 万元用于资助甘肃省地震灾区两所小学灾后重建 • 山西省葵花公益基金会——支出 100 万元用于雅安希望小学灾后重建 • 新奥公益慈善基金会——支出 50 万元用于呼伦贝尔市水灾后修复桥涵

续表

一级分类	二级分类	分类说明	基金会项目案例
弱势群体关爱	老年人关爱	慰问老年人、组织老年人活动等	• 山东省南山老龄事业发展基金会——支出5049万元用于资助家庭困难的老年人 • 江苏新英慈爱基金会——支出311万元用于敬老院的环境改善以及给老人发放生活必需品
	儿童关爱	慰问婴幼儿、孤儿等群体，资助儿童福利院等机构	• 浙江海亮慈善基金会——支出154万元用于孤儿日常支出费用 • 深圳市腾邦慈善基金会——支出72万元用于捐赠河源紫金苏区腾邦幼儿园 • 广东省雅居乐公益基金会——支出55万元用于广东省遂溪县社会福利院基础设施改善
	残疾人救助	为残疾人提供康复设备，资助残疾人就学和就业等	• 北京宏昆慈善基金会——支出4万元对特殊教育学校100位智力障碍儿童进行帮扶 • 金龙鱼慈善公益基金会——支出33万元为30名福建泉州地区残疾人安装假肢
	扶贫济困	为经济困难群体提供物质和资金资助	• 浙江横店文荣慈善基金会——支出415万元用于资助横店镇老弱病残困难群众9394人 • 浙江安正慈善基金会——支出116万元用于救助海宁市内因病因残导致特困的家庭 • 广东省尚东公益基金会——支出300万元用于促进贫困地区的经济开发和发展

续表

一级分类	二级分类	分类说明	基金会项目案例
弱势群体关爱	资助其他弱势群体	资助农民工、伤残军人等	• 北京瑞普华老年救助基金会——支出 23 万用于对失去独生子女家庭帮扶或救助活动 • 山西省通力达司法救济基金会——支出 5 万元用于汾阳监狱开展司法救济活动 • 天津市宏志教育基金会——支出 5 万元用于慰问农民工子女
文化艺术	文体活动	举办少数民族演出、体育赛事等活动	• 顶新公益基金会——支出 532 万元用于文化交流活动 • 泛海公益基金会——支出 300 万元用于拨付中华非物质文化遗产传承人薪传奖 • 浙江省网易慈善基金会——支出 152 万元用于大中华文化纪录片制作及宣传公益活动 • 江西省煌上煌爱心基金会——支出 10 万元用于洲际男篮争霸赛
	艺术交流	举办音乐会、书画展等活动	• 北京华彬文化基金会——支出 364 万元用于资助多明戈世界声乐大赛项目 • 青岛市天泰公益基金会——支出 37 万元用于青岛天泰美术馆大学生暑假征画和青年画展
公益组织发展	资金支持	开展公益创投、为公益组织项目提供资金支持等	• 腾讯公益慈善基金会——支出 1527 万元用于资助中国公益慈善项目交流展示会、壹基金、残疾人福利基金会等 • 亿利公益基金会——支出 400 万元用于支持中国光彩事业基金会光彩行、感恩行公益项目
	能力建设	组织公益组织人员参加相关培训、举办行业论坛等	• 福建省正荣公益基金会——支出 105 万元用于支持桥畔计划、闽赣公益青年成长营、公益研究生班活动 • 北京万通公益基金会——支出 69 万元用于为基金会的合作伙伴机构提供专业性的机构管理、项目管理、财务管理等能力建设培训

续表

一级分类	二级分类	分类说明	基金会项目案例
科学研究	课题研究	改进生产技术，优化组织管理等提高企业生产率的相关课题	• 凯风公益基金会——支出 200 万元用于赞助中欧凯风家族传承研究中心对中国家族企业相关理论、方法和最佳实践进行创新和阐发 • 浙江广天日月鲍林春建设科技基金会——支出 31 万元用于对参与工法等创新科技的团队和个人进行奖励 • 河南省超越救助基金会——支出 10 万元用于资助河南大学科研项目“基于 GIS 的城镇土地定级估价信息系统”
科学研究	学术交流	举办行业论坛，研讨会等	• 北京光彩公益基金会——支出 10 万元用于举办“民办教育培训市场多元化需求与供给”论坛 • 上海复星公益基金会——支出 50 万元用于支持民主党派开展调研参政
环境与自然资源保护	自然资源保护	保护水、森林等自然资源的资助和倡导	• 北京百度公益基金会——支出 77 万元用于支持水源地环境信息化建设，以及促进水源地发展的知识推广 • 阿里巴巴公益基金会——支出 37 万元用于开展“浙江清源行动”项目
	环境倡导	开展环境保护的宣传倡导活动	• 北京万通公益基金会——支出 9 万元用于开展社区垃圾分类、资源回收倡导活动
	野生动物保护	保护生物多样性	• 阿里巴巴公益基金会——支出 15 万元用于九顶山反非法盗猎的公益项目 • 万科公益基金会——支出 21 万元用于开展长期而持续的雪豹保护
拥军优属	拥军优属	军警、消防从业人员及退伍军人、烈士家属慰问关爱活动	• 海仓慈善基金会——支出 122 万元资助 204 位退伍红军及家庭改善生活 • 广东省大成慈善基金会——支出 3 万元慰问荣军医院伤残军人

资料来源：基金会中心网，中基透明指数 FTI。截止日期：2013 年 12 月 31 日

表 15　2013 年民企基金会公益支出 Top 10

基金会名称	成立时间	所在地	公益支出(亿元)	主要公益领域
华阳慈善基金会	2009	福建	2.99	医疗救助、助学、捐医疗品、助公益性医卫业务及研究
腾讯公益慈善基金会	2007	深圳	1.13	教育、救灾、专项资助
宁夏燕宝慈善基金会	2010	宁夏	0.98	扶贫、济困、助学
山东省南山老龄事业发展基金会	2012	山东	0.50	老年人生活关怀
泛海公益基金会	2010	北京	0.40	扶贫、赈灾、教育、卫生、文化艺术、新农村建设
广东省雅居乐公益基金会	2012	广东	0.39	扶贫济困、助学、助孤、助残
广东省卓如医疗慈善救助基金会	2011	广东	0.36	医疗救助
贵州省宏立城公益基金会	2013	贵州	0.33	助学、教育、生态建设
紫金矿业慈善基金会	2012	福建	0.29	扶贫、济困、赈灾、助学、环境保护
新奥公益慈善基金会	2005	河北	0.26	教育、环保、赈灾

资料来源：基金会中心网，中基透明指数 FTI。截止日期：2013 年 12 月 31 日。

不同于国企基金会，民企背景的基金会公益支出 Top 10 中则更多地呈现出多元化的特点。一方面，企业背景多元化。在入榜的民企基金会中，既有互联网企业腾讯公司发起的基金会，也有医疗服务企业蓝海之略发起的卓如医疗慈善救助基金会、房地产企业雅居乐发起的基金会等。发起企业背景的多元化也丰富了基金会项目的关注领域，民企基金会不仅在满足社会基本需求的传统慈善领域开展项目，还在文化、环保等多个层面开展活动，见表 15。此外，民企基金会还将公益项目与企业业务有机地结合起来，充分发挥了发起企业的优势，如腾讯公益慈善基金会运用互联网开展月捐、乐捐项目，通过互联网优势，成功打造了一个捐赠人与受益人的互动平台。

实 践 篇

Practice

G.4

资助型基金会的新标杆

摘 要： 尽管我国慈善事业在将近30年的发展过程中取得了长足的进步，募用合一依然是我国慈善事业的普遍现象。“谁筹款，谁使用”的传统慈善事业运行方式导致效率低下、关联交易和责任不清等诸多问题，已经成为制约我国慈善事业健康发展的重要障碍。随着国务院《关于促进慈善事业健康发展的指导意见》中明确提出慈善款物“募用分离”，许多基金会开始思考向资助型基金会转型。本报告选取了老牛基金会和浙江敦和慈善基金会“一老一少”两家国内著名资助型基金会，对其如何选择资助对象、如何建立合作关系及评估项目绩效等做法进行分析，以期对国内其他基金会提供借鉴。

关键词： 资助型基金会　慈善事业　募用合一　募用分离

一　撬动慈善的力量——老牛基金会的梦想与改变

2014 年是老牛基金会成立十周年，为此老牛基金会专门制作了一本精美的十周年画册，标题就是“梦想与改变”。对于以“永续发展”为目标的家族基金会，十年光阴不过是弹指之间，但“积土成山，积水成渊，积善成德”，为了见证慈善基因的传承，我们翻开这本画册，与读者一起回顾老牛基金会的十年风雨历程——本文根据《老牛基金会十周年画册》内容及其 2014 年年底数据和信息撰写。

（一）老牛基金会——牛根生的二次创业

老牛基金会创始人牛根生先生是中国改革开放以来最为优秀的企业家之一；1999 年在“一无市场，二无工厂，三无奶源”的困境下创办蒙牛乳业，7 年间创造了年均增长 158% 的“蒙牛速度”——CCTV2003“中国经济年度人物”对牛根生先生的颁奖辞写道：“他是一头牛，却跑出了火箭的速度！”牛根生带领蒙牛乳业成为全球液态奶冠军、中国乳业总冠军。

儿时的经历，让牛根生深切体会到“财聚人散，财散人聚”的哲学意义，让他意识到给予别人的同时会为自己带来快乐。2002 年蒙牛开始考虑上市融资，这给予了他获得巨大财富的契机，从那时起，他便开始思考如何支配和使用这笔财富，以更大地发挥“它”的价值。

2003 年 6 月，牛根生在北京与蒙牛公司部分高管及法律顾问讨论蒙牛上市相关问题时，首次公开提出：若公司上市，希望将其持有蒙牛公司的全部股份捐赠出来，通过合法的方式和途径回馈社会；2004 年 12 月 28 日，“内蒙古老牛公益事业发展促进会”（老牛基金会前身）成立，同时下设“老牛专项基金”开展工作（比民政部批准的 001 号非公募基金会还要早半年多）；2005 年年初，牛根生携家人宣布将其持有蒙牛乳业的全部股份及大部分红利捐出，用于公益慈善事业；目前，牛氏家族捐赠资产价值超过40亿元人民币。

自2006年以来，牛根生陆续辞去蒙牛集团总裁、董事长，全身心投入公益慈善事业。牛根生正在依托环境保护、文化教育领域探索一条“公益全球化、项目国际化”的慈善之路：与美国洛克菲勒基金会、比尔及梅林达·盖茨基金会、亨利·保尔森基金会，英国查尔斯王子慈善基金会、托尼·布莱尔非洲治理倡议，法国戴高乐基金会、艺术8，李嘉诚基金会，深圳壹基金公益基金会等众多国际著名慈善家族和机构进行了交流与合作。

此外，在牛根生的影响、鼓励与支持下，牛氏家族成员除女婿赛音（身为公务员），都已投身于公益慈善事业，专职从事相关工作：妻子申淑香从事老人关怀，儿子牛奔从事环境保护，儿媳陈霄鹏从事文化教育，女儿牛琼从事儿童关怀；近期，为更好地从事公益慈善事业，牛奔和牛琼共同发起成立“北京老牛兄妹公益基金会”，进一步扩展家族慈善事业。

（二）老牛基金会的成长之路

十年间，老牛基金会的发展历经了三个阶段。

从2004年成立到2008年，由四五名非专业兼职人员起步，不断地学习、摸索和尝试。一方面自行学习现行的行业知识和法规，另一方面与一些成熟规范的公益慈善组织、大专院校及相关政府部门开展交流合作，在实践中学习，逐步积累经验。

2008年下半年，老牛基金会秘书长雷永胜先生离开蒙牛，开始专职打理基金会，一方面“招兵买马”，扩充专业人员队伍；另一方面开始尝试以基金会自身为主导，探索和开展既符合捐赠人意愿，又符合社会需求的慈善项目。

从2011年起，老牛基金会的发展进入了全新的阶段，更加注重社会效益最大化与运行管理精细化；同时走出国门，开展了广泛的国际交流与合作。也正是从这个阶段，老牛基金会逐渐将工作重心聚焦在环境保护和文化教育，这两大领域关系着人类的生存与发展，其受益人群最广、社会效益最大、公益行为最公平。

老牛基金会一直秉承牛氏家族公益慈善理念，截至 2014 年年底，与国内外 129 家机构、组织及个人合作，在各业务领域开展了 153 个公益慈善项目，遍及中国 29 个省（自治区/市）及美国、加拿大、法国、非洲等部分地区；公益支出超过 8 亿元，年平均增长率为 44.25%。

在环境保护领域，老牛基金会开展了内蒙古盛乐国际生态示范区、珠峰自然保护区生态社区建设、老牛生物多样性保护、老牛环境学国际交流基金、中国湿地保护等 16 个项目，公益支出 27973 万元。其中，“内蒙古盛乐国际生态示范区”是由老牛基金会联合美国大自然保护协会、中国绿色碳汇基金会及内蒙古林业厅共同发起的，是一个在内蒙古和林格尔开展近 4 万亩生态修复与保护的项目；将投入数亿元，历时数十年，从气候适应、植被恢复、水资源管理、绿色产业四个方面进行生态修复的探索和示范；预计在未来 30 年的计入期内，能吸收固定 22 万吨二氧化碳，将直接为当地带来近 3 亿元的经济收益，并为当地解决近 114 万个工作日的临时就业机会，提供 18 个长期工作岗位。目前，老牛基金会已为此捐资 2.62 亿元，完成造林面积超过 3 万亩，并成功将其打造成内蒙古第一个在联合国气候变化框架公约下注册的林业碳汇项目，开创了内蒙古碳汇项目的先河；该项目已使 4 个乡镇 13 个行政村的 2690 家农户万余人受益。该项目荣获 2013 年度中华慈善奖“最具影响力项目”。

在文化教育领域，老牛基金会开展了儿童探索博物馆、内蒙古师范大学附属盛乐实验学校、多伦多大学白求恩基金、老牛生命学堂等 52 个项目，公益支出 27559 万元。其中，“儿童探索博物馆”是老牛基金会与呼和浩特市政府、中国儿童中心及北京师范大学中国公益研究院合作开发的 0～7 岁儿童早期教育项目；通过引进欧美儿童博物馆先进的设计理念和公益的实践模式，结合中国优秀的传统文化和中国儿童教育发展实际，先期在呼和浩特市、北京市各建立一座创新型、互动式、示范性的儿童探索博物馆。该项目的教育理念是让孩子通过实践、观察、发现获得对这个世界的正确认识；通过尝试、探索、思考掌握对事物的准确判断；设计鼓励自主学习的互动展项，让孩子更加自信；构建没有思维限制的学习环境，让孩子更有创造力、想象力；组织场馆活动，让孩子了解这个多元的世界，形成正确的价值观；引导孩子接受挑战，挖掘潜力，树立拼搏精神。

在行业推动领域，老牛基金会发起成立了“中国公益研究院”“深圳壹基金公益基金会”，开设了“慈善千人计划—老牛学院”，创办了“首届东西方慈善论坛”，资助首届“中国慈善论坛”“华裔美国人及中国慈善家慈善事业研究”等26个项目，公益支出6972万元。其中，“慈善千人计划——老牛学院”项目由老牛基金会捐资1000万元，与中民慈善捐助信息中心合作开展，旨在为中国公益慈善行业挖掘慈善人才，以培养行业领袖为发力点，希望从根本上改善行业“人才生态”，进而推动中国公益慈善人才的专业化和行业的可持续发展。第一期来自全国公益慈善机构的80名秘书长或高层管理人员已经顺利结业。

在救灾帮困及其他领域，老牛基金会开展了“听得见”——老牛贫困聋儿救助，“看得见”——老牛贫困白内障患者救治，“站起来”——老牛阳光助行（残疾人假肢装配），以及在汶川地震、玉树地震、通辽地震、雅安地震、鲁甸地震、南方冰雪灾害、西南旱灾等自然灾害中开展了抗灾、救灾及灾后重建工作，共计59个项目，公益支出17559万元。

（三）老牛基金会的治理模式

老牛基金会理事会由7名理事组成，设监事1名，他们是来自全国各地不同行业热心公益的人士。创始人牛根生为老牛基金会荣誉会长，同时兼任中国慈善联合会副会长、中国企业家俱乐部常务理事、美国大自然保护协会（TNC）中国理事会副理事长；理事长张醒生；秘书长（法定代表人）雷永胜。

现有专（兼）职工作人员34人，设有秘书处（内设综合行政部、人事档案部、信息管理部、法律事务部、北京办公室）、项目部、财务部。

老牛基金会成立之初，牛根生和他的公益慈善团队就在考虑如何使资产保值增值确保慈善事业的永续发展。在赴欧美考察了数十个家族或个人基金会（如洛克菲勒基金会、比尔及梅琳达·盖茨基金会等）后，根据当时国内的法律法规，结合国际通行的模式，规划设计了老牛基金会——一个依托“慈善信托”的“家族基金会”雏形就此诞生，慈善信托、家族基金会，这两个模式在中国都是首创。

十年来，老牛基金会逐渐摸索出一条适合自身发展的道路——“双治理”模式。一方面，日常业务交由专业团队打理，这支团队负责公益慈善事业的开展，包括项目调研设计、实施管控、效果评估、建档利用等。另一方面，还有一支团队以信托理财的形式，进行资产的保值增值，实现基金会的可持续发展。两支团队各司其职、职能清晰、互不影响，保证基金会的专业运作。而牛根生作为老牛基金会创始人、荣誉会长，并不干预基金会日常业务开展，更多的是从慈善理念、发展规划等大方向上为基金会提供建议。牛根生有时也做一些“业务”工作，就是发现适合的慈善项目，然后去推荐、引导及落实。就目前来看，这是适合老牛基金会发展的最好模式。

国际管理模式和慈善理念的借鉴，使得老牛基金会在成立之初便与洛克菲勒基金会、比尔及梅琳达·盖茨基金会、李嘉诚基金会等国际慈善组织同根相生、比肩齐行；也使得老牛基金会财富传承更为有序，组织成长更为稳健。

接下来，老牛基金会将以“度人度己，心怀感恩；树人树木，责任天下”为宗旨，以“教育立民族之本、环境立生存之本、公益立社会之本”为使命，以环境保护、文化教育及行业推动为主要公益方向，为人类的健康生活和平等发展做出贡献，“传承百年，守护未来”。

牛根生曾说：“前半生经商，通过度己来度人；后半生行善，通过度人来度己”。未来，老牛基金会将向着“中国式现代慈善家族基金会”的方向努力，做到永续发展，做成千年老店，同时尽其所能，推动中国公益慈善事业健康有序发展。

表1 老牛基金会国内外重点项目列表

年份	序号	合作(或受捐)单位	项目内容	金额(元)
2005	1	呼和浩特市政府	支持中国乳都雕塑	1125000.00
	2	全国公安系统	救助全国公安系统牺牲英模家属	2000000.00
	…	……	……	……
合计	11			6887200.00
2006	1	和林格尔县盛乐经济园区管委会	盛乐经济园区周边地区特困人群慰问金	821490.00
	2	和林格尔县盛乐经济园区管委会	资助国家级贫困县改善文化、教育及体育基础设施建设	13370160.00
	…	……	……	……
合计	8			14604600.00
2007	1	中国医药卫生事业发展基金会、内蒙古自治区政府	资助内蒙古自治区农村牧区医疗卫生事业，建立流动医院	3000000.00
	2	中华思源工程扶贫基金会	支持中国贫困地区经济和社会事业发展，帮助弱势群体解决生产生活困难	2000000.00
	3	中华民族文化促进会	参与“山花工程助学行动”，选择十个曾经为中国革命做出巨大贡献的革命老区作为首批受助地区，资助贫困学生完成特定学历教育	2000000.00
	…	……	……	……
合计	21			32474600.00
2008	1	中国红十字会	2008 年春季南方雪灾救助	8000000.00
	2	中国红十字会	“根生博爱之家”项目	2065000.00
	3	北京大学法学院	支持北大成立慈善、体育与法律研究中心，进行慈善立法研究(延续)	300000.00

续表

年份	序号	合作(或受捐)单位	项目内容	金额(元)
2008	4	李嘉诚基金会、美国 NBA	与李嘉诚基金会共同和美国 NBA 合作组织主题为“关爱、健康、未来”的青少年篮球训练营活动(延续)	1375140.00
	…	……	……	……
合计	10			37710100.00
2009	1	中国红十字会	“根生博爱之家”项目(延续)	2935000.00
	2	中国扶贫基金会	设立“心基金”开展贫困地区孤儿救助	1000000.00
	3	全国红军小学建设工程办公室	全国援建 11 所红军小学	3600000.00
	4	上海李连杰壹基金公益基金会	设立香港“NPO 培训中心”,举办公益行业人才及社会企业家培训	2000000.00
	…	……	……	……
合计	10			39790000.00
2010	1	大自然保护协会(TNC)	建立内蒙古盛乐国际生态示范区	16965612.50
	2	上海李连杰壹基金公益基金会	发起设立“深圳壹基金公益基金会”	10000000.00
	3	上海李连杰壹基金公益基金会	捐资成立“北京师范大学公益研究院”	10000000.00
	4	内蒙古师范大学	成立“老牛师大英才培养基金”	1000000.00
	5	和林格尔县盛乐经济园区管委会	资助国家级贫困县改善文化、教育及体育基础设施建设(延续)	29000000.00
	…	……	……	……
合计	27			73539800.00

续表

年份	序号	合作(或受捐)单位	项目内容	金额(元)
2011	1	大自然保护协会(TNC)、中国绿色碳汇基金会	建立内蒙古盛乐国际生态示范区,及设立“老牛生态修复与保护专项基金”(延续)	19603300.00
	2	中国听力医学发展基金会	帮助10名贫困聋儿进行人工耳蜗植入手术(第一笔)	800000.00
	3	清华大学教育基金会	设立“老牛环境学国际交流基金”,采用“保本用息”的模式持续不断地资助环境学方面的学术人才国际间的交流活动	5000000.00
	4	内蒙古自治区红十字会	在内蒙古自治区范围内开展应急救护培训	1000000.00
	5	内蒙古自治区慈善总会	成立“全区贫困家庭儿童重大疾病救助老牛专项基金”	3000000.00
	6	内蒙古师范大学	内蒙古师范大学附属盛乐实验学校项目	46680000.00
	…	……	……	……
合计	24			100207300.00
2012	1	中国绿色碳汇基金会	内蒙古盛乐国际生态示范区植被恢复与保护子项目(延续)	72188000.00
	2	内蒙古师范大学	内蒙古师范大学附属盛乐实验学校项目(延续)	47820000.00
	3	四川西部自然保护基金会	在四川省开展生物多样性保护工作(第二期)	3500000.00
	4	自行开发	创办“老牛儿童探索博物馆”	3850590.00
	5	北京师范大学教育基金会	支持中国公益研究事业	3000000.00
	6	北京师范大学教育基金会	筹备“老牛儿童博物馆研究中心”	1250000.00
	7	援助西藏发展基金会	为西藏萨迦县拉洛乡778户农牧民家庭和拉洛乡中心小学安装太阳能发电设备	1000000.00
	…	……	……	……
合计	25			140080000.00

续表

年份	序号	合作（或受捐）单位	项目内容	金额（元）
2013	1	大自然保护协会（TNC）、中国绿色碳汇基金会	内蒙古盛乐国际生态示范区项目（延续）	65794564.26
	2	内蒙古自治区残疾人联合会、内蒙古自治区残疾人康复服务中心	老牛阳光助行项目（第一期）	2400000.00
	3	中国儿童中心老牛儿童探索馆、呼和浩特市老牛儿童探索博物馆、呼和浩特市政府	创办“老牛儿童探索博物馆”（延续）	36340000.00
	4	中国人口福利基金会	老牛贫困母亲救助项目（第二期）	1000000.00
	5	援助西藏发展基金会、西藏大学	设立“老牛英才奖助学专项基金”	2500000.00
	6	中国社会工作协会、四川省雅安市慈善总会	雅安地震灾后重建（第一期）	7500000.00
	7	中民慈善捐助信息中心	成立“慈善千人计划－老牛学院”（第一期）	2960000.00
	8	加拿大多伦多大学	设立“白求恩奖学基金”（第一期）	1862300.00
	9	东西方口心	支持东西方慈善论坛	3059800.00
	…	……	……	……
合计	35			169000000.00
2014	1	大自然保护协会（TNC）、中国绿色碳汇基金会	内蒙古盛乐国际生态示范区项目（延续）	85470817.30
	2	亨利·保尔森基金会	中国湿地保护项目	3076200.00

续表

年份	序号	合作(或受捐)单位	项目内容	金额(元)
2014	3	中国儿童中心老牛儿童探索馆、呼和浩特市老牛儿童探索博物馆、呼和浩特市政府	老牛儿童探索博物馆项目(延续)	40039410.00
	4	加拿大多伦多大学	设立“白求恩奖学基金”(第二期)	4468000.00
	5	托尼·布莱尔非洲治理倡议(AGI)	非洲治理倡议项目(延期拨付)	4000000.00
	6	法国艺术8、中国留学人才发展基金会	发起成立“中法文化艺术研究中心”,支持“中法建交50周年”相关活动	2000000.00
	7	内蒙古自治区红十字会、朝聚眼科医院集团	贫困白内障患者救治(延续)	100000.00
	8	内蒙古自治区残疾人联合会、内蒙古自治区残疾人康复中心	老牛阳光助行项目(第二期)	2100000.00
	9	中民慈善捐助信息中心	慈善千人计划-老牛学院(第二期)	2800000.00
	10	中国慈善联合会、中民慈善捐助信息中心	支持中国慈善论坛	9011000.00
	…	……	……	……
合计	37			186258841.30
历年累计				800588856.51

资料来源：老牛基金会。

二 智慧有效的资助之道——以浙江敦和慈善基金会为例

在所有的社会组织中，基金会是一种相对特殊的类型，因为它的生存、发展和管理是对资金的筹募和运作，并在该过程中体现公益慈善的性质。在公益生态链中，基金会处于行业的上游，它像一个“资源中心”，承担着“筹钱、增值、散财”的功能。根据基金会的资金使用方式，基金会可以分为资助型、运作型和混合型三种。[①] 资助型基金会将筹集到的资金主要用于资助其他组织运作公益项目，而不是自己亲自操刀运作公益项目；运作型基金会则相反，它们自己使用自己筹集到的资金，开发公益项目产品并具体实施项目；而混合型基金会则是兼有上述两种基金会的职能，既募集资金开展资助活动，也自己亲自运作公益项目。从基金会自身的定位而言，运作型或资助型并无优劣之分。但是，资助型基金会数量的多少却能反映公益行业整体发育的成熟度。[②]

在美国，基金会是慈善资金的提供者，大量专业性的公益服务组织（类似我国的草根 NGO）是消化这些资金的终端。在美国 160 多万个公益组织中，约有 8.62 万个基金会，这些基金会大部分是资助型基金会。根据美国基金会中心网的统计，美国基金会 2013 年的公益事业支出达到了 547 亿美元。[③]

当前，在我国 4277 家基金会[④]中，只有较少的基金会是资助型基金会，一些基金会也正在开始进行资助型项目的探索。如：南都公益基金会明确定位为资助型基金会；中国扶贫基金会在尝试向资助型基金会转变；中华少年儿童慈善救助基金会（中华儿慈会）在 2011 年 7 月推出了以“童缘”命名的行业资助合作项目；等等。最近几年在基金会行业领域中崭露头角、大放

① 陶传进等：《基金会导论》，中国社会出版社，2011，第 16 页。

② 徐永光：《借民间正能量，浙江公益异军突起》，《中国财富》2014 年第 11 期。

③ 参见美国基金会中心网 2014 年关键数据报告，http：//foundationcenter. org/gainknowledge/research/keyfacts2014/。2015 年 2 月 26 日访问。

④ 参见基金会中心网数据，http：//www. foundationcenter. org. cn/。2015 年 2 月 26 日访问。

光彩的浙江敦和慈善基金会（以下简称敦和基金会），是中国目前定位于资助型基金会中的佼佼者之一。

（一）敦和基金会简介

浙江敦和慈善基金会（简称“敦和基金会”，英文名为“Dunhe Foundation”）成立于2012年5月11日，是一家在浙江省民政厅登记注册、具有独立法人资格的资助型非公募基金会，以公益行业支持、中华文化传承为己任，致力于“做民间公益和社会创新的资源提供者和建设者”。

敦和基金会依托发起人的专业优势，率先确立了富含投资理念的资助策略，以宏观的视角积极促进公益行业整体发展，以创新的思维努力求索中华文化的传承。立心公益，着眼未来，造福社会。

敦和基金会现设有杭州、北京两个办公室。成立至今，对外资助总额超过1亿元人民币。

敦和基金会为何会选择做资助型基金会呢？“敦和基金会的13位发起人大多都具有金融投资家背景，他们非常看重投资的杠杆作用。同样在公益领域，他们也希望公益投资的资源能够得以有效利用，从而使社会效益最大化。”① 因此，敦和基金会在成立之初就定位于资助型基金会，它“雪中送炭”，也“锦上添花”，目标是“选择行业里的标杆组织以及具有创新意义、能撬动社会资源的项目”，与专业化的、社会影响力大的标杆机构合作。基于这种公益投资方法论，年轻的敦和基金会大大降低了组织的学习、探索和试错成本，从而得以快速地成长和发展。因此，敦和基金会成立不到3年，已经在行业内获得了良好的声誉与口碑。

（二）敦伦尽分，众善奉行——敦和基金会资助概况

敦和基金会自2012年5月11日一成立，就践行资助型基金会的宗旨，开始大手笔地资助公益组织及其项目。在不到3年的时间里，敦和基金会便

① 来自2015年2月6日对敦和基金会秘书长助理熊敏华的访谈记录。

已支出了资金约1.12亿元，共资助公益慈善项目130多个。其资助项目和资金情况如下（按领域分年度统计），见表2、表3、表4。

表2　敦和基金会2012年项目资助情况

领域	合作对象	资助金额（万元）	用途
公益支持	中国非公募基金会发展论坛	20	第四届论坛2012年会
	深圳壹基金公益基金会	34.768	2012透明典范奖评选
	基金会中心网	20	北京师范大学珠海分校公益慈善管理本科专业教学发展
	南都公益基金会	50	银杏伙伴成长计划
	四川尚明公益发展研究中心	5	机构发展支持
教育	慈济慈善事业基金会	50	义乌、江西助学
	中国滋根乡村教育与发展促进会	10	农民工子弟学校改造
	浙江省新华爱心教育基金会	120	四川大凉山女童班、珍珠班助学项目
	哈尔滨工业大学教育发展基金会	20	校园文化建设
医疗	浙江大学医学院附属第二医院	200	2号病房大楼改造
	西部儿童救助专项基金	10	西藏那曲先天性心脏病儿童救助
扶贫	慈济慈善事业基金会	50	贫困地区冬令物资发放
	拉迦寺大悲妙法院孤儿院	5	孤儿过冬物资资助
救灾	深圳壹基金公益基金会	100	云南彝良地震救灾
文化	崔永元公益基金	50	口述历史项目
环保	成都城市河流研究会	10	长江上游清流项目
合　计		754.768	16个项目

资料来源：敦和基金会提供。

表3　敦和基金会2013年项目资助情况

领域		合作对象	资助金额（万元）	用途
公益支持	行业交流与研究	基金会中心网	50	三周年大会
		中国非公募基金会发展论坛	17.5	第五届论坛2013年会
		北京大学公民社会研究中心	10	2012、2013十大社会事件评选
		无锡灵山慈善基金会	25	中华慈善百人论坛
		上海交通大学第三部门研究中心	20	《中国社会组织评估发展报告（2013）》编写出版

续表

领域		合作对象	资助金额（万元）	用途
公益支持	行业发展	深圳壹基金公益基金会	100	中国民间公益透明项目（GTI 指数）
		中国青少年发展基金会	50	新工场协力中心联合劝募基金
		上海仁德基金会	20	基金会培育项目
	人才培养	南都公益基金会	100	银杏伙伴成长计划
		爱德基金会	10	恩久关爱基金
		北京市西部阳光农村发展基金会	3	“雏雁起飞”大学生公益行动激励计划
	机构发展	广东省华媒传媒发展基金会	50	灾难及突发报道支持专项基金
		北京市企业家环保基金会	10	2013 年会费
		逄飞（北京一耽学堂总干事）	10	个人发展支持
	社会创新	内蒙古敖汉妇女发展协会	30	农孵计划（小额信贷）种子基金
		深圳市信息无障碍研究会	10	信息无障碍项目
	小　计		515.5	16 个项目
医疗	领域交流	瓷娃娃罕见病关爱中心	15	2013 全国病人大会
	机构支持	北京春苗儿童救助基金会	10	机构发展支持
	抑郁症	北京尚善公益基金会	20	抑郁症常识宣传和普及
	医疗救助	大爱清尘基金	80	尘肺农民救助、机构发展支持
		向阳花儿童意外伤害救助基金	50	浙江贫困家庭儿童意外伤害救助、机构发展支持
		西部儿童救助专项基金	35	西藏那曲先天性心脏病儿童救助
		宁波小雨点听力语言训练中心	20	宁波贫困家庭儿童听力康复
		深圳市龙越慈善基金会	10	浙江抗战老兵大病救助
		宁波爱心同盟	5	宁波贫困家庭大病应急救助
	小　计		245	9 个项目
教育	领域发展	北京市西部阳光农村发展基金会	50	桥畔计划
	机构支持	上海真爱梦想公益基金会	100	“梦想中心”素质教育体系、机构发展支持
		中国滋根乡村教育与发展促进会	10	机构发展支持
	教育项目	第九世界公益俱乐部	5.23	黔东南少数民族文化保护、杭州公益小天使项目
		杭州网义工分会	1.64	杭州未成年女孩自我防护教育
		天台县南屏学校	9.5	校园改造和文化建设
	小　计		176.37	6 个项目
合　计			936.87	31 个项目

资料来源：敦和基金会提供。

表 4　敦和基金会 2014 年项目资助情况

类别	合作伙伴	资助金额（万元）	用途
公益支持	南都公益基金会	100	2015 银杏伙伴成长计划
	南都公益基金会	100	2015 敦和·银杏公益优才计划
	南都公益基金会	200	联合发起“银杏公益基金会”
	基金会中心网	200	基金会行业研究与倡导
	深圳壹基金公益基金会	100	中国民间公益透明项目(GTI 指数)
	深圳壹基金公益基金会	200	2015 备灾基金
	中国扶贫基金会	100	“公益同行”计划及国际化项目
	英国大使馆文化教育处	119.6	社会投资平台——敦和社会创新资助奖
	中央电视台社会与法频道	120	社区英雄
	福建正荣公益基金会	100	正荣微公益——平台型机构小额资助
	中国社会企业与社会投资论坛	10	联合发起成员年费
	中国非公募基金会发展论坛	3.3	组委会成员年费
	招商局慈善基金会	50	第六届中国非公募基金会发展论坛 2015 系列活动
	江苏华益社会组织评估中心	10	两岸三地公益发展论坛
	北京瑞森德筹款研究中心	40	中国公益筹款人联盟
	福建省同心慈善基金会	50	2014 中国公益慈善管理福建 EMP 班
	福建省同心慈善基金会	50	2014 心灵公益人才培养计划
	福建省同心慈善基金会	100	2015 中国公益慈善管理福建 EMP 班及心灵公益人才培养计划
	中国发展简报	50	公益线上资料库
	上海交通大学第三部门研究中心	20	《中国社会组织评估发展报告(2014)》编写出版
	上海交通大学第三部门研究中心	10	《中国第三部门研究》第 7、8 卷编写出版
	公域合力管理咨询(北京)有限公司	20	《公益组织筹资策略》编写出版
	零点研究咨询集团	1.9	2014 中国公益人才发展研究
	中国社会福利基金会	26	益人义助联合劝募基金益宝计划
	21 世纪教育研究院	100	LIFE 教育创新项目
	北京市西部阳光农村发展基金会	77.3	2014 桥畔计划
	北京市丰台区源头爱好者环境研究所	86.9	青年环保人才“挂职锻炼”项目
	北京益微青年公益发展中心	10	START·V 立营——教育社团骨干培养平台

续表

类别	合作伙伴	资助金额（万元）	用途
公益支持	北京市永源公益基金会	100	2014“家·春秋”大学生口述历史影像记录计划
	北京市永源公益基金会	100	2015“家·春秋”大学生口述历史影像记录计划
	中国比较经济研究中心	500	机构运营支持
	安平公共传播公益基金	50	机构发展支持
	深圳市龙越慈善基金会	50	机构发展支持
	四川尚明公益发展研究中心	10	机构发展支持
	新公民计划	10	公益专才支持
	上海联劝公益基金会	45.2	2015 社创之星
	北京和众泽益志愿服务中心	25	“企业志愿者——公益行业从业者”发展计划
	深圳市信息无障碍研究会	15	信息无障碍项目
	北京益云社会创新中心	20	人人益播公益广告设计大赛
	上海慈善教育培训中心	15	东北地区 NGO 能力建设
	杭州上城区博信公益发展服务中心	84	2014 浙江小额资助
	浙江省爱心事业基金会	150	2015 浙江公益支持
	上海联劝公益基金会	300	2014“敦和种子基金计划”
	北京市西部阳光农村发展基金会	300	2014“敦和种子基金计划”
	深圳龙越慈善基金会	300	2014“敦和种子基金计划”
	北京春苗儿童救助基金会	300	2014“敦和种子基金计划”
	广东省希贤教育基金会	300	2014“敦和种子基金计划”
	北京尚善公益基金会	300	2014“敦和种子基金计划”
	北京永源公益基金会	300	2014“敦和种子基金计划”
	北京仁爱基金会	300	2014“敦和种子基金计划”
	南都公益基金会	600	2014“敦和种子基金计划”
	中国发展研究基金会	800	“山村幼儿园”拓展等项目
国学创新	中国儿童少年基金会	100	格孟寺藏文译经计划
	浙江省桐乡市香海禅寺	20	慈悲系列书籍出版
	空瓶子文化传播上海有限公司	20	自然恩典项目
	北京云门草堂文化发展有限公司	20	法艺应用研究与传播
	北京华夏艺林文化艺术有限公司	10	四维通慧书院四维助教行动
	清芬燕园（北京）文化发展中心	10	苇杭书院儒家原初学术思想研究
	北京永真公益基金会	50	二十四节气课程开发推广
	北京修远经济与社会研究基金会	50	《文化纵横》杂志运营支持
	北京太安正安文化传播有限公司	600	生命物理和生命科学探寻之旅
	北京太安正安文化传播有限公司	20.9	北京正安堂口述中医历史
	正心堂国际文化发展（北京）有限公司	200	“孝信爱禅”广告片制作

续表

类别	合作伙伴		资助金额（万元）	用途
医疗健康	抑郁症	北京尚善公益基金会	100	2014 倾听一小时
		北京尚善公益基金会	100	2015 倾听一小时
		杭州滴水公益服务中心	50	2014 海豚热线
		上海郁今香心理健康服务中心	5	抑郁防治和社会宣传倡导
	医疗救助	大爱清尘基金	200	2014 尘肺农民救助、机构发展支持
		大爱清尘基金	200	2015 尘肺农民救助、机构发展支持
		北京瓷娃娃罕见病关爱中心	70	罕见病组织孵化中心
		深圳市慈缘慈善基金会	30	医疗领域中等规模行业标杆孵化中心
		深圳市慈缘慈善基金会	15	先天性疾病儿童救助
		北京春苗儿童救助基金会	30	先天性疾病儿童救助
		北京春苗儿童救助基金会	20	机构发展支持
		玉树州农牧民健康促进会	30	玉树赤贫地区医疗健康促进计划
		宁波爱心同盟	5	宁波贫困家庭大病应急救助
		中国女医师协会	5	
教育	上海真爱梦想公益基金会		40	梦想教练项目
	上海真爱梦想公益基金会		100	火种培育计划
	上海真爱梦想公益基金会		92	2014 深圳慈善拍卖
	杭州市第二中学		100	中西文化交流
	上虞市人民教育基金会		15	奖学奖教项目
救灾	深圳壹基金公益基金会		100	云南鲁甸地震救灾
养老	北京十方缘老人心灵呵护中心		10	临终老人心灵呵护师培养
	绍兴市上虞区永和镇项家桥村经济合作社		30	绍兴市上虞区永和镇项家桥村春节慰老
合计:9477.1 万元				

资料来源：敦和基金会提供。

从上述 3 个资助项目一览表可以看出，敦和基金会的资助范围比较广，基本涵盖了公益支持、国学创新、教育、医疗健康、养老、救灾等多个领域。资助的金额也是逐年上升，尤其是 2014 年的资助力度非常大，公益支出一下子达到了 9400 多万元，已经远远超出了其原始注册资本金。

从 2014 年的资助项目情况来看，敦和基金会在公益支持方面（包括资助公益机构的运营成本、项目发展以及个人发展等）共支出 7029.2 万元，占总资助金额的 74.17%，是最大的公益资助领域；其次是国学创新领域，共支出 1100.9 万元，占比 11.62%；再次是医疗健康领域，共支出 860 万元，占比为 9.07%；其他依次为教育、救灾和养老领域，见图 1。

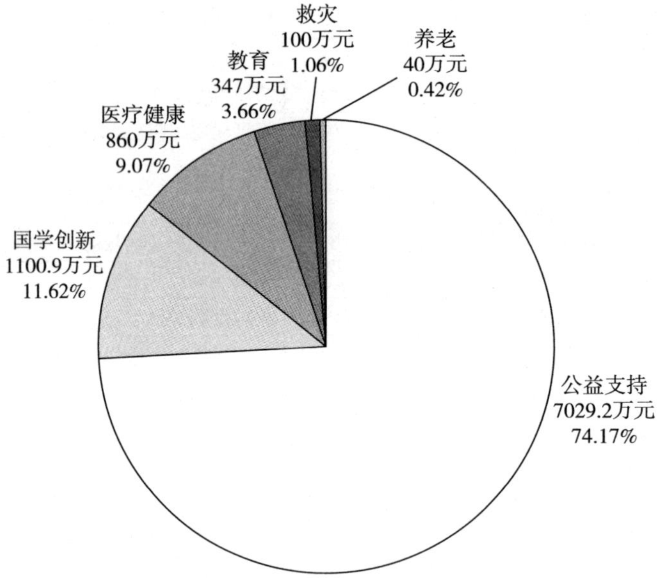

图 1　敦和基金会 2014 年资助领域及其比例

资料来源：敦和基金会提供。

为何敦和基金会刚成立不久就能做出如此巨额的公益投资呢？敦和之所以能有大笔公益资金的投入，发起人的持续捐赠得益于基金会成立了专业的投资管理委员会来确保公益资金的保值增值。此外，敦和 2015 年的支出预算为 1 个亿。可见，纯粹务实的发起人团队、专业的投资实力背景以及高效的投资业绩，确保了敦和基金会资助公益项目的顺利进行。

（三）举荐遴选，知学践行——敦和基金会资助模式

一般来讲，公益组织及其项目想要被基金会所重视、青睐，并获得基金会的资助，就必须符合基金会的资助领域以及战略发展方向。

在基金会中心网看来，除了强有力的资金实力做后盾之外，敦和基金会有其独特的资助项目遴选制度和方法。在对众多优秀合作伙伴以及公益项目的选择中，敦和基金会主要考量三方面的要素指标：首先，该公益组织及其项目应兼顾社会价值和社会热点需求、运用创新手段解决社会问题；其次，一个好的公益组织及其项目应具有“三性”（可持续性、可复制性、可推广性）；最后，公益组织应有良好的治理结构、丰富的项目运作经验、项目团队有较好的综合能力等。

鉴于此，敦和基金会采取了“推荐制”的做法，具体来讲就是合作伙伴或者公益项目必须满足以下5个条件。

（1）公益组织首先要有至少三方（同行、受益群体、专家学者等）的推荐。

（2）公益组织的存续时间应在3年以上。

（3）公益组织的财务必须公开透明。

（4）公益组织在同行业领域有良好的口碑。

（5）公益组织应提交已做过项目的所有资料。

除了“推荐制”的多方印证之外，敦和基金会还亲力亲为，将商业投资领域类似于“尽职调查”的方法引入到公益项目遴选制度之中，从审核组织、项目和执行团队三个维度进行，具体包括面谈、现场参与式观察、已有受益人的回访、已有项目报告的评估等。

出于出资方的投资传统，敦和基金会在项目的执行中还采取了“过程管理”的方法。对敦和基金会来讲，公益组织或者项目在经过遴选、获得资助之后，并非意味着整个资助的结束，而这恰恰是一个新的开始。对于获得资助的机构，敦和基金会会定期或者不定期地拜访这些机构，观察乃至参与到公益项目的执行之中。当然在该过程中，“我们是参与但不干预。对公益项目中存在的问题，我们有时候也会借鉴商业、市场中的一些经验，给出一些合理的意见建议。……对于公益慈善行业，我们也还在学习。参与、观察资助的项目，就是一个学习过程。这是一个非常好的学习机会。”

在公益项目执行完毕之后，被资助的公益组织还要向敦和基金会递交项目报告。“资助项目除了事前评审、事中监督之外，还要有事后评估机制。所以，敦和将逐步建立、完善第三方评估制度，使整个项目资助实现全过程管理，这样有利于项目更有效地执行，保障项目的社会效益最大化。”

可见，基于创始人的投资背景和传统，敦和基金会已然将市场投资和企业管理中成熟的规则、经验、方法荐入到公益投资领域，如重视数据、强调绩效、结果导向、360 度考评等。通过跨界创新、多元合作、持续学习，敦和基金会已经建立起独特的公益投资模式，走在了资助型基金会的前列。

（四）品牌培育，人文传承——敦和基金会资助趋势

敦和基金会出资人宅心仁厚、回报社会的赤子情怀，谦虚低调、纯粹务实的处世风范，高效专业、悲智双运的慈善理念，浇铸出了组织的核心灵魂和运营文化。经过近 3 年的探索实践和成长发展，敦和基金会的内部治理结构渐趋完整，使命与目标逐渐聚焦清晰，核心团队也更加精干专业。目前，敦和基金会也在逐步着手规划其资助发展战略。从 2015 年开始，敦和基金会已确立培育自己的公益资助品牌项目，重点塑造以下三个品牌：敦和种子基金计划、敦和公益优才计划、敦和国学传承计划。

敦和种子基金计划，主要是依据敦和基金会出资人的投资背景和特色优势，推动公益行业的投资理财，使被资助的公益组织的资产能适当地保值、增值，享有一定的合理回报，从而弥补、解决公益组织的行政办公经费和人员工资福利的不足。

敦和公益优才计划，主要是满足公益事业发展对公益人才的需求，通过提供公益专才专岗资金的资助，举办综合的或专业的能力建设培训教育，为公益事业培育复合型人才或者专才，进而形成公益行业专业人才的网络和社群，帮助公益机构引入并留住专业人才，实现提高机构职业化和专业化程度、促进公益机构健康发展的公益目标。

敦和国学传承计划，则是契合国学复兴的人文发展趋势，继承国学人文价值和传统智慧，打通传统文化与现代科技之间的通道，明道优术、滋养心灵，让传统文化精华古为今用、重焕生机。

结 语

秉承“敦伦尽分，和由心生”的公益慈善文化，敦和基金会定位于资助型基金会，立志做“基金中的基金”，不断探索新的资助模式和方法，形成了自己独有的资助制度和品牌，其独特性、创新性和可持续性体现在如下几个方面。

一是在公益资源的来源及使用方面。该基金会的出资人均来自金融投资界，他们具有丰富的商业经营管理经验、良好的成本风险控制及高效的投资收益意识。商业领域的成熟经验、巨额的公益资本投入和不求回报的公益理念，为敦和基金会开展公益资助事业奠定了坚实的后盾和基础。

二是在公益资助的模式和制度方面。敦和基金会实现全方位管理，在遴选项目时采取“推荐制”、在项目执行时使用过程监管、在项目结束后引入第三方评估，力图推进公益资助事业的职业化、专业化、高效化。

三是在公益发展的品牌和战略方面。敦和基金会经过三年的历练和积累，提出了组织的发展战略方向，针对公益事业发展中的资金资源、人才资源以及文化理念等方面的需求，重点打造种子基金、公益优才、国学传承三个品牌，从而探索新的发展路径，弥补公益事业发展中的短板与不足。

敦和基金会有着较好的资源禀赋，也许这是其他基金会难以模仿和超越的。但是其公益资助模式、制度和方法却为中国的资助型基金会提供了可资借鉴的路径。如何智慧有效地使用公益资源、资助公益组织及其项目、传承公益慈善文化、促进公益生态发展，这是中国公益界亟须解决的重大问题。“问渠哪得清如许？为有源头活水来。”期待有更多的资助型基金会在中国出现，并共同搭建起公益资助平台网络，为中国公益行业的发展提供源源不断的各种资源。

G.5 基金会改革的新浪潮

摘 要：党的十八大正式提出要加快建立政社分开、权责明确、依法自治的现代社会组织体制，并明确了改革的时间表。尽管改革首先从行业协会商会入手，可以预见基金会也同样要进行政社分开。去行政化的基金会何去何从？国内一些传统意义上的慈善组织已经未雨绸缪，积极展开探索发展之路。中国扶贫基金会主动放弃人员编制，追求市场化转型的路径为人所称道，但这是否基金会转型的唯一样板？本报告选择了上海宋庆龄基金会和深圳市慈善会两个典型的"慈善组织"案例展开分析，前者通过转型资助公益人才培养，后者通过横向分拆发展社区基金会，带给我们很多有益启示。

关键词：政社分开　慈善组织　现代社会组织体制　分拆

一　慈善组织如何转型资助？
——以上海宋庆龄基金会为例

（一）新发现：公益慈善领域本科层次专业人才教育中心的成立

2012年5月22日，全国首家公益慈善领域本科层次专业人才培养机构——北京师范大学珠海分校宋庆龄公益慈善教育中心（下文简称中心）正式挂牌成立，该中心由上海宋庆龄基金会独家资助、基金会中心网负责联系师资及就业实习、北师大珠海分校负责专业人才培养，建立起三方合作模式，面向全校大三学生跨专业开设公益慈善事业管理专业方向，学制两年，开设课程包括慈善基础知识、组织与管理、项目设计与品牌建设及公益筹款与财务管理四大模块，师资队伍来自国内外以及学界和业界的有机组合，在全国高校率先开展了公益慈善领域专业人才的培养。

自成立以来，中心一共招收了三届学生，目前第一届31名学生已经顺利毕业，45%进入中国扶贫基金会、中国红十字基金会、中国儿童慈善救助基金会等公益组织工作，还有一部分同学选择自主创业或出境继续攻读公益慈善专业硕士深造，在北师大珠海分校掀起了一股青年公益就业创业的热潮。中心对中国公益慈善人才的培养获得了媒体、社会及用人单位的广泛关注和好评。《文汇报》《南方都市报》《中国青年报》等对宋庆龄公益慈善教育中心进行了深入报道，并用“公益黄埔军”来比喻中心的毕业生。学生在实习期间和入职后的表现更是得到了用人单位的充分肯定，正如中国扶贫基金会人力资源部主任张雅静所言：“宋庆龄公益慈善教育中心培养的学生不仅本专业知识扎实，对公益行业有全面、充分的认识，而且实干能力非常强。更重要的是，他们对投身公益有着极大的热情。”中华儿童慈善救助基金会连续两年接受了11名毕业生在儿慈会工作和实习。以上充分说明了宋庆龄公益慈善教育中心所培养的学生兼具坚定的公益理念、较扎实的理论基础和一定的实战经验，为中国公益行业注入了一股新生力量。

（二）市场空缺：专业公益慈善人才告急

由北师大珠海分校宋庆龄公益慈善教育中心委托，清华大学NGO研究所发布的《中国公益慈善行业专业人才现状调查报告（2013）》指出，“在中国基金会的公益人才一半以上是本科学历，而且大部分是文科背景，而技术岗位、财务岗位以及筹资岗位人才十分奇缺”。同时，基金会公益人才的专业经验非常不足。参加工作时间3年以下的员工占近70%，而工作10年以上的仅占3%。另外，基金会从业人员大部分从其他行业跨界而来，基金会人才来源单一化。尽管调研数据显示，有 65.54% 的公益人才在职期间接受过继续教育或专门培训，但是多集中在项目管理方面，而涉及基金会对外传播、筹资、公共关系、公益营销等领域的培训相对较少。相比而言，民办非企业单位的情况更差。这份报告从侧面展示出依托高校加强公益人才的培养已经迫在眉睫。

（1）完善公益行业从业人员知识结构的需要。目前公益行业从业人员的学科背景比较单一，几乎没有“科班”出身，缺乏系统性、专业性的训练，职业化程度比较低。由于公益慈善行业需要直接面临和处理很多复杂的事务，专业性程度低导致在提供社会服务方面受到极大的限制，相应地，公益行业发展也受到影响。依托高校开设公益慈善管理的课程，进行专业人才的培养，有利于向公益慈善行业输送更多的专业人才。

（2）完善公益行业从业人员教育层次的需要。尽管目前国内针对公益人才的培训很多，其中一些不乏影响力，如公益星火计划、中国公益人才培训计划、南都的“银杏伙伴”计划，但是几乎所有的培训都是面向在职的公益人士，对于潜在公益人才的培养还是空白，而且培训的内容过分偏实操，对理论和创新关注度不够。在大学引入专业的公益慈善管理学科，系统而全面地进行专业知识的教授和实操技术的训练，将有利于解决目前人才现状中教育培训层次单一的问题。

（3）稳定公益行业从业人员队伍的需要。公益行业人才供给来源不稳定，需要从根本上解决。而本科教育，特别是提供公益慈善管理方向的教育至关重要。这不仅为这个行业输入专业的人才，而且为这个行业输送特别有志于公益慈善的稳定的人才，他们都不只是把公益慈善行业作为一种可有可无的谋生手段。同时，公益慈善行业亟须通过专业学科设置构建行业的专业认同，这有助于打破传统认为公益慈善行业是志愿的、免费的、业余的、低工资等不利于专业发展的思维。

（三）合作缘起：传统基金会的理念转型

上海宋庆龄基金会是由宋庆龄女士所创办的，中国福利会发起的一家公募基金会。自1986年成立以来，基金会始终秉承宋庆龄女士的公益慈善精神，积极围绕妇女儿童的教育、文化和医疗卫生领域开展各类公益活动，从而改善受助人群的生存状况。2009年以来，在理事会的领导下，决策团队和管理团队一起锐意进取，在机构治理、机制改进和团队建设三个核心领域取得了长足进展，为基金会迈向规范、高效和专业奠定了坚实的基础。围绕宋庆龄的公益思想的精髓，该基金会按照以下四个方面的指导原则制定出相应的发展规划。

务实性：公益事业要与社会的现实民生需求相结合。

前瞻性：公益事业发展要立足当前与未来发展相结合，要具有国际化和多样化的特性。

示范性：不断提高公益事业的公信度。

实验性：重视科学研究，推进公益事业的发展。

在新的发展规划引领下，2012年年初，上海宋庆龄基金会决定资助设立一个新型的本科公益慈善领域本科层次专业人才教育中心，该项动议马上得到北师大珠海分校的积极响应，时任北师大珠海分校教育学院副院长的金宝城老师积极与上海宋庆龄基金会进行接洽，在这一过程中基金会中心网主动加入，三方于2012年4月初在上海举行首次会晤，第一次会晤就达成高度共识，随即进入实质性的筹备阶段。一个月以后，三方再次就中心成立的具体安排进行磋商，上海宋庆龄基金会主席、原国务院港澳办公室主任鲁平先生亲自会见了金宝城老师和基金会中心网总裁程刚。鲁平主席对北师大珠海分校设立中心的想法非常支持，并倡议社会各方，携手培养出色的、具有创新精神并致力于让世界变得更加美好的大批人才，让宋庆龄公益慈善教育中心成为推动中国社会进步发展的“原动力”之一。在鲁平先生的大力支持下，合作进展得非常顺利，5月底，三方正式签署合作协议，上海宋庆龄基金会首批捐赠200万元，支持北师大珠海分校成立宋庆龄公益慈善教育中心，并于5月22日举行了隆重的成立仪式。2012年9月17日，中国首个公益慈善事业管理专业方向的第一届学生开学典礼在北师大珠海分校国际交流中心举行。自此，项目正式投入运营。

（四）教育创新：公益人才培养模式探索

作为一个全新的专业，在上海宋庆龄基金会的指导和帮助下，中心开始了全新的公益人才培养模式的探索。

1. 跨专业招生，小班授课

出于谨慎考虑，上海宋庆龄基金会第一年仅资助了200万元，双方合作也是以项目形式进行，中心的招生则突出体现在跨专业设置了“公益慈善事业管理”专业方向，在招生专业上，采取不依托任何一个具体专业，面向全校各专业大三学生免费开设。按照北师大珠海分校的规定，各专业大一、大二均以开设学科基础课和专业主干课为主，大三则以专业方向课和个性选修课为主。在中心的争取下，学校允许选择修读公益慈善事业管理专业方向课的学生将所取得的公益慈善专业课程学分计入原属专业的总学分，符合毕业条件和学位条件的，授予原属专业毕业证书和该专业所属学科学位证书。修满公益慈善专业方向规定的学分，可在证书上注明公益慈善事业管理专业方向。在招生规模上，上海宋庆龄基金会认为公益人才培养应该坚持高标准的精英式培养，每批中心招收40人左右，采取小班授课的方式，进行互动式、参与式的教学。这种培养模式获得了在校学生的推崇，每年报名都非常火爆，面对充满热情的优秀学子，如何筛选和录取学生成为中心“头疼”的一大难题。

2. 一流师资，狠抓教学质量

师资是教学质量保障的关键。中心成立以后，聘请了美国印第安纳慈善学院的何莉君博士担任副主任，为中心引入了国际一流的教学内容和方法。长期在台湾静宜大学做访问学者、社会工作系主任杨志伟老师，具有丰富的实践经验，他的加入也使中心的课程体系迅速得以完善，其他师资也大多外聘于国内外一流的教学单位和实务部门。尽管多数专业课程只能集中在几天内的密集授课，但教师通过 Course Networking 等网络教学平台，提前布置学生阅读相关的材料并完成读书笔记，并在平台上发布自己的读书笔记和学习心得，让同学们和老师互相点评。课程内容主要是理论和实际案例相结合，引导学生积极思考，在师生的探讨过程中，形成教学相长的学习氛围。课后考核方式则采取小组引言报告或者调研报告的形式。任课老师鼓励学生站在企业社会责任部门或者基金会的角度，积极主动联系相关部门经理，获取一手资料，并提出有利于企业或基金会项目可持续发展的方案，锻炼了学生的实践能力。

3. 知行合一，注重应用

培养学生较强的实践能力是中心办学的重要宗旨。中心鼓励学生运用所学专业知识，在校内外开展公益慈善活动。2013 年雅安地震后，中心安排原专业为应用心理学的多名学生参加到学校组织的灾后心理援助支援活动，并获得了活动组织者的好评。2014 年公益班学生为本校一名患重病的同学发起募捐，短短一个月内就募集资金超过 30 万元，在全校甚至珠海都造成了不小的影响，扩大了公益慈善班的影响力。2014 年，应台湾辅仁大学的邀请，中心组织师生赴台湾访学。通过专题培训、机构参访和当地体验，考察台湾公益慈善与社会企业的发展，为学生提供了一个了解台湾社会与慈善发展的机会。学生在课外积极参与和开展各种公益慈善活动，既夯实了专业知识的基础，也引发了对所学知识的新一轮思考与更新。

（五）可复制：跨界合作模式的实现基础

宋庆龄公益慈善教育中心的成功一方面在于抓住了公益人才市场空缺的良好机遇，其跨界合作模式也给其他基金会资助项目带来了许多可供借鉴的经验。

1. 使命与价值认同的趋同

三方创始人一致认为，合作的关键因素是因为他们对公益慈善专业人才的培养有统一的思想认识。而且，各方都能把人才培养和自己机构的使命很好地链接起来。其中，上海宋庆龄基金会是继承和发扬宋庆龄女士的遗愿致力于服务妇女和儿童的，但是终极目的是通过提高一个国家的妇女和儿童的素质来提高全人类的素质；而公益人才的培养，也有助于推动社会进步和发展。因此，从愿景上来讲，它是与机构使命相一致的。基金会中心网作为行业支持性平台把行业专业人才培养看作是对行业的根本性支持。北师大珠海分校以市场需求为导向，积极开创与市场需求接轨的应用性专业，采用灵活的办学机制来培养适应社会发展的各种人才。

2. 广泛的社会网络的支持

广泛的开放的社会网络是实现跨界合作的必备因素之一。封闭的社会网络不可能带来合作的契机。这种开放的社会网络既包括组织层面又包括个人层面的各种正式或非正式的合作交流，还包括国际与国内的各种交流与互动。开放的社会网络促成了办学模式的创新，而且增强了新项目从理念变成现实的动力与信心。从该项目成立的背景来看，北师大珠海分校与上海宋庆龄基金会的官方交流和访问，使北师大珠海分校的领导认识到公益慈善人才培养的紧迫性；而上海宋庆龄基金会和基金会中心网的合作和交流，使上海宋庆龄基金会感受到新项目的现实可能性和行业的积极认可。通过上海宋庆龄基金会的协调，三方找到了人才培养的动力和资源。而后，基金会中心网通过国际交流网络了解到美国印第安纳大学礼来公益慈善学院的人才培养模式，并积极搭建社会网络资源，引进美国的公益慈善人才培养模式和邀请攻读公益慈善专业的中国博士生来协助开拓我国首个公益慈善本科人才的培养。

3. 开放的人才培养思路

公益慈善事业管理作为一门新型的学科，在国内高校尚未开创，也没有现成的模式和思路可参考。同时很重要的是，学生的理解和认识也有些不够，缺乏文化和制度上的认知与认可，而家长与社会对该专业领域更缺乏应有的认同感，甚至将公益慈善误解为简单志愿行为。这就需要人才培养机构有非常开阔的思路来开辟独特的办学模式。作为办学单位的北师大珠海分校，它以自己多年来与市场接轨的人才培养经验，积极吸纳各种人才培养和需求一体化的课程和专业。它愿意以开放的心态鼓励行业参与人才培养体系设计，鼓励行业力所能及地引进各种先进的教学资源、实现基地和就业途径，使项目所培养的人才能最大限度地为行业服务。而且，为了使行业和高校平等合作，共同对学生和项目负责，中心还建立了理事会制度，共同参与设计，在人才培养、学术交流、论坛和研究上达到充分的融合。

4. 精诚合作与优势互补的结合

虽然人才培养的重任落在北师大珠海分校，但是基金会中心网和上海宋庆龄基金会在中心创建的各个环节都全程支持和参与，包括课程设置和论证、师资引入、学生招募和选拔、学生实习和就业途径的寻找、外界的推广、项目的评估和改进、中心的发展和战略等各个方面。各方职责明确，交流坦诚、共同面对挑战。具体说来，北师大珠海分校利用其体制灵活的优势，主动在学校里为跨专业设置公益慈善管理的专业方向提供教学场地、行政人员、学生资源，设立实体化教学单位，并不断鼓励和发展学校内部师资使项目变得更稳定和持续。基金会中心网的主要作用是帮助资源对接，帮助引入国内外先进师资和教材，这些师资来自美国印第安纳大学、清华大学NGO研究所和壹基金等国内外一流的教学单位和实务部门，在行业内推广和呼吁本科层次的人才培养，并介绍行业领导人为学生举办讲座和直接交流，还帮助拓宽实习和就业途径，大力推进新的人才在行业的认可和接纳。上海宋庆龄基金会主要帮助寻找办学所需的资金，还主动把宋庆龄女士的慈善理念和实践介绍到课堂，增加人才培养的本土化认知，丰富学生的公益慈善知识和视野。两年多来，三方的理念始终保持一致，沟通频繁，建立了深厚的信任基础。

5. 协商协作的合作机制

虽然三家机构价值和理念一致，但是在实际运作中，依然存在很多具体的困难。而这些困难的解决需要强有力和十分投入并愿意推动项目成果的个体领导力。比如，三方在成立之初都要向自己机构内部的理事或者部门解释和推动这个新的举动。作为高校，北师大珠海分校面临的直接难题就是很多人对新学科不理解，而且已有的制度不支持跨专业选课。这需要创建人努力说服和开拓新的道路为这个新项目服务。作为一家以妇女和儿童为优先关注对象的公募基金会，上海宋庆龄基金会理事会内部开始也有不同的意见，认为人才培养是政府的事，不应该投入在这个领域，而后经过理事讨论和领导推动，让全体理事成员认识到基金会为政府补缺并勇于创新的角色。作为行业支持平台，基金会中心网在人才培养上的介入也曾让很多人质疑，但是机构领导人不断阐明基金会中心网的角色只是资源提供者。为高校人才培养提出行业需求从而来推动和支持行业发展，这才获得了越来越多的人的支持。所以，三方的领导推动和倡导以及他们的深度支持和参与才使该项目获得现在的成功。

（六）慈善学院：项目的未来落地与转化

目前这种基金会 + 高校 + 行业的人才培养模式和跨专业设置专业方向的探索，带来了这个专业领域本科人才培养实践的快速启动，初步显现了满足行业对人才多样化需求的成效。

上海宋庆龄基金会前期共资助了 1300 万元，接下来将进一步扩大资助力度，在中心的基础上成立四年制的本科慈善学院，继续扩大招生规模，实现项目的落地与升级，推动公益人才培养的规模化、可持续化与精细化。除资助宋庆龄公益慈善教育中心项目外，上海宋庆龄基金会还积极资助可持续发展、妇幼保健、教育类及文化类项目，仅 2014 年下半年总资助金额就达到 2295 万元，不再局限于传统的操作性模式，而是逐步向资助型基金会的方向进行创新开拓。上海宋庆龄基金会长期保持活力的源泉来自理事会、管理团队和执行团队对宋庆龄公益思想的深刻理解和完整传承，并由此而形成了纯粹的公益使命，自律和敬业的基金会文化传统。如今，上海宋庆龄基金会已经初步完成了从传统体制基金会向专业化、现代化基金会的基础架构转型。通过改善机构治理、建设多元化筹资模式、加强公信力建设，上海宋庆龄基金会把宋庆龄公益慈善思想同当今中国社会发展的需求紧密结合，以务实、高效和创新的公益理念与受助群体、政府、非营利组织、企业和志愿者一起努力，通过开发、支持、资助和实施公益项目协同解决社会问题。

二　慈善组织如何去行政化?

——深圳市慈善会社会化改革的启示

近十年来，慈善组织的去行政化改革与转型一直是一个热度不减的老话题。尤其是2011年之后，以“郭美美事件”为标志的一系列慈善丑闻把中国红十字会、中华慈善总会等众多非民间背景的慈善组织卷入舆论的风口浪尖，有关慈善组织去行政化改革的讨论与呼吁更是高涨。然而时至今日，能够拿来做教材的案例仍然是中国扶贫基金会的改革。地方上，除了深圳市慈善会的“会会分离”方案在第三届深圳慈展会上受到学者热议外，已经完成或者正在推进的慈善组织改革同样凤毛麟角。理念与行动之间，似乎存在不可逾越的巨大鸿沟。

有鉴于此，本文拟对这一老话题进行重新思考，剖析当今慈善组织改革面临的困境、方向与可能路径，并以新近深圳市慈善会的社会化改革为例，提出唯有“增量改革”并赋予决策者与参与者正向激励，才能让更多慈善组织的改革真正落地生根。

（一）慈善组织改革的前世今生

由政府推动成立慈善机构并主要包括三大体系：一是由党政机关或者人民团体发起的公募基金会，例如中国社会福利基金会、宋庆龄基金会等。二是以中华慈善总会为代表的民政系统设立的各级慈善会。三是红十字会系统，其机构网络最为庞杂，不仅成立了与政府部门相契合的五级体系，甚至不少事业单位也设有红十字团体。截至2011年年底，中国红十字会有31个省级红十字会、334个地级红十字会、2848个县级红十字会和9.8万个基层组织。[①] 除了红十字会系统是在新中国成立后被纳入国家行政体制外，其他慈善机构都是20世纪80年代后期随着国家由计划经济向市场经济体制转变过程中逐步出现的。因此，中国慈善机构作为一种历史现象并不算长，大抵只有20余年。其鼎盛时期集中在1998年抗洪至2008年汶川大地震的10年时间。2008年之后，“自下而上”成立的民间公益组织影响力日益增强。

客观而言，非民间背景的慈善组织在中国慈善事业发展乃至政府改革历

---

① 中国红字会官网，http：//www.redcross.org.cn/hhzh/zh/hsigk/hszjs/201202/t20120206_813.html。

程中都发挥了一定的积极作用。计划经济时代的“全能型政府”在八九十年代的转型过程中逐步退出诸多社会领域，贫困、地区发展不平衡、教育与卫生资源匮乏、环境破坏等被长期掩盖的问题“突然呈现”，仅仅依靠政府财力无法解决这些问题。在民间组织胚芽尚未形成的时代，通过成立社会团体和大型公募基金会，广泛吸纳国内外社会资源应对这些社会难点，不失为一种有效的做法。尤其是发生国难巨灾时，这些慈善机构成为动员国内外爱心团体和人士参与赈灾救援的重要力量，同时它们在开展各类慈善活动中加速了公众对慈善事业的认识，并激发公众参与慈善事业的热情。

（二）慈善组织的发展困境与转型动力

非民间背景的慈善组织在经历了10余年的辉煌发展期后，其运营弊端日益暴露。加上公众对慈善事业和慈善组织“民间属性”的认识加深，对非民间背景的慈善组织改革呼声日益高涨。这些慈善组织首先面临的一个最重要的难题是“合法性困境”。这里的“合法性”（legitimacy）并非指符合法律法规的要求，或者说合乎法律（legality），而是指是否与普遍的社会规范或者公众认知一致，从而是否获得公众的认同。非民间背景的慈善组织的合法性困境源于两个方面。一是行政化色彩浓重，这是与生俱来的问题。当然在中国慈善事业刚刚起步阶段，社会对慈善的认识还是一张白纸的时候，这一特征并无问题。但是，随着越来越多的公众意识到慈善组织必须回归民间本质，而不应受到政府过多干预时，再安排现任或者离退休领导在慈善组织中担任要职，并把工作人员纳入体制内以事业单位模式进行管理，已成为一件不合时宜的事情。二是其运作过程中出现的种种弊端，例如通过政府动员或者发红头文件方式筹款，有些地方甚至出现直接在工资卡上扣善款等“索捐”“强捐”行为；善款流向以及项目运作不透明等等。而不时曝光的诸如上海市卢湾区红十字会“万元天价餐”等丑闻，进一步降低了公众对这些机构的信任感和认同度。

非民间背景的慈善组织面临的第二个难题，可以称为“资源性困境”，通俗地讲，就是这些机构筹集资源的难度越来越大。自成立之初，大部分慈善组织依赖政府动员来获得企业和公众的捐款。由于这种行政化劝募在短时间内就取得显著成效，慈善组织管理者忽视了通过提升组织专业运作能力和推出精品项目来赢得捐赠者的青睐。同时，在10年之前的相当长一段时间内，具备公募资格的慈善组织，尤其是发生国难巨灾时，红十字会、慈善会凭借其庞大的网络系统特殊身份，吸纳了大部分的善款，大部分善款流向了这些机构手中。然而，今天慈善市场的格局已经大为改变，慈善组织轻松获得善款的好日子将很难再现。近几年方兴未艾的“微公益”，让公众挑选慈善组织和项目时有了更直接、更便利和更多样化的选择。一些专业化水准较高的民间公益机构，显然比传统的慈善组织更善于利用网络平台进行资源动员。网络捐赠的流行，也在客观上打破了捐赠的地域限制，乃至“公募”与“非公募”身份的限制，传统慈善机构发达的组织网络在“线上募捐”逐渐成为主流的时代并不占优势。更为重要的是，政府部门也开始重视推进民间组织的发展，并赋予其更加平等的地位，重要举措包括取消“双重登记管理”这一制度枷锁，允许公益慈善类社会组织直接登记设立，向符合资质的民间组织开放公募权限，把民间组织纳入政府购买社会服务的数据库，等等。

简而言之，随着中国慈善事业发展与社会环境的变迁，非民间背景的慈善组织正面临着“合法性困境”和“资源性困境”两大挑战。这些挑战是机构改革的压力，但是能否转化为决策者的改革动力却有待观察。如何把传统慈善组织面临的压力转化为改革动力，仍然需要学界和实践者共同探讨。

（三）深圳市慈善会社会化改革案例探讨

非民间背景的慈善组织需要改革与转型早已成为业内共识。主流声音是通过社会化改革转变为自治的、与国际接轨的慈善组织。所谓“社会化”或者“去行政化”，是指慈善组织与政府职能部门相分离，不再享有行政编制或者事业单位编制，成为自治的现代非营利组织。具体而言，这些慈善组织应该建立完善的理事会制度，理事会成员应该多元化和社会化，理事长及其他领导岗位由理事会选举产生，而不再由业务主管单位任命或者指派。慈善组织工作人员通过市场招聘方式进入，其薪酬待遇与组织绩效和个人绩效挂钩。慈善组织重大决策由理事会商讨决定。同时，在资产与财务上与政府部门相互分离。从目前来看，落实社会化改革的慈善组织并不多见，深圳市慈善会的改革值得一提。

1. 改革背景

深圳市慈善会始建于2002年，2004年11月在民政部门正式登记为社会团体法人，但一直参照全国慈善会系统的运作模式，由市民政局将其人、财、物、事纳入下属单位管理范畴，一共有30余名工作人员，其中内配10余名自收自支事业编制人员。作为慈善募捐和社会救助的主要工作平台，深圳市慈善会自创建以来累计募捐总额超过24亿元，推出了包括“雏鹰展翅”在内的多个慈善救助项目，为推进深圳市慈善事业的发展发挥了重大作用。

近年来特别是“汶川大地震”后，伴随着经济社会的发展和变迁，以及全社会慈善意识的增强，现代慈善事业已超越传统邻里守望、互助救济、宗族帮扶的运作模式，成为地域更加广泛、方式更加多样、领域更加多元的一项社会事业。在这样的大环境下，非民间背景的慈善机构的体制弊端日益凸显，原来行政动员式的慈善募捐已经难以为继，改革慈善管理体制已经成为现代慈善事业发展的迫切需要和社会关注的热点，也成为深圳市慈善会进行改革的驱动因素。

2. 改革措施

2014年深圳市慈善会启动社会化改革，按照“两个步骤，一次完成”的思路，在市民政局和市慈善会“政社分离”的同时，实现市慈善会的“会会分离”。“政社分离”是指，深圳市慈善会与政府在机构、人事、财务等方面全面脱钩，破除行政化对慈善会的发展制约，实现独立的法人治理结构，去除其行政化。具体而言，深圳市慈善会与市民政局在职能、人事、财务、资产和办公场地“五分开”，建立独立的法人治理结构和现代运作机制。包括：（1）在职能分工上，市民政局回归政府业务指导和监管角色，慈善会回归社会慈善组织角色，自我管理，独立运营。（2）在人事管理上，深圳市慈善会改革后建立独立的人事管理制度，市民政局不再对市慈善会进行人事管理，但需妥善安置在编人员，保持编制身份不变、保留档案工资、保留个人社保专户。（3）在财务管理上，市慈善会改革后严格执行《民间非营利组织会计制度》，实行预算管理，实现财务审批权和会计核算制度与民政局脱钩，独立核算、自负盈亏。（4）在资产处置上，改革小组对市慈善会进行清产核资，并咨询法律顾问或法律、会计专业机构意见，在财政、审计部门的监督指导下，科学界定其资产属性，做好改革后的资产分配处置。（5）在办公场地上，深圳市慈善会与市民政局物业权分开，新成立的联合会、慈善基金会依据社会化管理原则签署场地使用合同，独立使用办公场地。

“会会分离”则是对市慈善会的行业协会功能和基金会功能实行分离，拆分为深圳经济特区慈善公益事业联合会和深圳市慈善基金会两个独立的社会组织法人。改革后的联合会、慈善基金会将与市民政局从职能、人事、财务、资产和办公场地等多个方面彻底“断奶”，使深圳市民政局重新回归政府业务指导和监管角色，不再参与慈善基金会内部管理。其中，联合会将主要发挥慈善公益事业指导、服务和协调之行业枢纽作用，搭建政府与社会的桥梁，而深圳市慈善基金会则定位为城市级社区基金会，走社会化、专业化、实体化的发展之路。

3. 转型方向

慈善会与政府部门“脱钩”后如何活下来，能不能活得好？如何与日渐强大的民间公益慈善基金会形成差异化的竞争优势？这是每一个进行社会化改革的慈善会必须面对的问题。深圳市慈善会给出的答案是，转型后的深圳市慈善基金会定位为城市级社区基金会，走社会化、专业化、实体化的发展之路。社区基金会，顾名思义，即是公益慈善资源“取之于社区，用之于社区”的基金会。事实上，美国的社区基金会发展已经有百年之久，在推动当地的社会服务、教育、社区和文化组织发展方面发挥重要作用。进入21世纪以来，社区基金会在全球范围内也步入蓬勃发展的快车道。根据默特基金会的统计，2000～2012年全球社区基金会由905家增长到1750家。这些社区基金会广泛分布于50多个国家和地区，其中欧美发达国家社区基金会最为集中。美国社区基金会数量达750家，居全球首位；其次为德国，有259家社区基金会；加拿大和英国也分别拥有187家和54家社区基金会，500余家则分布于其他40多个国家[①]。然而对于中国公益慈善行业来说，社区基金会还是新生事物，最近两年才引起业界的关注。

深圳市于2014年3月出台《深圳市社区基金会培育发展工作暂行办法》及配套政策，开始大力推动社区基金会的发展。不过《暂行办法》把“社区”的概念基本等同于国内行政社区值得商榷。目前深圳有近700个行政区划的社区，如果在每个社区都推行成立社区基金会显然不现实。在社区基金会历史最悠久、根系最发达的美国，社区基金会大都是以城市（city）或者郡（county，类似国内的县或区）为地域范围开展活动的。因此，深圳市慈善基金会定位于城市级的社区基金会，既与国际接轨，同时也能实现较好的规模效应。深圳虽然是外来人口占主导的“生人社会”，但过去几年来政府一直在培养居民的认同感和融入度，强调“来了就是深圳人”，这为深圳市慈善基金会构建社区价值和提供社区服务奠定了良好基础。在运作方式上，深圳市慈善基金会将借鉴美国波士顿社区基金会、纽约社区信托基金会的经验，通过推动社会创新和社区共融共建来提升深圳居民的共同价值观和归属感，实现与深圳社区共同成长与进步的使命。在资源筹集方面，将结合深圳城市特点和社区需求设立多样化的专项基金，鼓励当地企业和居民将资源投向社区最需要的地方，同时利用信托等现代金融工具实现资产的保值增值。在服务供给方面，积极参与培育社区社会组织，与社区服务中心、社工机构共同开展专业服务项目。

（四）深圳市慈善会社会化改革的几点启发

深圳市慈善会的“政社分离”“会会分离”改革方案代表了现代慈善的发展方向，在短时间内完全理顺政府与慈善组织的关系，明确政府职能部门的权责边界和工作重点，激发慈善组织的活力与创造力，这与当下“小政

① 默特基金会：《社区基金会：植根当地，拓展全球（2012）》，2013，http：//www.mott.org/news/PublicationsArchive/AnnualReports/2012AnnualReport。

府、大社会”“简政放权”的总体改革思路是一致的，值得提倡与推广。同时，决策者通过改革这一路径实现慈善组织的社会化改革，难度与挑战不可小觑。社会化改革得以成功推行，离不开几个核心要素的协同作用。首先是决策者的理念与决断力，包括政府高层领导和职能部门领导是否有充分的决心推动改革。其次，是否具备一个深谙市场运作理念的执行官（秘书长）和相对专业的管理团队，以确保改革后的慈善组织能够快速走向规范化、专业化发展之路。再次，慈善组织自身的品牌沉淀和资源积累，包括是否具有知名的慈善项目和劝募活动、是否有战略合作伙伴等，亦非常重要。另一个不容忽视的要素是，能否妥善安置现有工作人员，尤其是在编人员的工作与待遇问题，若处理不当可能成为改革的重大阻力。从中国扶贫基金会和深圳市慈善会的改革状况来看，上述几个要素都是基本具备的。此次深圳市慈善会的改革，在编人员安置采取“保持编制身份、保留档案工资、保留个人事业社保专户”的模式，人员经费由市财政委以“以事定费”的方式核拨，不足部分允许从市慈善会转来的专项救助基金中提取工作经费补足。对于社会招聘人员，则根据部门职能统筹安排和自愿选择相结合的原则，由新成立的联合会和慈善基金会优先聘用。这些做法体现了“增量改革”的思路，尽管成本比较高，但有助于改革尽快落地。

（五）反思：如何把变革压力转化为改革动力？

从宏观层次来看，民间公益组织的壮大，逐步开放和公平的慈善劝募市场、公众对慈善事业认识的加深，给中国非民间背景的慈善组织带来变革压力，如何提升决策者与参与者的改革积极性呢？从政府角度看，不妨把社会组织改革纳入“政府改革创新奖”的重要考察对象，对于那些迈出实质性改革步子、取得较大社会反响的案例进行褒奖。此外，设计灵活的、与慈善组织绩效挂钩的薪酬体系并适当提升改革后工作人员的薪酬待遇，也可以在一定程度上平滑改革过程中的摩擦，吸引优秀的专业人才加盟到慈善组织中来。本文在此抛砖引玉，期待诸君能够以更开阔的视野看待慈善组织变革，在现实泥潭中探索多样化的突破方法。

G.6

慈善组织国际化运作的新探索

摘　要：相对于发达国家，现代慈善事业在我国兴起时间较短，理论和实践方面都刚刚起步。随着我国经济的高速发展，越来越多的人在积累大量财富的同时，也希望能够回馈社会和实现家族财富的传承，这构成慈善事业“走出去”的主观原因。另外一方面，慈善本身是无国界的，发达国家的慈善事业向不发达国家进行技术、资金和能力建设等方面的输出也是发展型援助的主要形式，这构成慈善事业“请进来”的客观原因。在这样的背景下，我们选择了心平公益基金会如何向国外学习“系统性慈善”从而在国内阅读领域奠定自己的杰出地位，以及全球知名的联合之路在中国的实践探索两个案例，为国内基金会运作提供借鉴。

关键词：慈善组织　系统性慈善　联合劝募　全球治理

一　心平公益基金会的“系统性慈善”之路

20世纪80年代初的改革开放给神州大地带来了翻天覆地的变化，也给许多中国人带来了前所未有的财富。2006年，广州香江集团总裁翟美卿成立了“香江社会救助基金会”，成为全国私人基金会的“001”号，此后，大批企业家和社会爱心人士通过注册基金会传承家族财富并回馈社会的热潮，成为中国慈善事业中的独特图景。其中，段永平夫妇创立的心平公益基金会（以下简称“心平”）凭借其从美国舶来的“系统性慈善”以及在教育领域的深耕细作，为中国其他企业基金会树立了良好的标杆。

（一）“走出去”与“请进来”的系统慈善

心平公益基金会由步步高集团的创始人段永平先生及夫人刘昕女士于2007年发起并于2008年9月在民政部正式登记注册，是一个全国性非公募基金会。“心平”的字号取自段永平妻子刘昕的“昕”字的谐音以及段永平的“平”字组合而成，也取其心平气和的做公益之意，强调从事慈善公益事业，除了要有大爱之心外，还要有一颗平常心——公益不是竞赛。事实上，心平的成立经历了从中国到美国再到回到中国的过程。段永平在掌管步步高集团时期，就已经开始从事慈善活动，经常向民政部门、红十字会、慈善会等慈善组织或个人捐款。但这些慈善活动具有零散性、间断性的特点，是一种非组织化行为，更谈不上战略性和系统性，对于捐赠所产生的效果也无处知晓。2001年以后，段永平夫妇移居美国。除了每年参加集团例行董事会，其他时间都在美国生活。在美国期间，段永平夫妇依然“不甘寂寞”，他们在美国成立了一家“照亮基金会”（Enlight Foundation），把慈善爱心带到美国，主要支持当地社区发展以及教育事业。与此同时，他们给斯坦福大学捐助奖学金，参与巴菲特午餐的慈善拍卖，也与格莱特基金会一起为无家可归者捐款。他们一方面身体力行地参与到慈善活动之中，另一方面，通过慈善活动他们也接触到很多美国本土的慈善组织，这一过程不仅使段永平夫妇收获了很多快乐，更使他们深刻地体会到了美国人如何“系统地”做慈善。联想到国内慈善事业的落后现状，他们开始产生回国设立基金会的想法，迫切地想把在美国“看到”或“学到”的经验带回祖国。

机会来源于2004年《基金会管理条例》的出台，国内开始允许民间力量通过设立基金会的形式从事慈善活动。得知这一消息之后，段永平夫妇积极筹备，多方协调，终于在2008年，心平基金会获准在国家民政部注册成立。心平从一开始就强调“平等、诚信与廉洁”。“平等”指的是平等合作，互助互爱，不仅描述了心平与受助人之间的关系，也表示了慈善公益事业最基本的一种精神，包括了捐助人、基金会雇员、志愿者、合作方、受助人等相关组织和个人之间的关系；“诚信”指“诚信本分，说到做到”，侧重在对基金会、基金会雇员和志愿者的行为和道德要求，既是最低要求，也是最高要求；“廉洁”指“廉洁自律，高度透明”，是一种纪律约束，也是支撑“心平”公益品牌的基石，高度透明则是纪律得以执行的客观保障，透明才有公信力。2008 年 12 月 31 日，在心平公益基金会网站（www. xinping. org）上线之际，心平率先喊出“透明才有公信力”的口号，在网站的醒目位置可以清晰地看到每月发布的工作纪要、每月和每季度的费用支出明细以及基金会年报披露情况。

（二）聚焦有限领域　努力创造改变

段永平夫妇一开始就深知，面对国内庞大的社会问题和需要帮助的弱势人群，仅靠心平之力是杯水车薪，心平必须聚焦于有限领域，才能用稀缺资源创造真正的改变。受比尔及梅琳达·盖茨基金会仅资助教育和医疗领域的理念影响，心平致力于帮助青少年和儿童享有公平的阅读和学习机会，推动中国教育事业的均衡发展。心平的慈善项目集中在阅读计划以及大学生公益行动两大模块。其中阅读计划是基金会工作的重点。心平倡导各类公益组织在儿童阅读领域积极开展合作，向农村和贫困地区的小学和初中捐赠优质图书，协助这些地区持续推动和改善儿童阅读；大学生公益行动旨在推动在校大学生积极参加公益行动和志愿服务，提升大学生的社会责任感和公益行动力，发现和培养具有优秀职业精神和公益情怀、富有创造力的青年领袖。通过这两个项目的开展，心平建立起了一套对于教育领域的立体资助策略。对于中小学学生，心平通过建立图书室，增加其课外阅读量来扩充他们的知识体系。对于大学生，心平则通过资助他们支教来填补应试教育中的不足，从而培养其成为一个更有社会责任感的人。这两个项目彼此又不是完全孤立的，大学生的支教项目又常常与农村或贫困地区的中小学学生阅读计划相结合起来，形成项目与项目之间的协同。图书计划是心平最主要的发展项目之一。在此，我们仅以图书计划为例展开分析，其项目运营可以用锁定目标群体—提供资助—培训交流—工作坊—支教活动的流程来总结。

经过前期调研，段永平夫妇发现中国偏远乡村的山区孩子的课外阅读极少。相对于经济较为发达的地区的孩子来说，山区的孩子除了教科书之外，基本上没有机会接触其他种类的书籍，知识来源十分有限。通过有效的课外阅读计划，心平认为可以提升孩子们的自学与自我发展能力。于是他们决定针对处于培养阅读习惯的两个黄金时期（7 岁之前以及 7～12 岁）的孩子推广阅读计划。

选定服务对象后，心平开始摸索如何在广大的贫困地区和弱势群体集中的中小学开展阅读计划。在这一过程中，从美国学习到的“系统性慈善”开始深刻地体现在心平的工作思路和方式之中。发达国家的慈善组织在面向发展中国家进行援助时，尤其强调发展式援助，不是单纯地给钱给物，而是思考如何去“撬动”受助者的行为变化。在心平成立初期，主要资助学校图书室的建立、大学科研以及奖学金配比资金的建立。每年都会向一些有需要的地区捐赠输送优质的课外读物，协助部分地区和中小学设立自己的图书室，并且拨付一笔专项经费作为图书室的运作及管理经费。2010 年，心平开始区分图书室发展项目和图书室支持项目。除了依照以往经验为有需要的地区输送资金和优质图书，心平也开始着手推动图书室更有成效地运作——举办或资助有关图书与阅读的交流与培训会，先后举办了咸宁培训研讨会、心平－中国滋根阅读教育联合培训会、农家女杂志儿童阅读推广会、与斯坦福大学教授 Scott Rozelle 见面会等活动。

除此之外，心平还积极举办阅读工作坊，邀请合作学校的阅读种子教师做推动校园阅读的分享并展示阅读示范课堂。学校不仅开辟了固定的阅读时间与阅读课，也注重推动阅读教师的培训和成长，形成阅读教学的正常化、习惯化，成为基础教育中重要的因子。这些“崭新”的阅读和学习模式受到国内众多学校师生的欢迎，心平合作的阅读计划更是被国内公益组织复制到国内其他地区开展。

在开展阅读计划的同时，心平也注意与大学生支教项目的融合。心平早年资助了一个叫“担当者行动”的组织进行图书室的项目，帮助山区的中学建立图书角。在这个项目运行了一段时间后，“担当者行动”的志愿者和项目人员发现图书角在暑假的利用率十分低，于是他们就想到把暑期支教与图书室项目结合起来——把支教的队伍带到他们已经建立图书角的学校，然后用支教的力量进行阅读的推进。相对于其他公益组织的支教理念，心平支持大学生支教的理念显得特别与众不同。心平认为，支教是中国大学生教育的一个实践，支教对于支教的实施者与受教者都有益处，关键在于将支教作为孩子们补充更多见识的渠道，而不是功利性、单纯地追求文化成绩的高低。这种模式无疑是一个良好的循环系统。心平在一些有需要的学校设立了图书室，图书室的运作、孩子阅读习惯的培养必须依靠人力来推动。而受心平资助的大学生，对心平认同度高，归属感也强，在到心平合作的学校支教时也会更加尽心尽力。而心平也省去了重新招募志愿者维护图书室运作的成本。

七年来，心平始终致力于帮助青少年和儿童享有公平的学习机会，推动中国教育事业的完善和发展。其图书计划项目和大学生公益行动项目相辅相成，图书计划为大学生公益行动提供了实践的场所和平台，支教大学生的参与解决了图书室管理的人力、传播和落实等问题。

（三）项目资助“四步曲”

作为一家资助型基金会，心平与资助对象的合作伙伴关系建立遵循价值认同—主动交流—谨慎合作—长期伙伴的四个紧密联系又相互递进的环节。这四个环节非常值得其他基金会或试图转型资助型的基金会学习。

1. 价值认同

在资助过程中，心平始终坚持自己“近乎挑剔”地挑选资助方和合作方的原则。在公益项目的运营和管理方面，心平主要同以下社会团体合作：认同本基金会使命与核心价值观的非营利组织；认同本基金会使命与核心价值观的志愿者团体；有良好公信力和较大影响力的媒体。在合作交流方面，心平坚持一个前提，对方认同本基金会的核心价值观，并完全接受基金会章程关于信息公布的规定。其中，第四十五条规定本基金会通过登记管理机关的年度检查后，将年度工作报告在登记管理机关指定的媒体上公布，接受社会公众的查询、监督。第四十六条规定本基金会坚持高度透明的原则，因此应当按照章程规定，在基金会官方网站上合法地公布如下信息：（1）本基金会的使命、核心价值观和章程；（2）已开展或计划开展公益捐助项目的种类、目标以及申请、评审程序；（3）基金会半年度工作报告以及通过登记管理机关检查的年度工作报告；（4）每一个公益项目的基本情况，包括：项目的背景和捐助金额、捐助协议的主要内容、捐助者的名字和代号、捐赠财产的使用和管理状况、项目的进展和调整、相关费用明细、第三方审计报告、社会公众的监督情况等；（5）已开展公益项目的跟踪调研和效果评估，受益人的反馈，展示本基金会取得的成就和进步，检讨出现的失误；（6）理事会决定应当公布的其他信息。

2. 主动交流

2010 年迈克尔·博盟、朱健刚、张峻玮所写的《国际资助方评估报告：中国非政府组织如何看待与国外资助机构的合作》一文中指出，某些国际资助方常常给 NGO 一种“高高在上”的感觉。而萨莫维尔也指出，基金会不愿意走出去的原因之一，就是不愿意放弃其特权地位：“只要那些寻找资金的人聚涌到我们的门前，我们就掌握着大权，我们决定资助谁和资助什么项目，何时评阅申请书，何时写支票塞进那邮箱”。正是这种以上对下的态度，使得资助方与被资助方之间关系变差，同时也难以建立互信。相对于多数基金会被动地等待合作方发合作意向的邮件，填写条件式的表述，心平更愿意走出去，通过了解和调研建立和合作方的初步关系。虽然注册办公室在北京，但是基金会的团队大多数在成都办公，为的就是能够更加靠近阅读计划以及支教行动的项目地区。当然此处还有另一层原因：自汶川地震后，成都聚集了一批优秀的公益人才，在成都有利于基金会充实工作团队。基金会“走出去”的做法可以帮助建立与被资助方之间的伙伴关系。因为经常与合作伙伴或者潜在合作伙伴交流，心平特别能够理解这些组织的想法。事实上，心平基金会伍松秘书长也特别强调，在与这些组织交流的时候，会特别注意聆听，而不是告诉他们应该做什么。春晖计划的负责人就觉得，心平完全没有一种“颐指气使”的感觉，相反的，伍松秘书长还经常鼓励他们，看到了他们的优秀。

3. 谨慎合作

心平在寻求长期合作伙伴的时候往往会先要求设定一个“试用期”，马骅先生在其撰写的《主动资助与价值分享——心平公益基金会对教育领域的资助策略》中将其形象地比喻为“试婚”。通过“试婚”可以彼此了解对方的特点、长处与不足，而在此过程中决定是否进行长期合作。例如图书室的项目，在合作初始，心平只会资助两到三个图书室的运行。如果“试婚”的项目能够稳定、成功地运行，双方都觉得对方是值得合作的对象，那么心平就会考虑扩大资助的金额和力度。例如，2010 年心平对于西部阳光的资助为 112188 元，而到了 2011 年，对于西部阳光的资助已经扩大到超过 30 万元。“试用期”能够最大程度地节省公益组织申请资助烦琐的程序与撰写各种文件的时间。作为高管拥有四十多年经营基金会经验的比尔·萨莫维尔曾说过，慈善事业是建立在废纸槽上了——迟缓低效的规章制度、没完没了的文件表格和神秘莫测的官僚程序。项目官员希望在堆积如山的申请书中找出有潜力的合作对象，而申请机构也因此不得不做些夸张的描述。正因为不希望成为项目书的奴隶，心平才不把项目申请书当作评判一个项目和合作伙伴好坏的标准，也并没有像其他一些基金会一样有烦琐的申请过程，相反，他们刻意地回避了一些不必要的程序。心平的做法是，在与潜在合作伙伴初步接触后，给予其试用的机会。由于是短期小额的资助，所以就算失败了，也不会对心平的总体运作造成严重的负面影响。

4. 长期伙伴

从一开始，心平资助的目标就是为了寻求到长期合作的伙伴。长期的伙伴关系无论是对于基金会资助还是受助机构的成长都是重要的。建立了长期的伙伴关系之后，在项目运行的过程中，基金会可以“放手”让公益组织决定项目该如何执行，而不是每一步都紧跟其后。这样的做法可以让公益组织有更多的空间，根据自己的理解、观察与自身的能力，用自己的方法来解决社会问题。这种长期伙伴关系的建立，还有助于基金会陪伴其公益伙伴的成长。这种在陪伴中建立信任的过程，对于一个项目是否能够坚持下去尤为重要。在心平的网站上，我们可以看到一系列国内优秀的教育领域 NGO 作为其公益伙伴，包括天下溪公益图书平台、六和公益、西部阳光农村发展基金会、中国滋根乡村教育与发展促进会、麦田教育基金会、美丽中国、真爱梦想公益基金会、为中国而教等。

相对于其他家族基金会而言，心平成立的时间并不算长。纵观其发展历程，我们可以看到该基金会一直行走在资助型基金会的道路上。贯穿中美的慈善活动经历，使心平可以很快地进入角色，减少摸索的过程，将国外先进的理念和专业操作方式植入中国的本土化实践中去，再加上机构对使命宗旨的坚持与坚守，为企业基金会在中国的发展建构出一套模板。尤其值得一提的是，这家基金会的诸多“业绩”与其在业内的“名气”似乎并不相称，这种默默无闻在一定程度上反映出段永平夫妇高尚的道德情操和低调务实的行事作风，我们仅凭借能够搜索到的极为有限的公开资料撰写了这篇案例，没能有机会对段永平夫妇进行专门的采访，不能不说是一种遗憾，但即使如此，相信读者也可管中窥豹，略见一斑。

二　联合之路在中国的实践探索

人们走到一起，汇集他们的资源，共同努力解决问题；这个最普通的人类思想一直就是社区这一概念的实质。18 世纪后期的北美洲，这一思想开始更为制度化。它始于当地社区的草根阶层，之后不断发展，演变成了我们称之为联合之路的国际慈善运动。2013 年，联合之路开始进入中国，并在过去的一年中成功地开展项目，通过回顾联合之路的实践历程，总结提炼其劝募经验，对于我国基金会发展而言不乏借鉴意义。

（一）联合之路慈善运动的兴起与发展

“全球联合之路”（United Way Worldwide）是目前全球范围内最大的非

营利组织。它在全球41个国家拥有超过1800个地方联合之路慈善组织，每年动员志愿者达到250万人以上。仅在美国，对于联合之路的捐赠者超过1700万个。联合之路在全球的年度募款总额超过50亿美元。

第一个联合慈善组织——“慈善组织协会”（Charity Organizations Society）起源于1887年美国科罗拉多州的丹佛，它是对当时美国不断增加的社会问题的直接回应。因飞速发展的工业化所产生的社会问题波及了很多社区。社区领导者和当地慈善界共同协调募集资金，通过统一的筹款活动来支持所有的慈善机构。这个过程成为动员社区应对社会问题的一种行之有效的方式。在这以后的几十年间，这种做法在美国和加拿大的许多社区内迅速传播。

这一运动的兴起是对当地情况的自然回应，未受任何国家的政府或体制内力量推动。因为简单有效，适应性强，很快流传开来。实际上，直到20世纪20年代，国家层面的正式组织才在美国出现，30年代加拿大也成立了正式的联合慈善组织；那个时候它们也只是志愿性协会，旨在为各地的组织提供一个交流的论坛，而不是提供集中化的全国性领导。

1923年在澳大利亚墨尔本成立的“市长慈善基金”（Lord Mayor's Charitable Fund）是北美洲以外最早成立的联合慈善组织之一。“市长慈善基金”是在与企业界、工会和社区团体磋商后通过一个市长计划而建立的。虽然该基金成立之初的目的是支持医院，但很快就面向墨尔本大都市的所有慈善机构。类似的例子还包括1928年在开普敦成立的西开普社区基金会（Community Chest of the Western Cape）。南非一些有影响的人士看到联合慈善组织在北美成功运作的案例，将其调整以适合自己社区的文化和需要。从此，它在整个南非也迅速普及开来。

今天，全球化正在推动联合之路慈善组织在全世界的发展。随着越来越多的企业业务变得多国化或全球化，它们对其业务运营所及的庞大社区表示了浓厚兴趣，并通常寻求联合之路慈善组织作为其全球性的慈善事业合作伙伴。因为联合之路慈善总会对它们公司的职员有号召力，能够有效地在社区层面对社会问题做出回应。该模式已被证明非常有适应性，易于调整以适应各个国家和社区因文化、语言和社会的不同而形成的独特环境。社区联合慈善组织的所在地非常多样化，例如，越南的胡志明市、牙买加的金斯敦、尼日利亚的拉各斯、俄罗斯的莫斯科、智利的圣地亚哥、中国的上海和以色列的特拉维夫。在某些国家如澳大利亚、加拿大、日本、南非和美国还有全国性的组织，为地方组织互相学习、提高能力和增强合作提供了交流的平台。

国际联合之路慈善总会（UWI）成立于1974年，旨在为这些广泛分布的慈善组织服务、管理国际赠款并支持世界各地新创立的联合之路慈善组织。加盟国际联合之路慈善总会有很多益处，包括可以成为全球系统的一部分，这样某地创造的新经验就可能被传播和推广到世界各地。并且，能从一个强有力的一致的国际品牌中得益。此外，多样化的志愿者能够带来广泛的、多种多样的资源和才能，从不同角度观察和解决问题。地区性慈善组织加入联合之路国际联盟，将促成新旧组织及社区之间分享知识和经验，从而有助于在世界各地传播植根于社区的联合之路慈善事业的模式。

（二）联合之路与上海慈善基金会的合作

1. 成立上海慈善基金会联合之路专项基金

从2002年开始，在中华慈善总会的支持下，上海市慈善基金会逐步加强了与全球联合之路的交流。十余年来，双方通过高层互访、专业培训和产品开发等活动，增进了相互了解和信任，建立了良好的合作关系。2013年9月27日，“上海市慈善基金会联合之路专项基金”成立，并在东方明珠举行签约仪式。这是“全球联合之路”在中国成立的首个专项基金，也是上海慈善事业在发展中与国际合作的有益尝试。该基金的启动资金为75.5万元人民币，将关注上海地区教育、健康、扶贫帮困领域的慈善项目，包括幼儿教育发展、社会老龄化问题和医疗救助等，比如提供白内障手术、老年人阿尔兹海默症关怀、为幼儿创建更好的学前教育环境以及为孩子提供先天性心脏病手术等。

全球联合之路和上海市慈善基金会，共同关注上海地区的教育、健康、和扶贫帮困等领域的社会需求，合作并采用联合之路的运作模式动员社会各种关爱力量，采取集体行动来达到更大的社区影响，提升人们的生活质量。这种模式有利于发挥各自优势，与政府机构、NGO组织、企业和志愿者共同合作来创造长远的、可持续的社区影响。

2. 开展特色慈善公益项目

（1）萌芽学前教育计划。

改革开放以来，上海市学前教育事业取得了长足发展，但随着新一轮人口出生高峰的到来和进城务工人员随迁适龄（3～6周岁）子女的增加，现有的学前教育资源不足的问题逐渐凸显，进城务工人员学龄前随迁子女就学准备度不足的问题也随之而来。看护点的诞生帮助缓解进城务工人员随迁子女的学龄前教育问题，但看护点普遍条件不足，严重影响了这些孩子的学前教育。

上海市慈善基金会通过深入调研，发现看护点目前最迫切的问题是看护人员缺乏专业知识以及看护点和幼儿缺少玩教具。面对这些问题，专项基金推出“萌芽计划”。计划分为三个行动，“土壤行动”为看护人员提供专业素养的培训、为看护点提供适量的大型和桌面玩教具；“雨露行动”为看护点幼儿提供绘画用具和读物；“阳光行动”为志愿者提供服务和监管项目运行状况的机会。整个项目历时3年，资助上海市60个看护点，惠及约6000位进城务工人员随迁子女。

正如联合之路是因127年前的工业化运动在美国的乡村与城市之间开展了一次大规模的人口迁移而诞生，中国目前面临的最大挑战之一正是大量农村人口迁移的问题。如何去解决他们孩子的教育问题、城市环境压力以及住房等问题，成了国家和社会所关注的话题。在联合之路的帮助与共同努力下，萌芽学前教育计划不仅提升了看护点的教育质量、提升了进城务工人员学龄前随迁子女的就学准备度、帮助他们更好地进入义务教育阶段学习和融入社会，而且通过联合之路长期在各国社区整合资源的能力，找到各方相互合作的契机，不断沟通，实现了杠杆效应，撬动了更多的资源，让更多的企业家、政府官员和从业人员更加理智地利用各自的资源、技术、经验和财富去帮助身边的人，实现共赢。

（2）社区失智老人关爱项目。

近年来，随着人口老龄化的加剧，失智老人的人数逐年增多，我国每年平均有30万新发病例。与这一快速增长的数字相对应的却是：市民对失智疾病普遍缺乏认识；家属对老年失智的早期信号没有引起足够的重视而延误治疗时机；对于已经确诊患有失智疾病的老人，家庭照料者缺乏照护技能，也承受着不小的照护压力。

社区失智老人关爱项目拟选择上海市长宁区一个老龄化程度较高的社区开展试点。项目计划为社区居民开展公众教育和老年人失智情况的筛查，对筛查结果显示有失智疾病的老人家属开展专业培训，并按照需求为这部分老人提供各种形式的服务，项目计划时间为3年。通过项目的开展，将提高社区居民对失智疾病的认知程度；帮助社区居民早发现失智疾病，提高就诊率；为家庭照料者提供专业培训和心理慰藉服务，使其掌握必要的护理技能，保持健康的心态。通过这些手段，在一定程度上减轻失智老人家属的负担，提高失智老人的生活质量。

正如全球联合之路的CEO布莱恩·加拉格尔在联合之路大会上提到的，联合之路的目标永远都是帮助全部社区里所有的人们实现更好的生活，所以无论是小孩还是老人，他们都会问自己三个问题：我们要做什么、如何做、为谁做这些贡献，从而将不同的利益点调动到一起，调动积极性，激发志愿精神。随着中国老龄化问题的加剧，政府单方面难以解决这一巨大问题，需从社区开始，产生集体影响力，改善现状。因此，上海市慈善基金会与全球联合之路在长宁区试点，通过在社区召集利益相关方，共同讨论，制定框架和合作机制，发展该社区为失智老人关爱的项目，产生影响力。全球联合之路在这其中扮演的角色，既是一个努力的提倡者，也是整个合作过程中的协调者和领导者，不断地发现问题，解决问题，调整战略，为社区的长期发展慢慢搭建相互可信任的平台，为未来打下坚实的合作基础。

（三）联合之路试水中国的经验启示

联合之路与上海市慈善基金会的合作，开启了联合之路在中国业务发展的快车道。特色慈善公益项目的实施，也彰显了联合之路在中国的生命力。联合之路在发展过程中积累的优秀经验，将为联合之路在中国的快速发展提供借鉴。

1. 联合劝募的业务模式

联合劝募是一个以社区为基础、激活志愿者精神、自给自足的系统，并且能动员来自社会各领域的地方领袖，构建共赢的平台。这些领袖在这个解决社会需求和改善生活品质的平台上，探讨发现各自的价值与机遇，确认共同的社会需求、价值观与协作沟通机制，一起推动组织发展、项目顺利运作和社区的建设。除了贡献想法和资源，他们也切实地投入到实际项目运作与活动中，举办社区内的募款活动，以支持组织本身及其计划的运作和品牌建设。联合劝募组织将来自政府、私人部门及社会各阶层的人结合起来，共同讨论人类的健康和福利问题，并且提出解决之道。具体如图 1 所示。

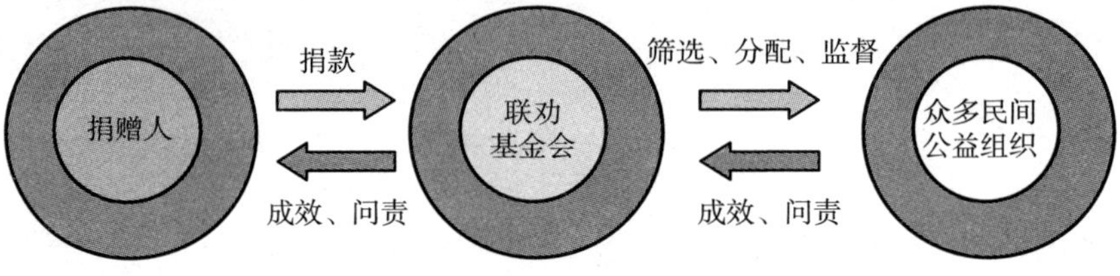

图 1　联合劝募业务模式

资料来源：上海市慈善基金会。

从联合之路在中国募捐资金来源方面看，通过动员企业员工开展工作场所募捐和公司捐赠成为联合之路最主要的资金来源。其中，工作场所募捐占到了其资金来源的 70%，公司捐赠占到了其资金来源的 30%。联合之路通过多年的实践和经验总结得出，成功的募捐活动一般具备以下两个特点：（1）良好的活动策划；（2）群众的广泛参与。在向公众进行募捐之前，活动负责人需要明确筹款的目标，例如希望筹得多少金额的善款、引起社会何种程度的关注与影响，甚至是改变人们的某种观念或行为习惯。除此之外，活动负责人还需要在策划筹备之前就清点手中的可用资源：人力、物资、奖励机制、活动设计的趣味性等等。在国外，已经有 CEO 洗车服务、“最短领带”竞赛、书籍跳蚤市场和万圣节雕刻南瓜大赛等成功案例，这些都为联合之路在中国的发展提供了宝贵经验，让联合之路在中国将一部分努力的焦点放在如何在我国公众参与程度低、社会公信力欠缺的现状下找到行善的驱动力，激发奉献精神和服务意识。

2. 严格的全球标准

为了增强在世界各地的服务能力和有效性，保证联合慈善运动持续发展，联合之路制定了严格的全球标准，帮助定义和指导联合之路慈善组织在世界各国的工作。这部全球标准是由100多名来自世界各地的联合之路慈善组织的职员和志愿者共同参与制定的，通过反复讨论、广泛验证而产生。在非营利部门，标准既显示了组织规范严谨的运作，也反映出成果的可测量性、可比性与公开监管的诚意。这些标准也不例外。追求和实现这些标准将有助于让公众感受到联合之路慈善组织值得信赖；它们能够有效地运作，能够成为捐赠资源的一流代管机构，最重要的是，能够以改善生活和加强社区的方式取得成果。

从内容上看，标准由两大部分组成，第一部分是关于联合之路的运作模式，包括社区影响、志愿服务的精神以及资源动员，每个准则下都有大的标准和实践的方针。这一部分内容论述了联合之路慈善组织在社区开展的工作，即和其使命有关的、能够把联合之路慈善组织与其他慈善组织区分开来的活动内容，涵盖了联合之路慈善组织回应社区需要、延揽志愿人员、动员资源来改善生活的途径和方法。这些内容综合起来，便构成了联合之路慈善组织工作的核心，或者说联合之路慈善组织之所以存在的首要原因。第二部分适用于所有公益组织的治理和管理，包括财务治理、机构运作和管理。这一套全球化的标准，不仅把联合之路的精神和特色与地方社区经验相融合，以便更有效更长远地服务社会，而且意味着全球所有的联合之路组织需要通过共同的努力，确保联合之路的公信力、透明度、效率、业绩和职业道德行为标准，创造共享系统并继续发扬品牌优势。

3. 专业化的工作理念

联合之路慈善组织的发展，不只有严格的标准，还有专业化的工作理念。（1）用“专业”照顾弱势。弱势群体的迫切需要不只是金钱而已，还包括专业社工人员对个案的辅导、适合的服务、转介；资源若过度集中，将会排挤得不到资源的弱势群体，而不能服务最多的社会组织与弱势朋友。（2）用“专业”创造效益。联合之路慈善组织不只提供经费，它还是协助社会团体提升专业服务的训练者。透过方案撰写的培力计划、审查过程的督导、服务方案的经验分享，联合之路慈善组织每年协助超过400个社会团体，有钱做好事、更有能力把好事做好。（3）用“专业”提供愿景。社会快速变迁，伴随而来的是更多错综复杂的问题与需求，联合之路慈善组织通过主动号召社会团体一同努力，让人力资源、服务方法能在联合劝募协会的平台下开始滚动，建构服务网络以扩大解决问题的能量。合作力量越大，带动社会向上提升的力量也就越大。

4. 成熟的运营模式

为了推动建立联合劝募的集体影响力，联合之路在运营上明确了五个方面的核心要素：（1）共同的目标。也就是说，不同的参与主体需要就实现目标的理念、模式等达成统一的共识。这既包括联合劝募所服务的NGO需要就解决的问题和解决方式达成共识，也需要其他参与主体的认知统一。（2）公认的衡量标准。从社会集体影响力的角度考虑，可测量的结果是决定是否适合做集体影响力慈善的重要因素之一；从公益有效性的角度而言，公认的衡量标准将提升结果的可比性和可靠性，例如要实现教育改善等方面的问题需要一套可测量并被认可的方法才能获得社会的认可与对问题的认知。此外，一个共同的参考框架和衡量标准将促进全球联合之路慈善组织和其他组织间的相互沟通与学习，为领域内的组织提供指南。（3）多层面的互动合作。从联合之路在全球的成功实践中可见，整合社会资源，让社区里的各利益相关方明确自己的优势、作用与所能创造的社会价值并在此基础上寻找合作的契机为组织的健康发展与项目的成功提供多重保障。每个参与方需具备较高的专业素养与专业优势是创造集体影响力的另一重要因素。（4）持续的沟通。需要通过持续不断的沟通来加强协作，同时也通过这种同捐赠者、执行者、受益者的沟通来提高透明度和公信力。越来越多的项目工作者已经意识到，看似简单的沟通却对项目的成败有着重要影响。有效的沟通不仅会减少沟通误会和信息不对称，而且会加强情感与业务的交流，促进资源共享与社会资源的凝聚。(5) 具备一个核心的支持机构。在五个核心要素里，该要素是地方联合劝募机构所扮演的最为核心的角色。在全国层面，全国联合之路则更多起到整合作用，这种整合作用包括提高组织的绩效，建立统一的运作模式，增强其整体品牌的知名度等等。

通过创新性的联合性劝募、制度化的全球标准和专业化的工作理念，联合之路的使命、目标以及运营模式（商业模式）已经非常成熟和固定。在机构愿景规划上，联合之路希望全球所有的个体和家庭都能够通过教育、稳定的收入和健康的生活来实现其人类潜能，在兼顾长期和短期成效的情况下来改善生活；在机构使命的定义中，希望在尊重当地社区历史和文化以及其公民独特需要的基础上通过动员全球范围内社区的关怀力量（caring power）来提供公共物品，从而有效提高个人的生活品质。在业务领域，联合之路在规划其战略时将其关注领域聚焦在教育、稳定的收入和健康三大领域。在实施中，通过个体和机构的捐赠、倡导和志愿服务来推动目标的实现。

周赛·法诺将其运营模式（商业模式）简要地概括为“1 +4”，“1”指的是在127年的发展历程中联合之路始终将提供社区解决方案作为其主要目标。在实现这一目标方面，基于社区的计划、筹资联盟、来源与社区的筹资者以及在集体影响力和分享价值创造方面的领导作用成为其提供社区解决方案的4个主要策略。

（四）中国联合之路的未来成长空间

除了联合之路在世界各地一致公认的联合劝募业务模式、专业化程度、全球化标准，其会员制的设定更是给联合之路增加了吸引力，也是联合之路在中国可继续探索研究的重要契机。从美国各地联合之路的成功表现来看，联合劝募只是运作方法之一，而通过依托其会员机构来凝聚、发挥社区中的重要资源才是实现推动社区综合发展这一重要价值的主要原因。从表面上看，联合之路属于资金支持性机构，通过给会员机构分配资金并监管其运作，并不直接提供社会服务。实质上，成功的核心是把会员机构当成平等的合作伙伴，联合之路不扮演“家长”或“资助者”角色，同时给予金钱以外的帮助，例如联合之路的社会信誉、培训、交流、评估等，使会员机构提高组织的能力和有效性，然而联合之路也会每年对会员组织进行评定、筛选。

根据民政部发布的2013年社会服务发展统计公报，截至2013年，我国拥有社区服务机构25.2万个，社区服务中心19014个，社区服务站108377个。2011年，宁波市北仑区测算该区每万人拥有的社区社会组织数量达到19.5个。2013年，苏州市民政局发文要求“十二五”末每个社区备案的社区社会组织达到10个以上，登记的不少于3家。从以上的数据可以看出，我国以社区为背景的社会服务组织和公益组织已经开始快速成长，从中可以看出联合劝募之路在我国发展的迫切需求。对于规模小、受众范围有限或运作不够规范的社区组织，联合劝募的会员制度不仅可以给它们提供学习、劝募的平台，而且可以提高社会信度、降低筹资成本、凝聚社会力量、实现共赢共享，从而更有效地解决社会问题、区域难题和草根组织的发展难题。

G.7

慈善筹款的新模式

摘　要：2014 年筹款成为基金会领域的热门话题，围绕筹款也出现了很多创新的方式。本报告对这其中影响力比较大的两种筹款方式进行了总结。一是体验式筹款。作为一种新的筹款方式，体验式筹款告别了以往悲情老套的公益定式，通过让参与者对受益人的感受和机构理念进行体验的方式，刺激参与者劝募，倡导机构价值观。这种活动方式以其形式的新颖性和高关注度逐渐受到公众的喜爱。二是运动筹款。在过去一年内，运动筹款在中国遍地开花，各基金会开展以“暴走”“奔跑”为主题的筹款活动超过 50 次。那么，问题来了，跑跑走走的运动筹款热火究竟意味着未来的趋势还是筹款方式的同质化？

关键词：体验式筹款活动　P2P 筹款　冰桶挑战　运动筹款

一　体验式筹款活动：筹款与倡导的完美结合

（一）体验式筹款概述

1. 了解体验式筹款

2013 年夏天，“冷水挑战”在美国北部悄然流行开来，参与者可以选择要么跳入冷水里，要么给癌症研究机构捐钱，这便是 2014 年席卷全球的“冰桶挑战”的原型。在美国职业高尔夫运动员克里斯·肯尼迪接受挑战之后，冰桶挑战逐渐将注意力转移到对肌萎缩侧索硬化症患者（即 ALS，又称渐冻人）的关注上。活动要求参与者将满满一桶冰块和冷水倒在自己头上，以感受 ALS 患者的痛苦。挑战者还要将视频拍摄上传至社交网络，并指定 3 名接力者接受挑战。被点名者须在 24 小时内接受相同的挑战，或选择向 ALS 协会捐款 100 美元。从狭义上说，冰桶挑战属于典型的体验式筹款活动——体验者通过参与活动，对受益人的感受或公益机构的理念进行亲身体验，由此激发对受益群体的关爱之心，并为其向亲友传递价值观，进行筹款。

然而在广义上，体验式筹款活动并不一定要和活动受益人有很强的关联体验。例如，2014 年中国扶贫基金会的“善行者”活动，参与者仅以徒步 50 公里/100 公里的方式，感受贫困山区儿童上学翻山越岭的不易，活动的主要目的是让参与人向亲友讲述项目理念，发动他们募集善款，以帮助贫困山区儿童健康快乐成长。这类间接体验受益人感受或者机构理念的活动也属于体验式筹款范畴。本文将主要讨论狭义上的体验式筹款。

2. 体验受益方困境与体验机构倡导的行动

目前国内外体验式筹款的形式主要分为两大类：体验受益方困境以及体验机构倡导的行动。受益方不一定是人，也可以是动物或环境等。

常见的体验受益方困境类的活动，如“光头行动”，就是通过剃光头支持因化疗脱发的癌症患者。澳大利亚白血病基金会自 1998 年发起“光头行动”以来，取得了巨大成功，筹款额度一直保持稳健增长。2013 年活动筹款额为 15119820 澳元，占机构总筹款额的 56.17%。[①] 2012 年北京新阳光基金会引入该体验式筹款活动，当年参与人数为 270 人，筹款额为 36 万元。[②] 饥饿类体验也是常见的一类体验受益方困境的活动。知名的有 1971 年宣明会发起的“饥馑三十”活动，参与人需要连续禁食 30 个小时，并筹款帮助

① 数据来源：澳大利亚白血病基金会 Worldsgreatestshave 官网，http://www.worldsgreatestshave.com/（访问日期 2015 年 2 月 9 日）。

② 数据来源：2012 年闪光侠主题慈善活动，http://www.ishave.cn/index.php?s=/about-record.html（访问日期 2015 年 2 月 9 日），闪光侠官网。

那些因天灾人祸和疾病而挨饿的人。2014 年 10 月 16 日，中国扶贫基金会发起了“饥饿 24 小时”活动，号召公众体验饥饿。该活动共获得近 6000 万人次网友关注，引发了 5 万余次讨论，共筹得善款 20 余万元。[①] 另外一种形式是贫困类体验。两名普通公众于 2010 年在澳大利亚墨尔本发起了“Live below the line”（每年 4 月 28 日 ~5 月 2 日）挑战，参与人须连续 5 天每日花费不得超过 1 英镑（或 1.25 美元），以体验极端贫困线以下的人们的生活。该活动随后被全球 70 余个公益机构采用，如联合国儿童基金会，Save the Children，Action Aid 等等，并从澳大利亚扩散到英国、美国、新西兰、哥伦比亚、加拿大。全球共 5 万余人参与了该项体验，筹款额超过 1000 万美元。

体验机构倡导的活动，例如“微笑挑战”，该活动最先由网友发起，嫣然天使基金会在第二天接力了这个挑战。嫣然天使基金会号召大家拍摄自己的微笑照片并上传社交平台，然后每人再邀请三位朋友参与，从而吸引大众对唇腭裂儿童的关注，让这些儿童也能微笑。在李亚鹏和刘嘉玲的带领下，该活动共吸引了 1000 余名网友参与，募集到 9 万余元善款。

3. 最重要的体验式筹款模式——参与人筹款

（1）活动报名费：主办方收取活动报名费是常见的一种筹款模式，如宣明会的“饥馑三十”活动，为提高参与者的承担感以及率先以行动支持活动，参与人需缴纳 100 港元的报名费。

（2）参与人筹款：参与人除了体验活动以外，还需用 Peer to Peer（P2P）的筹款方式代替公益机构向身边的亲友们筹集善款。P2P 历史悠久，可以说是伴随筹款诞生。它最初的形态是通过口口相传、面对面筹款或小型社交聚会进行。随着科技的发展，P2P 由传统的面对面筹款，逐渐变为网络 P2P。欧美国家的第三方筹款平台可以让公众建立自己的专属筹款页面，并放上自己的照片，自由编辑文字。筹款人可直接将链接发给朋友，也可由朋

① 《微笑挑战走红社交网络　明星为唇裂儿童捐款》，http：//culture. people. com. cn/BIG5/n/2014/1130/c172318 - 26120735. html，访问日期：2015 年 2 月 9 日，人民网。

友在捐赠网站搜索筹款人的名字进行捐赠，或发送代码进行短信捐赠。在这些地区，绝大部分的体验式筹款均采用分享式。在国内，参与者主要是采用点名筹款和分享筹款页面的方法。前者“$6m^2$—植被恢复项目”，该活动旨在为云南地区原始森林植被恢复项目筹款，号召公众如同被砍伐后光秃秃的大地一样赤裸上身拍摄裸背照片，并上传社交平台。参与者可点名 3 位朋友参与，被点名的人若拒绝裸背，则需向“$6m^2$—植被恢复项目”捐赠 20 元。后者如中国残疾人福利基金会发起的“体验饥饿”，参与者可直接向亲友发送捐赠页面的链接。基于国内外观察，点名筹款的形式短期内效果好，它的活动创意通常是不可复制的，如“冰桶挑战”。分享式筹款从长期看效果更好，它通常可以作为年度活动的体验，如“体验饥饿”。2014 年举办的第二届“体验饥饿”活动就实现了筹款效果，也实现了参与人群的飞跃。

（3）参与者捐款：这类筹款方式在饥饿或贫困类体验活动中最为常见，参与者通常会捐出活动当天的餐费。

（4）衍生品销售：销售衍生品也是体验式筹款的一种模式。例如 2014 年壹基金发起的“今天不说话”，该活动号召公众在壹基金淘宝店购买口罩参与。

（二）体验式筹款在中国的发展

1. 体验式筹款——结合单一的筹款或倡导活动

2011 年 11 月 12 日，大爱清尘基金在北京奥林匹克森林公园发起“爱·自由呼吸”徒步体验筹款活动。参与者通过亲身体验“呼吸困难”和“畅快呼吸”，从而深刻体会尘肺病人的痛苦。活动号召参与者下载填写 PDF 认捐表，并向周围的人介绍大爱清尘项目理念，告诉朋友自己将参与活动，请他们为自己的徒步认捐。这次体验式筹款共有 X 人参与，Y 人捐赠，总筹款额为 Z 元。这是内地第一个完整的体验式筹款活动。

2011 年后，体验式筹款逐渐在中国发展起来。它主要呈现出两个特征：第一个特征是，部分机构从体验式倡议活动变为体验式筹款活动，将倡导与筹款完美结合。以肺动脉高压患者公益组织爱稀客为例，该机构自

2012 年起就开始组织体验式活动“蓝唇跑”，参与者通过在腿上绑上沙袋的方式，来感受肺动脉高压患者运动的辛苦。起初该活动以传播为主，并没有筹款元素。2014 年，爱稀客再次发起体验式筹款活动“蓝唇之吻”，参与者需要将嘴唇涂成像肺动脉高压患者一样的蓝色，并邀请三位朋友参与，向“蓝唇之吻”项目进行捐赠。爱稀客成功完成了从体验式传播活动到体验式筹款活动的转变。执行主任李融表示，今后将更多地将倡导与筹款融合。第二个特征是，公益机构越来越重视公众筹款，如“$6m^2$—植被恢复项目”等等。体验式筹款活动的发展很大程度上得益于公募权的逐渐开放，许多机构通过挂靠在公募基金会解决了筹款资质的问题。从技术上说，移动互联网时代的到来，使得网络筹款更加便捷化，这对体验式筹款有一定的推动作用。

在公众筹款、倡导越来越受公益机构重视以及“冰桶挑战”获得巨大成功的影响下，体验式筹款活动在 2014 年迅速增长。知名的体验式筹款活动，包括“冰桶挑战”、“$6m^2$—植被恢复项目”、大爱清尘在世界呼吸日发起的“30 秒不呼吸”、“蓝唇之吻”；饥饿类体验式筹款包括中国残疾人福利基金会发起的“饥饿体验”、中国扶贫基金会的“饥饿 24 小时”等等，见表 1。

表 1　2014 年体验式筹款项目一览

发起方	时间	名称	筹款额(元)	参与情况	捐赠人数	备注
微公益 & 瓷娃娃	2014. 08	冰桶挑战	8146258. 19	200 多位名人参与	40000 人	无
爱稀客	2014. 08	蓝唇挑战	34109. 79	—	1508 人	无
$6m^2$—植被恢复项目	2014. 11	裸背挑战	6344	50 人	812 人	无
个人	2014. 11	微笑挑战	90000	1000 余人	预计 1000 余人	受益方为嫣然天使基金会
中国残疾人福利基金会	2014. 12	体验饥饿	829602	4615 人	13347 人	还在进行中

续表

发起方	时间	名称	筹款额(元)	参与情况	捐赠人数	备注
中国扶贫基金会	2014.10	饥饿24小时	200000	近6000万阅读量	10000人	由于参与人线下自发参与,故无法统计确切参与人数
大爱清尘	2014.06	30秒不呼吸				
壹基金	2014.04	今天不说话	2344454	1344454人	1344454人	筹款额包括阿里巴巴捐赠的100万元

资料来源：公开资料整理，截止日期：2014年12月31日。

2. 轻运作、强关联、立品牌——体验式筹款的特点

中国的体验式公众筹款活动具有如下特点。

（1）轻运作：中国的体验式筹款活动的一个特点是活动成本低，主要依托社交平台做话题倡导，让参与者自己参与。参与对象门槛低，老少咸宜，小机构也可以负担。

（2）强关联：中国的体验式筹款活动以与受益群体强关联的活动为主。由于这类活动对于公众比较新鲜，弱关联体验难以让公众迅速明白机构想倡导的观念。设计成强关联体验不仅让公众容易产生联想，更清楚地解释了项目的目的。比如，用文字解释肺动脉高压对于公众来说理解比较困难，普及性低，但是通过体验式筹款活动，如绑沙袋“蓝唇跑”，“蓝唇之吻”，公众就很容易明白肺动脉高压人群的特征，并记住这个机构的使命。

（3）立品牌：大多数活动易于做成年度活动，有助于增强机构的理念传播，树立机构品牌。北京新阳光基金会的“闪光侠”活动已经成功举办三届，中国残疾人福利基金会的“体验饥饿”正在举办第二届，“饥饿24小时”的主办方中国扶贫基金会也表示希望2015年继续开展。

（三）案例分析

1. 最火爆的体验式筹款活动：“冰桶挑战”

（1）助力罕见病，一起冻起来。

2014年8月18日，雷军接受DST老板尤里·米尔纳夫妇的冰桶挑战，

成为该活动的首位中国应战者。新浪微博获悉雷军将接受挑战后，联合瓷娃娃罕见病关爱中心共同发起了“助力罕见病，一起冻起来”的活动，至此红遍全球的冰桶挑战赛蔓延至中国。国内的冰桶挑战延续了国际冰桶挑战的规则，但受益机构变为本土化的瓷娃娃罕见病关爱中心，整个活动周期接近两周。

（2）社交平台裂变式传播。

冰桶挑战在微博引爆后，话题阅读量达到 47 亿，讨论量达 409.4 万，相关博文 800 万条。[①] 冰桶挑战采用的是早已风靡网络的点名模式，活动在“点名与被点名”之间形成基于社交的裂变式传播，再加上近 200 位明星的参与，通过粉丝转发的方式，实现了急速传播，使“渐冻人”的知识进一步普及。冰桶挑战的传播体现了多方联动性，除新媒体外，政府、传统媒体也纷纷加入，共同推动全民公益。

（3）名人效应带动公众筹款。

截至 2014 年 8 月 30 日 24：00，共有约 4 万人向“冰桶挑战”专项捐款，总筹款额为 8146258.19 元。普通网友捐赠约 660 万元，占总额的 81%。其中新浪微公益筹款金额为 7284981.00 元，直接向北京瓷娃娃罕见病关爱中心账户捐赠为 288330.80 元，直接向中国社会福利基金会瓷娃娃罕见病关爱基金捐赠为 1000.00 元，支付宝钱包获捐 423458.83 元，百度钱包获捐 148487.56 元。[②]

冰桶挑战的大部分捐赠来自普通公众，在短短两周内就获得了 800 余万元的捐赠。取得这样的成绩有三个关键因素。第一，捐赠便捷。相对于国外冰桶挑战的传播平台 Facebook，微博将传播与筹款相结合，在冰桶挑战开始的第一天，就为公众准备了 1 份 = 100 元的微公益品牌捐，公众看完视频可立即点击捐赠。第二，在活动开始时便立下游戏规则。微博内容格式固定，140 字内包含了应战人接受点名者挑战，并点名三位接力者，最后附上捐赠

---

① 数据来源：新浪微公益提供。

② 盘点 2014——瓷娃娃“冰桶挑战”中国项目专题回顾，http：//blog.sina.com.cn/s/blog_532b6a210102vbnd.html，访问日期：2015 年 2 月 9 日。

链接，确保筹款元素不会被娱乐淹没。微博巧妙地借助第一个接受冰桶挑战的人雷军立下规矩，之后所有接受挑战的名人遵照这个格式，让公众围观冰桶挑战时可以看到捐赠链接。第三，名人效应。8 月 22 日#冰桶挑战#的阅读量达到单日最高的 7.9 亿，这一天有 8800 人在微博上捐款，是捐款人数最多的一天。这与 20 日、21 日名人参与冰桶挑战最为密集的两天密切相关。王思聪、TFBOYS、留几手、五月天等超人气名人均在这两天完成了冰桶挑战。名人效应在“冰桶挑战”的筹款与倡导中起到了关键作用。

（4）善款的流向：“冰桶挑战——关爱渐冻人”项目。

瓷娃娃根据网友意愿，将 5574311.8 元用于支持包括 ALS 在内的罕见病群体，剩余的 2571946.39 元捐赠将用于支持各类罕见病群体。2014 年 9 月 3 日，“冰桶挑战——关爱渐冻人”项目启动，并面向全国公开发布招标信息。12 月 17 日，公布中标信息，至此冰桶挑战完美收官。①

（5）四大成功经验：自身积累、新鲜刺激、粉丝公益、筹款倡导并行。

自冰桶挑战红遍全球之后，美国著名的 P2P 筹款咨询公司接到许多咨询电话，要求设计一场自己的“冰桶挑战”。国内的筹款咨询公司瑞森德同样接到客户委托，希望打造一场火爆的体验式筹款活动。可见无论国内还是国外，几乎每一个公益机构都想立即举办一场自己的冰桶挑战。客观来说，冰桶挑战的神话难以复制，但是也有不少地方值得公益机构借鉴。

①注重品牌积累，有迅速响应的能力。

获悉雷军将接受挑战后，新浪微博社会责任总监贝晓超立即给国内三家与渐冻人相关的机构致电，承诺能在当晚准备好项目文案并上线的机构将成为冰桶挑战的合作方。当晚只有瓷娃娃接听了电话，并立即响应，团队分工迅速准备好上线文案。瓷娃娃自 2008 年以来一直注重社群工作和公众倡导，积累了良好的品牌形象与公信力。新浪微公益向雷军推荐合作方为瓷娃娃，雷军也表示同意。

---

① 盘点 2014——瓷娃娃“冰桶挑战”中国项目专题回顾，http://blog.sina.com.cn/s/blog_532b6a210102vbnd.html，访问日期：2015 年 2 月 9 日。

②有意思而非有意义。

冰桶挑战的成功说明，公益并不一定非要走悲情路线才能引起公众的注意。往头上浇一桶冰水，既让公众觉得新鲜刺激，又能确切地体验到受益人的感受，激发参与者帮助受益人的意愿。新浪微博40%以上的用户是“90后”，而“90后”是一个强调“有意思”而非“有意义”的群体。他们有更好的教育背景，更国际化的视野，多元化的价值选择，对于他们而言，有意思比天大。而微公益2014年发布的微公益三周年捐赠数据显示，44%的捐赠用户是“90后”。[①] 因此可以说，如何迎合这个人群的口味，是公益机构在做体验式筹款活动设计时需要优先考虑的问题。

③玩转粉丝公益。

微博流传着这样一句话——微博上主要有三类人：王思聪的老婆们，TFBOYS的妈妈们，韩寒的女婿们。在这次冰桶挑战中，“国民老公”王思聪成为劝募能力最强的人。王思聪参与后，不仅自己捐赠了100万元还带动2500余名粉丝捐赠。TFBOYS完成挑战的视频则在8小时内被转发10万多次，5天内播放量超过4200万次。有明星资源的机构不妨利用明星效应引导粉丝参与公益，没有明星资源的小机构不妨通过联系明星粉丝团，通过自下而上的方式让粉丝参与。例如“裸背挑战”，发起方与乔振宇、陈伟霆的粉丝互动，让粉丝推动明星参与“裸背挑战”，使“裸背挑战”在7天内获得1600万阅读量，5722次讨论，登上新浪微博环保热度话题榜第一。[②]

④筹款与倡导的完美结合。

冰桶挑战在募集到海量捐赠的同时，理念倡导也获得了巨大成功。通过规则的设定，以及名人如周杰伦、邓紫棋等等在拍摄冰桶挑战视频时对ALS进行介绍，并鼓励大众关注渐冻人，冰桶挑战通过体验式筹款完成了医学界以及ALS服务机构难以想象的知识普及。

① 数据来源：《微公益三周年，爱心萌萌哒》，http://gongyi.weibo.com/thirdyear?from=singlemessage&isappinstalled=0。

② 数据来源：6平米项目组提供。

2. 参与人数最多的体验式筹款："体验饥饿"

（1）内地"体验饥饿"的起源。

中国残疾人福利基金会在参考了宣明会的"饥馑三十"后，发起"体验饥饿"活动，为"集善残疾儿童助养项目"筹款。参与人可选择在8小时、12小时或24小时内禁食，体验残障儿童在贫困生活中的艰辛，并向身边亲友筹集善款帮助这些儿童。第一届体验饥饿的活动时间为2013年12月至2014年5月，参与人群主要集中在北京。

（2）参与人群面向个人、学校及企业。

"体验饥饿"活动不仅有个人参与，还邀请大学、企业参与，人群定位主要是都市白领。在活动形式上，"体验饥饿"并没有把所有参与人集中在一起进行团队活动，而是去中心化，由参与企业、学校各自在线下举办，使实践机构倡导的人群更大化。各个参与方活动当天的内容不尽相同，但以各类体验为主，比如在禁食期间开展"体验盲行""盲人绘画"等活动，使参与人更深刻地感受到机构所宣传的价值观。在官网上，"体验饥饿"给予了充分的筹办指引，其中包括组织、宣传、规划、筹款、奖励、收尾六个模块。此外，"体验饥饿"还提供前期预热工作，比如开展营长培训等等；对于参与人，举办方给予了荣誉奖励，向完成挑战的人颁发"饥饿勇士"证书。若参与的支持者达到20人，或支持者总捐款额超过1000元，还可以报名参加项目点探访，并获得去其他国家参与"饥馑三十"的机会。"体验饥饿"还鼓励各企业、高校举办方给予参与人小礼品激励，刺激筹款。

（3）全方位推动参与人筹款。

第一届"体验饥饿"总筹款额为1232620元，其中公众筹款650613元，占53%。整个活动人均捐赠额为248元，企业员工的人均捐赠额为343元，学生人均捐赠额为21元。①

① http：//www. ishave. cn/index. php？ s =/about - record. html，《第一届体验饥饿收支简报》，http：//www. helpcada. org/sc/do - famine/1st - annual - famine - result，访问日期：2015年2月9日，体验饥饿官网。

尽管“体验饥饿”没有设定最低筹款额，但仍以各种方式鼓励参与人进行筹款。例如：①参与者拥有官网认捐编号，只需将自己的编号，或捐款页面分享给朋友，捐赠人可立即认捐。②在企业内部推动员工义卖。奥托博克、UPS 员工在公司内部开办二手物品市场，为活动筹款。③鼓励参与人自己捐赠，如美亚保险的参与员工将活动当天的餐费捐出。

“体验饥饿”有明确的捐赠导向。例如 100 元可以为智障儿童提供合适的玩具，帮助其改善身体的协调或促进智力发展，200 元可以为一名脑瘫儿童补助两周的康复治疗。列举具体的善款用途可以给筹款人提供更好的筹款理由，便于筹款人向亲友劝募。

捐赠渠道主要是官网捐赠。参与人通过在社交平台分享捐赠页面，将捐赠人导流至官网。捐赠人可以选择直接捐款，或支持捐款（为捐赠人的朋友、学校、喜欢的名人等，输入信息即可搜索）。相较于快速捐赠，“饥饿体验”更重视捐赠人的数据积累。在捐赠时，捐赠人需填写基本信息（名字、邮箱、是否愿意接收项目进展报告）后才可通过支付宝进行捐赠。捐赠完毕后，捐赠人会立刻收到中英双语版的邮件回执，内容包括答谢，捐赠信息，并告知捐赠人可以登录捐款网页进行捐赠查询。

给力的筹款引导。“体验饥饿”为参与人提供了对个人和对企业的不同筹款指引，其中包括活动海报、贴纸；帮助参与人在学校、办公室进行宣传活动；宣传工具包，告诉参与人如何发动更多的人参与；参赛者报名表，协助参与人建立个人筹款页面等等。

（4）借助新媒体传播。

传播渠道以新媒体为主，组织方发动参与者使用微博、微信进行宣传活动，并在微博上利用名人进行宣传。如任志强认捐 10 万元并转发微博，号召粉丝 1 人捐 1 元；在北京大学植入微博墙宣传“体验饥饿”活动等等。

（5）影响力。

第一届“体验饥饿”共有 19 个企业/机构，5 所大学/国际学校，2529

人参与挑战，共带动8500人捐款。善款用于购买残疾儿童165个助听器、7个助视器、28张轮椅、25张坐厕椅、6个助行器、4个矫形器、2个站立架、1个盲杖、2个防褥疮垫、1张护理床，帮助35户残疾家庭得到坡道扶手改造、25户残疾家庭得到无障碍加危房改造，让42位儿童得到康复治疗和训练、5位儿童得到语言康复训练，以及提供给特教学校和康复机构48套点读笔。①

（6）三大成功经验：门槛低、去中心化、指引全。

第二届“体验饥饿”自2014年12月开始，仅2个月，已获得829602元捐赠，4615人参与体验，13347人捐款支持。② 在第一届30%的时间内，第二届已有超过第一届体验总人数2倍的参与者，筹款额也有望实现100%的增长。“体验饥饿”能取得成功主要源自以下三个方面。

①活动门槛低，方便公众参与。“体验饥饿”在学习或者工作时间内就可以举行，不会对学习或者工作造成影响。人群无门槛限制，无论是学生，还是白领，小孩还是年长者，都可以选择适合自己的挑战时间。

②去中心化，扩大参与方。企业或者高校可以自由安排时间，灵活调整活动内容，甚至结合企业团建。这使得每一个参与机构以自己为中心，辐射机构覆盖的人群，使活动倡导的理念得到进一步传播。

③指引全。主办方为不同身份的参与者提供充分指引和人力专员。部分普通公众并未意识到自己拥有诸多筹款技能，因此需要公益组织帮助挖掘。一本筹款指南，一个涵盖各种物料的筹款工具箱，可有力推动参与者筹款。

（四）体验式筹款带来的启发

1. 体验式筹款给公益机构带来的四大财富

体验式筹款让机构获得给力的倡导大使。活动通过让参与者切身体会到

---

① 《第一届体验饥饿收支简报》，http：//www.helpcada.org/sc/do－famine/1st－annual－famine－result，访问日期：2015年2月9日，体验饥饿官网。

② 第二届体验饥饿官网，http：//famine.helpcada.org/，访问日期：2015年2月9日。

受益群体的感受，使参与人印象深刻，并激发参与人的同理心。由于活动带来的深刻体验，参与者对机构理念比普通捐赠人有更深刻的认识与认同。他们更倾向于向亲友宣讲机构的使命和活动的目的，分享活动感受。这使得机构的倡导工作辐射到更广阔的人群。

体验式筹款可以帮助机构拓展捐赠人名单。这类活动通常通过鼓励机构的支持者成为筹款人，将机构捐赠人发展到现有支持者的朋友范围，极大地扩展了机构支持者基础，使机构摆脱自身支持者圈子的限制。由筹款人直接为该机构背书，有利于机构绕过普通公众与该机构的信任空隙。捐赠者更有可能捐给替“6 平米项目”筹款的好友，而不是一个陌生机构的筹款人。著名第三方筹资网站 Firstgiving 发现，通过参与人捐款的捐赠人中有 55% 是机构的新捐赠人。①

体验式筹款为机构获取高价值的支持者。在体验式筹款中，参与者的价值比普通捐赠人的价值更大。参与者可以在自己圈子里产生比公益机构自己募捐更大的收益。FirstGiving 调查发现，筹款人的平均筹款额是一般捐赠人的 10 倍。62% 的人在捐赠一次后，便不会再捐赠；25% 的筹款人第二年会继续为机构筹款。②

体验式筹款有助于机构建立品牌，获得公众支持。观察国内外体验式筹款活动，大多数的体验式筹款活动都发展为该机构的年度品牌项目，成为受公众喜爱的活动。

2. 国内体验式筹款活动观察

（1）目前国内开展体验式筹款的机构在公信力和机构品牌等方面都有比较好的基础。由于体验式筹款需要筹款人愿意为机构背书，因此拥有一定的品牌和公信度是重要前提。如中国扶贫基金会、壹基金、瓷娃娃、大爱清尘等机构财务透明度高，日常注重捐赠人关系维护、有较好的群众

① FirstGiving，“A Nonprofit's Guide to Peer to Peer Fundraising”，http：//firstgiving. per. fm/p2pebookdownload（访问日期 2015 年 2 月 9 日），FirstGiving 官网。

② FirstGiving，“A Nonprofit's Guide to Peer to Peer Fundraising”，http：//firstgiving. per. fm/p2pebookdownload（访问日期 2015 年 2 月 9 日），FirstGiving 官网。

基础。

（2）明星的参与对体验式筹款有很大的推动作用。明星不仅可以带动粉丝捐赠，更重要的是，可以在新媒体平台上帮助机构撬动更多的人关注、了解机构所倡导的理念。

（3）在进行体验式筹款活动时，许多机构更看重筹款，忽略了倡导功能。因此在衡量一个活动的效果时，往往更看重筹款额度。由于体验式筹款活动是筹款与倡导的结合，且更注重倡导功能。因此并非单一的筹款额度越高，活动越成功。实际上，公众参与人数、捐赠人数比筹款额度更为重要。在评估活动效果时，应该综合考虑活动参与人数、活动捐赠人数、媒体曝光率、关键词被提及的次数、新媒体平台的话题参与数、阅读量等等。机构在进行活动效果问卷调查时，公众是否知道该次活动、是否向亲友提及该次活动都可以成为调研指标。

（4）国内体验式筹款活动的未来发展趋势。

随着国内公益市场的日趋成熟，公益机构开始慢慢摆脱单一的筹款活动，或者单一的倡导活动。体验式筹款活动是筹款与倡导的完美结合。它作为倡导机构价值观或者使命最有效的手段，同时具备有吸引力的筹款功能，将会成为今后受公益机构和公众喜欢的活动类型。

起初发起体验式活动的机构大多为知名机构，随着这些机构展示出令人艳羡的活动效果，以及灵活形式，较低的活动成本，今后将会有小机构加入体验式筹款活动中。

考虑到节约成本，尽可能地扩大参与范围，以及客观上公益逐渐融入公众的生活，体验式筹款将向去中心化发展。企业、高校、个人随时可以响应或者随时发起体验式筹款。

由于机构的倡导具有长期性，希望公众可以持续长久地关注或者身体力行，同时希望借助活动树立品牌，因此年度体验式筹款活动将成为大势所趋。今后我们将看到许多体验式筹款活动成为机构的年度招牌活动，让公众成为机构的长期宣传员和筹款人。

二　运动筹款：风潮乍起，方兴未艾

（一）运动筹款在中国

1. 什么是运动筹款?

运动筹款活动，是指以运动类的项目为载体，组织公众参与并筹款以支持公益事业的活动方式。参与者需要以筹款人的身份向身边的亲朋好友募集捐款。运动筹款活动形式通常包括：徒步、跑步、骑行、游泳、球赛等等。

运动筹款是基于熟人网络开展的筹款活动。国外研究机构将通过发动参与者向熟人网络进行劝募的筹款方式，统称为 Peer to Peer 模式（个人对个人，简称 P2P）。需要注意的是，运动筹款是运用 P2P 模式的重要筹款形式之一，但不是唯一的形式。诸如“冰桶挑战”“饥馑三十”等体验式筹款活动，也是发动参与者向熟人网络开展筹款，也属于 P2P 模式。

2. 2011：中国内地运动筹款元年

运动筹款活动在国际上已风行多年，早已被证明是富有吸引力的公众筹款形式。在中国，运动筹款的本土实践经验最早始于香港，拥有超过 40 年的历史。其中典型案例有香港公益金发起的港岛、九龙区“百万行活动”，以及香港乐施会举办的“乐施毅行者”。香港公益金“百万行活动”从 1971 年开始举办，至今已举办逾 140 次，2013 年参与人数达到 1.7 万人。“乐施毅行者”于 1981 年第一次举办，发展到现在参赛规模已经达到近 5000 人，加上支援队员以及现场义工，活动的总规模超过万人。运动筹款活动在香港举行得相当普遍，几乎每个月都会有几场活动，在香港的街头也不时看到运动筹款的宣传。

相较之下，内地运动筹款活动整体起步较晚。

中国内地公益组织参与运动筹款活动，最早可追溯到 1993 年。1993 年，香港苗圃行动联合广东青少年发展基金会，发起了“行路上广州”活动。香港市民从香港出发，步行 5 天抵达广州。如今，“行路上广州”已有

20 多年的历史，港粤两地的公众都参与其中。但从行业整体而言，内地公益组织普遍开始试水运动筹款，则始于 2011 年。

2011 年，以上海联劝公益基金会“一个鸡蛋的暴走”和深圳壹基金“为爱奔跑”为代表，运动筹款活动在内地的尝试受到公众的热烈欢迎，引起业内的广泛关注。如果说 2011 年是中国内地运动筹款元年，应该并不过分。

从 2011 年起，不论是基金会还是民间公益机构，大大小小的公益组织都开始尝试举办运动筹款活动。其中比较有影响力的包括：壹基金举办的“为爱奔跑”“为爱同行”；上海联劝公益基金会举办的“一个鸡蛋的暴走”；中国扶贫基金会举办的“善行者”；中国青少年发展基金会举办的“挑战 8 小时”；灵山基金会举办的“为爱行走”；歌路营举办的“为爱走一夜”；绿色潇湘举办的“绿行家”……[①]据不完全统计，仅 2014 年一年，内地运动筹款活动就超过了 50 场，即平均每周都有一场运动筹款活动。其中，规模达到千人以上的活动达到 20 余场，占比约 40%；筹款达百万元以上的活动有 10 余场，占比约 10%。

那么问题来了，平均每周一场的频次，走走跑跑的运动筹款在内地会不会太多了？

3. 运动筹款太多了？

让我们先来看一组数据。2014 年 4 月，为非营利组织提供服务与技术支持的 Blackbaud 公司发表了一份研究报告：在 2011 ~ 2013 年三年间，39 家公益组织在其筹款平台上共发起了超过 44000 场运动筹款活动，募集资金超过 10 亿美元。其中仅 2013 年一年，这些机构的运动筹款活动就达到 13000 场以上，募集善款近 3.8 亿美元。[②]

再看看英国心脏基金会（British Heart Foudation，简称 BHF）的例子。2014 年这家机构在官网上晒出的运动筹款活动包括：37 个骑行、33 个跑

---

① 以上活动排名不分先后。

② 数据摘自 Blackbaud 于 2014 年 4 月发布的报告，“The 2013 Blackbaud Peer - to - Peer Fundraising Study”。

步、7 个徒步、7 个海外运动挑战、1 个铁人三项、1 个游泳……①

显然，与国际同行相比，运动筹款活动在中国实在不能算太多了。接下来的问题是，中国的国情是否适合举办如此之多的运动筹款活动？

如果说国际运动筹款风行的基础源于将运动作为生活方式的海外文化，那么对中国公益机构而言，马拉松在中国的发展可以视为时代给予的信号。

与运动筹款在内地的发展过程相似，马拉松在中国的蓬勃发展也是近几年开始的。根据中国田协公布的数据，2011 年全国马拉松赛事仅有 22 场，2012 年为 33 场，2013 年为 39 场，2014 年增长到了 51 场。② 这 51 场比赛中，有 38 场比赛规模达到万人以上。2014 全年参加比赛的人次超过 90 万，较 2013 年增长 15 万人次。赛事场次逐年递增，报名名额却显得越发紧俏。2014 年马拉松报名的激烈程度更是被跑友们戏称堪比春运抢票。

马拉松的火爆揭示着运动风潮正在席卷中国。运动筹款的兴起并非偶然，而是对时代的呼应。保守测算，2014 年马拉松赛事直接带动的体育产业规模约 300 亿元③，跑步装备、马拉松训练营、跑步 APP 等运动相关产业正在成为一块待开采的富矿。与之相应的，运动筹款正在成为中国内地公益行业有待深入挖掘的“蓝海”：一方面，汹涌而来的运动潮流，使公益组织自行发起的运动筹款活动，拥有了充分的公众基础；另一方面，商业赛事为公益组织开放平台或配捐带来的筹款潜力不容小觑。以波士顿马拉松为例，2014 年波士顿马拉松共计有 7700 余名公益跑选手为公益组织募集了 3840 万美元善款。④

对比国外运动产业与公益筹款高度成熟的发展现状，不论是马拉松，还是运动筹款，我们正处于潮流乍起之时。对内地的公益机构而言，问题的关键可能并非在于运动筹款会不会多到惹人厌烦，而是究竟要以什么姿势迎接即将来临的滚滚洪流。

---

① 数据来源于英国心脏基金会官网 bhf. org. uk。

② 数据来源于中国田径协会官方网站，《中国马拉松数据出炉：51 场赛事 90 万人次创历史》。

③ 数据来源于腾讯体育，《中国有多少马拉松跑者？2014 年全马约 7. 5 万人》，非官方数字。

④ 数据来源于波士顿马拉松官网 baa. org。

（二）为什么是运动筹款

要选择用什么姿势面对运动筹款，首先需要了解为什么人们会愿意参加运动筹款活动。2011 年，没有明星代言、没有官方背书、活动组织近乎简陋的“一个鸡蛋的暴走”意外走红，曾令不少公益行业内人士大跌眼镜——这些人究竟为什么既愿意出力走走跑跑，又要费精力筹集善款？

Blackbaud 与运动筹款委员会（Run Walk Ride Fundraising Council）联合发布的运动筹款活动参与者调研报告可以帮助我们了解一二。

1. 人们为什么报名？

这份调研报告要求人们选择 2 个最主要的促使他们报名运动筹款的原因。49% 参与者①的主要动机是响应朋友或家人的邀请，47% 的人参与活动是出于对公益理念的认同，见图 1。这两个得票最高的选项表明，“我们参加运动类筹款活动是因为我们在乎——在乎公益事业或者邀请我们参加的人。”②

从这份报告里，我们可以看出运动筹款最富吸引力的三个因素。

（1）与他人的连接。

49% 的参与者报名是因为响应朋友或家人的邀请，20% 的参与者渴望通过参与活动融入一个团队。与他人的连接，是非常重要的参与原因。

人作为社会动物，需要与他人的“连接”。这个词有时被称为“缘分”，有时被称为“羁绊”，有时被称为“友谊”，有时被称为“关系”。具有讽刺意味的是，在互联网发达的今天，人与人之间的距离似乎反而更加遥远——“点赞的太多，见面的太少”。

运动筹款活动是城市里为数不多的能将不同身份、不同年龄、不同背景的人们连接或重新连接起来的理由。挚友、普通朋友、客户、同事、老同

① 在本文中，参与者均指报名运动筹款活动的队员，不包括以捐赠、志愿服务等参与活动的人员。

② 引自 Blackbaud & Run Walk Ride Fundraising Council 于 2012 年发布的“2012 Peer to Peer Event Fundraising Consumer Survey”，通过在线调研方式采集数据。

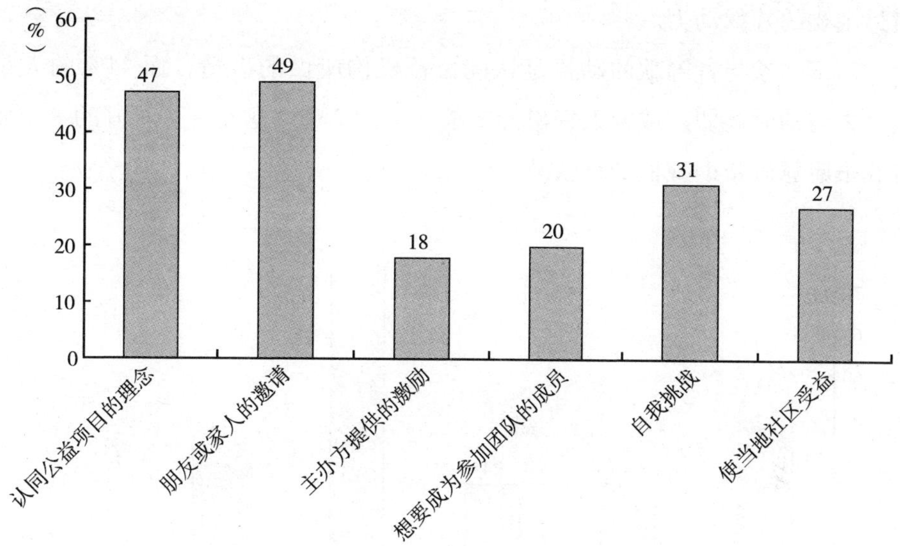

图1　参与活动的动机

资料来源："2012 Peer to Peer Event Fundraising Consumer Survey"。

学、远房表亲、朋友的朋友等等，都可能成为你的队友。人们愿意走到一起，为了一个共同的目标——支持公益。

（2）对公益理念的认同。

47%的参与者因为认同公益理念而报名，27%的参与者愿意用行动使自己的社区受益。这表示人们并不单纯为了锻炼身体和社交而来，公益理念是运动筹款区别于一般赛事的重要因素。参与者对运动筹款活动的公益属性的认同，要远远超过对赛事属性的认同。

（3）挑战自我的渴望。

有31%的参与者出于自我挑战的目的而报名。这表示运动筹款活动的挑战性对吸引公众报名而言，是一个值得重视，但并非必要的因素。换句话而言，适当的挑战性可以吸引公众参与，但这是一个加分项而非必选项。公众参与意愿并非与活动难度成正比。

2. 人们为什么筹款？

在同一份调研报告中，受访者被要求选出2个在他们参加运动筹款活动时最主要的筹款动力。

75%的参与者筹款的动机是认同公益机构所做的事情，而44%的人是因为参与的时候朋友或家人提出的要求（见图2）。“这是一个很好的事，而且我很愿意去帮助我们的社会。”

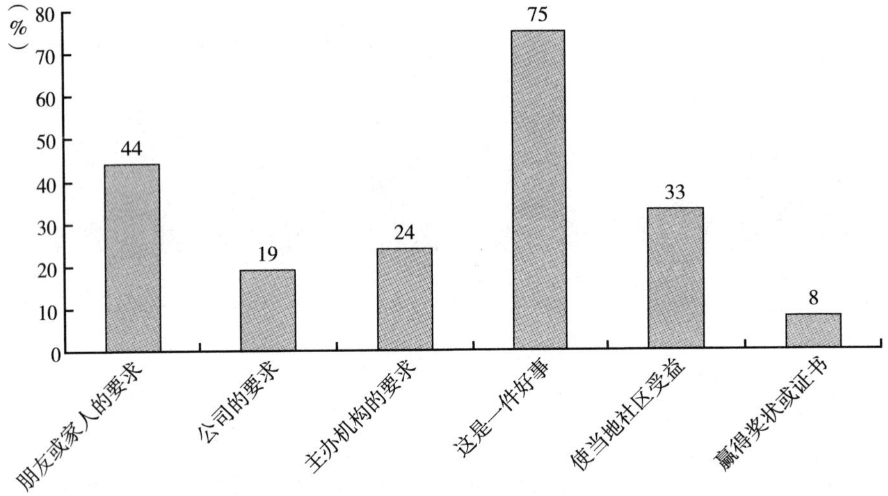

图2　参与者筹款的动机

资料来源：“2012 Peer to Peer Event Fundraising Consumer Survey”。

根据以上数据我们可以看出，人们筹款的动力，首先是来自对公益的认同，人们愿意为利他的目的而筹款。75%的参与者认为这是一件好事，33%的参与者愿意通过筹款让社区变得更好。但更值得注意的是，人们筹款是因为他们收到了明确的筹款要求：44%的参与者响应朋友或家人的要求，19%的参与者响应公司的要求，24%的参与者响应主办方的要求。

只有24%的参与者选择因为了解主办方的要求而筹款。另一组数据更容易说明这个问题。这份报告也统计了没有筹款的参与者为何不筹款的原因，结果令人惊讶。在没有筹款的参与者中，47%的人是因为没有人要求他们这么做，33%的人是因为只是被邀请成为队员而没有被要求筹款，17%的人不知道参与活动应该筹款。也就是说，大部分不筹款的参与者是因为没有被要求、不知道自己应该要筹款。

这是一个非常有趣的问题。发起运动筹款的公益组织往往默认参与者都已经了解主办方对他们筹款的期待，但显然并非所有参与者都接收到了这个信息。为此，运动筹款活动的主办方需要特别小心是否过于侧重公益理念的倡导，却没有将筹款要求明确传达给参与者，以至于参与者误认为自己参与的是一场倡导活动而非筹款活动。为了防止活动信息在传递过程中发生丢失，主办方需要反复提醒参与者它们对筹款的诉求——明确你的期待，提出你的要求，人们才会行动。

3. 为什么要发起运动筹款?

组织一场运动筹款似乎是个相当沉重的任务。公益组织需要投入大量时间与人力，更不用说还有物料、网站等“硬成本”。那么，为什么还有这么多公益组织热衷于运动筹款?

（1）运动筹款有利于传播机构公益理念、积累机构品牌口碑。

运动筹款活动对公众富有吸引力，有利于吸引公众参与。在参与者参与活动过程中，公益组织有大量机会与参与者互动，让更多人了解机构所倡导的公益理念。基于熟人网络开展的运动筹款活动，天生就具备“分享”的基因。参与者通过熟人网络分享自己的行动，可以让机构品牌到达参与者的亲朋好友、同事、同学，极大地提升了品牌曝光率。机构品牌的可信度也能通过参与者的“背书”获得提升，从而逐渐积累自身的品牌口碑。

（2）运动筹款能够带来大额捐赠机会。

运动筹款活动对公益组织的筹款价值不仅在于单次活动的筹款额，还体现在品牌建立后带来的大额捐赠上。一场成功的运动筹款活动，能够让公益组织证明自身的能力与影响力，从而引起企业等大额捐赠人的注意，带来更多合作机会。

（3）运动筹款有利于迅速积累捐赠人、活跃已有捐赠人。

运动筹款参与者即筹款人的模式，能够帮助公益组织凭借参与者自身信任度迅速积累捐赠人。对捐赠人数据进行分析，采取合理的捐赠人维护措施，公益组织便有机会增强这些捐赠人对机构的黏性，开展二次开发工作。对于已有捐赠人而言，运动筹款也是触发他们再次为机构提供支持的好机会。

（4）高成本？不一定。

运动筹款活动并不总是需要高成本投入，成本一般与规模有关。一两百人小规模的运动筹款活动，即便是民间公益组织也能够承担。此外，如果采用与商业赛事合作“搭便车”的方式，借用商业赛事平台招募为自己代言筹款的公益跑选手，成本几乎可以忽略不计。

（三）案例分析

1. 内地第一个百公里运动筹款：“善行者”

“善行者”是由中国扶贫基金会发起的一项公益和健康相结合的大型户外公益徒步活动，也是中国内地首个百公里公益徒步活动。参与者 4 人组成一队，日夜兼程，在规定的时间内完成 50 公里或 100 公里徒步挑战，募款助力贫困地区儿童全面发展，每年 9 月在北京昌平区举办。

“善行者”在举办的第一年就获得了出色的成绩：报名爆棚，招募 450 支队伍，最终累计 1044 支队伍 4176 人报名“善行者”，不得不靠抽签决定队伍名额；为期 5 个月的筹款期中，有 9102 人次参与捐赠，人均动员 5 人次，筹集善款近 160 万元；25 家企业为活动提供了 40 吨物资及服务支持；活动得到 52 家媒体、30 余位明星力挺，获得 777 篇媒体报道和两项大奖；2014 年“善行者”为贵州威宁县贫困小学修建了 20 个爱心厨房，送去了爱心包裹，近万名小学生受益。

《北京晨报》在 2014 年最创新公益奖颁奖词中这样评价“善行者”：“当健康公益成为习惯，‘善行者’们将积极向上的人生态度和生活理念传递给他人，也同样留给了自己。”

“善行者”一夜成名。成功的原因离不开合理的活动设计、精心筹备、传播给力、服务到位等等。但最核心的原因，主要表现在以下两点。

（1）基金会高层充分重视，带来强大的资源动员能力。

作为一个大型公募基金会，中国扶贫基金会拥有众多公益项目与活动。基金会高层对“善行者”给予充分重视，将之视为整个机构的品牌活动而非部门项目，在政府合作、企业参与、传播等各方面为“善行者”带来了强大的资源动员能力。

政府合作。北京昌平区人民政府从前期路线制定、道路清理、电力配合到现场公安干警、医疗救护全程守护，全区前后共动员了30个部门及属地给予活动全面支持。

企业参与。2014年“善行者”共获得25家合作企业与机构支持。全程路线中，设有6个企业站点共计267名企业志愿者现场为队员提供特色服务。补给物资重达40吨，被队员称赞为近年参与过的补给最给力的运动类活动。

传播给力。作为机构品牌活动，基金会动员了大量传播资源，各种媒体及传播手段有机组合，形成立体宣传：北京交通广播台、CCTV6电影频道及相关明星资源投入，地铁广告和户外大屏幕（宣传片播放），以及网络和平媒多角度的报道……铺天盖地的传播效果保证了活动的高知名度和曝光率。

（2）追求极致体验。

“善行者”为了给参与者提供良好的体验可谓精益求精。整个活动筹备历时6个月，联合项目组人员多达12人，投入多方专业力量：瑞森德为活动设计、传播及筹款提供了智力支持，三夫户外、蓝天救援队为活动路线设计、现场组织提供了专业技术保障与服务。长达半年的多方努力，为的是给参与者带来尽可能极致的参与体验。

精心筹备。在活动筹备期间，组委会共组织21次探路及试走、13场队长碰头会、7次队员拉练活动和1次实地演习。

全程互动。组委会通过微博微信及朋友圈及时与队员队长互动交流，收集意见快速反应，及时调整，并给予队员迅速反馈。在活动结束后，甚至不惜花费大量精力依照号码布为队员们一一发送现场照片。

义工服务。2014年“善行者”的义工约有3000人次，分别负责登记、指路、补给、运送物资及人员等工作，其中救援、医疗、摄影等专业性的工作由专业机构组织人员参与。义工的微笑和鼓励、终点震天动地的加油呐喊、公安干警和救援队两天一夜全程守护、专业按摩师为疲惫的队员按摩双脚至凌晨等种种细节，给予队员一路前行的温暖与力量。

2. 筹款效果最突出的运动筹款："一个鸡蛋的暴走"

"一个鸡蛋的暴走"，是由上海联劝公益基金会（以下简称"联劝"）发起的联合劝募性公益筹款活动，旨在为儿童领域的多个民间公益项目筹款。参与者需要徒步完成50公里，并在熟人网络中进行善款募集，最初普遍采用的方式为："如果我为孩子们暴走50公里，你是否愿意为他（她）们的需要捐款？"

"一个鸡蛋的暴走"（以下简称"暴走"）自2011年开始，已举办了4届。与其他运动筹款活动相比，暴走的筹款表现最引人关注。从2011年的69万元，到2014年的623万元，暴走筹款额增长了8倍以上；人均筹款额从2011年的562元，到2014年的2013元，增长近2.6倍；2014年筹款笔数超过2万笔，人均筹款笔数7笔；公众筹款动员能力表现出色，公众筹款占比连年保持在65%以上。

作为一家地方性民间公募基金会，暴走为何能够获得如此漂亮的筹款成绩？

（1）强调公众参与定位。

暴走强调公众参与的定位，主要体现在去赛事化、不设置公众筹款门槛、举行公众评审会等活动设计上。暴走从一开始便始终强调自身不是一场比赛，从2013年起甚至取消了仅有的竞速前3名奖项和终点颁奖环节，实现彻底去竞赛化；对参与活动的公众队伍，暴走不设置筹款门槛，但对不参与抽签的企业团体队伍和特别筹款队伍设置了筹款要求；在善款流向环节，联劝设置了公众评审会机制，让暴走队员和捐赠人共同参与资助项目的评选决策，这一措施极大地提升了暴走活动的公信力，也增强了联劝与暴走核心捐赠人的黏性。

强调公众参与的定位，降低了普通公众参与门槛，让更多普通人先参与活动获得体验，再在体验中了解，再经由了解而信任，再因信任而愿意主动分享传播，由此为暴走积累了良好的口碑，激发参与者的筹款意愿。

（2）撬动员工筹款。

在中国内地运动筹款活动中，暴走应该是目前最重视员工筹款的运动筹款活动。参与暴走的企业/单位队伍，要承诺为员工配捐，而联劝则会为企业/单位提供内部动员邮件模板、筹款贴士、内部宣讲会等支持，由联劝工作人员为员工开展宣讲和筹款动员工作。这项工作被数据证明是极为值得的有效尝试。在2014年暴走中，95支团体队伍筹集了224万元，平均每支团体队伍筹款超过2.3万元。

（3）设置特别筹款队伍，吸纳优质参与者。

参考乐施毅行者规则，暴走设置了特别筹款的队伍类别。参与者承诺筹款达到2万元、签署承诺书，即可以特别筹款队伍身份免抽签参与暴走活动。但如果未能完成2万元的筹款承诺额，该队参与者将进入暴走“黑名单”，3年内不能再参与暴走。虽然惩处措施效果有限，但特别筹款队伍整体表现出了极高的可信度。2014年67支特别筹款队伍共筹集近200万元善款，平均每组筹集近3万元。67支队伍中仅有8支队伍未能实现筹款2万元的承诺。

（4）深耕上海。

作为上海地方性公募基金会，联劝没有向全国铺开暴走活动，而是采用了深耕地方的策略，集中力量挖掘上海劝募市场。这一策略优势在于降低了成本投入，同时也容易获得上海地方政府支持，聚焦上海也有利于数年来积累的捐赠人数据发挥更大的边际效应。

3. 小而美的环保公益运动筹款：“绿行家”

“绿行家20公里徒步公益挑战赛”（以下简称“绿行家”）是由绿色潇湘发起主办的为湖南公益环保筹款的公众活动，每年秋季在湖南长沙举行。活动要求市民和企业队伍组3～6人队伍参赛，队伍除完成20公里徒步公益挑战以外还需要募集不低于1000元的资金用于支持环保公益。

2013年绿行家第一期由芒果V基金、洋湖湿地、华声在线联合举办，共有1000余人参加现场徒步活动，共计募得12万余元资金。

2014年绿行家吸引了107支队伍、584位参赛者、160位体验成员参与，224位现场义工提供服务。现场队员中，年龄最大的为62岁，年龄最小的为1岁零2个月，家庭组团的比例为73.8%。活动共计筹得275365.9元现金捐赠、10家爱心企业物资捐赠104000元。

我们将绿行家称为“小而美”的运动筹款，主要基于以下原因。

（1）投入产出比。

从2013年到2014年，从12万余元到27万余元，绿色潇湘这一小小的民间环保组织发起的“绿行家”在筹款效果上实现了翻番，已属非常不易的成果。绿色潇湘只有4名全职人员，活动筹备时间约3个月，现场补给物资基本为企业赞助。整个活动硬成本投入仅为两三万元，筹集的资金却能够覆盖机构主体项目“四水守望者”2/3的所需经费。对这样一个小机构而言，投入产出比可谓相当可观。

（2）没有陌生人。

与“善行者”“一个鸡蛋的暴走”等大型运动筹款活动不同，绿行家的参与者几乎没有陌生面孔，呈现非常典型的社区化特征。参与绿行家的队员们，几乎都与绿色潇湘有直接或间接的关系——合作伙伴、志愿者、捐赠人、工作人员，或他们的朋友及家属。所筹集的款项，又是用于湖南本地的水污染防治，与每一个参与者的生活息息相关。这使得参与者与主办方之间，具有较强的情感纽带，从而激发参与者主动筹款意愿。对绿色潇湘而言，绿行家最重要的价值并不在于拓展新的捐赠人，而在于盘活机构已积累的捐赠人与合作资源。

（3）“小地方”，大影响。

绿行家获得了湖南本地电视、广播、报纸、杂志、网站全方位立体传播支持，在湖南赢得极高的曝光率与知名度。作为一个小机构，绿色潇湘比起在北上广等一线城市办一场活动，远不如在长沙举办更容易受到媒体的关注。这说明对于规模较小的公益组织而言，基于本地化发起“小地方”的运动筹款活动，依托新颖的活动形式、充分发挥本土优势，更容易撬动影响力。

（四）筹钱并非唯一成功标准

以上列举的三个案例，分别为全国性公募基金会、地方性公募基金会和民间公益组织。通过这三个案例我们可以看出，机构的规模不是问题，公募资质不是问题，在不在大城市也不是问题。只要愿意尝试，一切皆有可能。那么，什么样的运动筹款，才是成功的？

谈到成功标准，首先需要明确目标。每一场运动筹款活动的出发点都可能因机构战略的不同而不同。不过一般而言，运动筹款活动的目标不外乎以下三类：筹人、筹钱、筹人心。

1. 筹人

以筹人为目标，即希望能够让尽可能多的人知晓、了解活动和机构，吸引尽可能多的人报名、捐赠。反映在具体数据指标上，包括知名度、报名数量、捐赠笔数。

知名度反映的是活动与机构品牌有多少人知晓；报名数量反映的是参与者数量与参与积极性；捐赠笔数反映的是捐赠人次，有多少人参与。

其中最核心的数据指标为报名数量和捐赠笔数。这两个指标能够反映出愿意为公益组织提供实际行动——参与或捐赠支持的人群规模。例如，2014年善行者报名队伍1044支，远超过招募计划的450支队伍；捐赠笔数达到9102人次。说明善行者在举办的第一年，就已经募集到了过万愿意参与或捐赠的支持者，达到了良好的筹人效果。基于这些报名者与捐赠人留下的数据，中国扶贫基金会有望通过二次开发再次触发该人群参与捐赠。

2. 筹钱

以筹钱为目标，即希望能够筹集尽可能多的资金，数据指标为筹款总额与筹款效率。

赞助费指企业赞助的活动成本，仅指现金赞助，不含物资折算。

筹款总额指筹集的善款，不含用于覆盖活动成本的报名费、赞助费。

筹款效率指每筹集一元钱，需要付出多少成本。成本包括物资、服务采购与人力成本（人员工资）。

筹款效率 = 活动执行成本/（筹款总额 + 赞助费 + 报名费）

例如，若一家机构投入 100 万元执行成本，筹集善款 100 万元、赞助费 50 万元、报名费 10 万元。那么筹款效率 = 100 万元/（100 万元 + 50 万元 + 10 万元） = 0.625，即每筹集 1 元钱，需要花费 0.625 元成本。

为了提高筹款效率，运动筹款主办方就需要尽可能降低成本、寻求更多企业赞助、提高筹款总额。

3. 筹人心

筹人心，指的是以提升参与者的积极性与捐赠人的认同度为目标。反映在数据指标上，则是人均筹款额、人均筹款笔数。

人均筹款额指平均每一位队员筹集多少善款，人均筹款笔数指平均每一位队员成功动员多少人捐赠。

人均筹款额 = 筹款总额/参与者人数①

人均筹款笔数 = 捐赠笔数/参与者人数

例如，若一个运动筹款活动筹款总额 100 万元，参与人数 1000 人，捐赠笔数 5000 笔，那么人均筹款额 = 100 万元/1000 人 = 1000 元/人，即平均每位队员能筹集 1000 元；人均筹款笔数 = 5000 笔/1000 人 = 5 笔/人，即平均每位队员能够筹得 5 笔捐赠。

对比每一年活动的人均筹款额和人均筹款笔数，我们可以看出人们对该运动筹款活动的认同感与黏性。以暴走为例，暴走人均筹款额从 2011 年的 562 元，到 2014 年的 2013 元，增长近 2.6 倍；人均筹款笔数从 2011 年的 1.8 笔，到 2014 年的 7 笔，增长近 3 倍。这说明人们对暴走的认同感与黏性呈现显著递增趋势。

如果一场运动筹款活动的规模扩大，但人均筹款额和人均筹款笔数没有增长，就需要及时检视活动的定位与设计是否出现了问题。

在一个运动筹款活动中，筹人、筹款、筹人心这三个目标往往并存，只是侧重不同而已。重视筹人意味着机构希望迅速积累捐赠人与潜在捐赠人、

① 参与者指的是队员，而非捐赠人。

扩大知名度；重视筹钱意味着机构希望以尽可能低的成本筹集尽可能多的善款；重视筹人心意味着机构希望通过提供优质服务和体验增强参与者、捐赠人和机构的黏性，提升认同感，培养有效捐赠人。

（五）运动筹款未来的三个趋势

根据瑞森德对国际运动筹款行业和中国本土实践的观察，运动筹款在不远的将来将会呈现如下趋势。

1. 运动筹款将成为中国内地公益行业的主流筹款方式

不论是大型基金会还是民间公益组织，都将以运动筹款作为重要筹款方式，发起各自的运动筹款活动。随着未来第三方专业筹款平台的成熟，小型民间机构将成为运动筹款的主力军，活跃在各自所属城市，打造本地化运动筹款活动。

2. 运动筹款发起方多元化

运动筹款活动发起方将呈现多元化趋势。行业协会、商业机构、学校社团、运动俱乐部等机构、团体，甚至个人，也能够与公益组织合作，加入运动筹款活动潮流。未来公益组织未必需要亲力亲为发起多场运动筹款活动，可通过号召个人、企业或团体在自行发起的活动中嵌入筹款环节，开展“搭便车”式的运动筹款。

3. 商业赛事与公益的结合将会更紧密

随着商业赛事自身发展成熟，未来与公益的结合将会更加紧密。越来越多的赛事将会为公益组织开放平台设立公益跑组别，使它们能够招募公益跑者为其筹款，如北京国际马拉松从 2011 年起就设立了公益跑组别；或是面向所有参与者发起号召，为指定公益项目筹款，如摩根大通企业竞跑赛。

运动筹款风暴将至。

你会用什么样的姿势，来拥抱这个即将开启的时代？

G.8

金融资本与影响力投资

摘　要：资产保值增值与捐赠的影响力一直是困扰多数基金会的难题。近年来，国外新兴的社会企业与社会创新的浪潮对基金会的经营理念带来了深刻影响，一些基金会开始尝试向新兴的慈善组织开展捐赠，相对于传统慈善的沉没式努力，这种转型的效果究竟如何？本报告中选择了中国扶贫基金会力推的中和农信和宁波鄞州银行的蜜蜂小贷项目进行介绍，描述基金会进行影响力投资并借此进行资产保值增值的新趋势，并总结其成功经验。

关键词：金融资本　影响力投资　社会企业　金融创新

一　基金会转型影响力投资——以中和农信为例

影响力投资的概念缘起于2007年，这是由洛克菲勒基金会最先提出的一种新的投资概念，并且在2010年，摩根斯坦与洛克菲勒基金会联合发布了《影响力投资：新兴的资产类别》，把影响力投资界定为资产类别的一种，奠定了影响力投资在投资界和公益界的定位。影响力投资包含资金、社会和环境影响力三方面的回报。在公益的新时代之下，传统消耗型的慈善模式已经无法满足基金会的迅速发展。从2010年起，国内影响力投资已经初现，友成企业家扶贫基金会、南都公益基金会、中国扶贫基金会等都做出不同程度的转变。本文将以中国扶贫基金会的小额信贷项目——中和农信来剖析基金会转型影响力投资。

中和农信是一家专注于农村小额信贷的社会企业。起源于1996年，前身是中国扶贫基金会小额信贷项目部，于2008年转制成公司化运作，专门负责小额信贷扶贫试点项目的实施与管理。截至2014年12月，中和农信放贷覆盖全国16个省141个县，累计发放贷款938006笔，8437980900元。

（一）获取更多受益人的选票

1. 打通农村金融艰难的最后一公里

在国内目前的农村金融领域当中，金融服务的形式很单一、供给产品十分稀缺。农户对不定期少量借贷的需求很大，但其缺少可抵押的物品、借贷额度小、交易成本高。对于不同类型农户的信贷需求可分为：（1）贫困农户，有生活救助、小规模种植养殖的需求；（2）一般农户，有小规模种植养殖和生活开销的需求；（3）市场型的农户，有一定专业化规模化农业生产和工商运营等非农业所需。目前农村的金融机构包括农村信用社、农村合作银行、农村商业银行、新型农村金融机构和邮政储蓄银行，截至2011年末，上述机构共计3359个。作为准公共物品的小额信贷可以在一定程度上弥补金融普惠的覆盖程度。

2000年，中国扶贫基金会小额信贷项目——中和农信的前身在发展之初，项目县仅有四川阆中、四川通江、陕西安康、贵州晴隆、广西东兰、重庆开县、福建福安、山西左权共8个。经过不断的实践和调整，在《基金会管理条例》颁布的契机下，基金会于2015年发起成立民办非企业单位——康平县（辽宁）农户自立服务中心，并以此为模型迅速推广。2008年，中国扶贫基金会继续扩张，小额信贷项目县达到17个。2008年11月，小额信贷资产从中国扶贫基金会独立出来，转制成为中和农信项目管理有限公司（简称“中和农信”），截至2014年12月，中和农信共有141家分支机构。

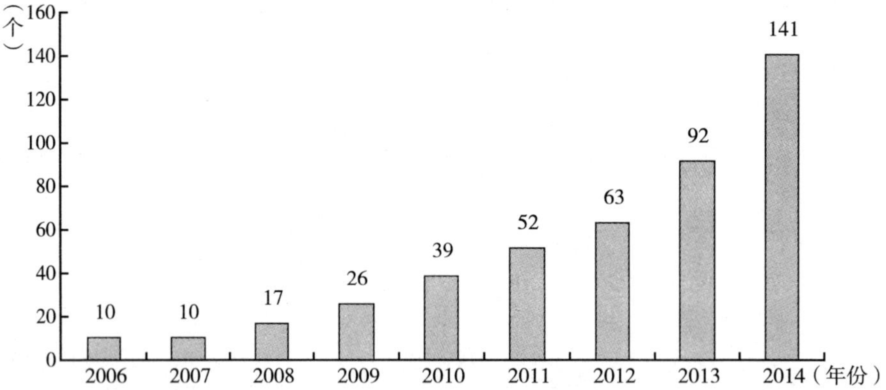

图 1　中和农信历年项目县数量

资料来源：中和农信，截止日期：2014 年 12 月 31 日。

表 1　中和农信小额信贷项目县情况（141 个项目县名单及性质）

序号	分支机构全称	所在省份	所在县级行政区性质
1	蔚县农户自立服务社	河　北	国家扶贫开发工作重点县
2	枣强县农户自立服务社	河　北	省扶贫开发工作重点县
3	威县农户自立服务社	河　北	国家扶贫开发工作重点县
4	阜平县农户自立服务社	河　北	国家扶贫开发工作重点县
5	涿鹿县农户自立服务社	河　北	省扶贫开发工作重点县
6	博野县农户自立服务社	河　北	省扶贫开发工作重点县
7	唐县农户自立服务社	河　北	国家扶贫开发工作重点县
8	阜城县农户自立服务社	河　北	国家扶贫开发工作重点县
9	海兴县农户自立服务社	河　北	国家扶贫开发工作重点县
10	献县农户自立服务社	河　北	省扶贫开发工作重点县
11	滦平县农户自立服务社	河　北	国家扶贫开发工作重点县
12	青龙满族自治县农户自立服务社	河　北	国家扶贫开发工作重点县
13	围场满族蒙古族自治县农户自立服务社	河　北	国家扶贫开发工作重点县
14	广宗县农户自立服务社	河　北	国家扶贫开发工作重点县
15	宽城满族自治县农户自立服务社	河　北	欠发达地区
16	兴隆县农户自立服务社	河　北	省扶贫开发工作重点县
17	盐山县农户自立服务社	河　北	国家扶贫开发工作重点县
18	武强县农户自立服务社	河　北	国家扶贫开发工作重点县
19	武邑县农户自立服务社	河　北	国家扶贫开发工作重点县
20	赤城县农户自立服务社	河　北	国家扶贫开发工作重点县
21	丰宁满族自治县农户自立服务社	河　北	国家扶贫开发工作重点县

续表

序号	分支机构全称	所在省份	所在县级行政区性质
22	隆化县农户自立服务社	河 北	国家扶贫开发工作重点县
23	大名县农户自立服务社	河 北	国家扶贫开发工作重点县
24	南皮县农户自立服务社	河 北	国家扶贫开发工作重点县
25	曲阳县农户自立服务社	河 北	集中连片特殊困难地区
26	巨鹿县农户自立服务社	河 北	国家扶贫开发工作重点县
27	涞水县农户自立服务社	河 北	集中连片特殊困难地区
28	广平县农户自立服务社	河 北	省扶贫开发工作重点县
29	魏县农户自立服务社	河 北	国家扶贫开发工作重点县
30	平乡县农户自立服务社	河 北	国家扶贫开发工作重点县
31	灵寿县农户自立服务社	河 北	国家扶贫开发工作重点县
32	故城县农户自立服务社	河 北	省扶贫开发工作重点县
33	沽源县农户自立服务社	河 北	国家扶贫开发工作重点县
34	行唐县农户自立服务社	河 北	国家扶贫开发工作重点县
35	内丘县农户自立服务社	河 北	国家扶贫开发工作重点县
36	任县农户自立服务社	河 北	国家扶贫开发工作重点县
37	怀安县农户自立服务社	河 北	国家扶贫开发工作重点县
38	尚义县农户自立服务社	河 北	国家扶贫开发工作重点县
39	平泉县农户自立服务社	河 北	国家扶贫开发工作重点县
40	万全县农户自立服务社	河 北	国家扶贫开发工作重点县
41	涞源县农户自立服务社	河 北	国家扶贫开发工作重点县
42	顺平县农户自立服务社	河 北	国家扶贫开发工作重点县
43	承德县农户自立服务社	河 北	集中连片特殊困难地区
44	天祝藏族自治县农户自立服务社	甘 肃	国家扶贫开发工作重点县
45	定西市安定区农户自立服务社	甘 肃	国家扶贫开发工作重点县
46	陇西县农户自立服务社	甘 肃	国家扶贫开发工作重点县
47	秦安县农户自立服务社	甘 肃	国家扶贫开发工作重点县
48	漳县农户自立服务社	甘 肃	国家扶贫开发工作重点县
49	临洮县农户自立服务社	甘 肃	国家扶贫开发工作重点县
50	景泰县农户自立服务社	甘 肃	集中连片特殊困难地区
51	和政县农户自立服务社	甘 肃	国家扶贫开发工作重点县
52	康乐县农户自立服务社	甘 肃	国家扶贫开发工作重点县
53	冠县农户自立服务社	山 东	无
54	莘县农户自立服务社	山 东	省扶贫开发工作重点县
55	和顺县农户自立服务社	山 西	国家扶贫开发工作重点县

续表

序号	分支机构全称	所在省份	所在县级行政区性质
56	榆社县农户自立服务社	山　西	省扶贫开发工作重点县
57	左权县农户自立服务社	山　西	国家扶贫开发工作重点县
58	灯塔市农户自立服务中心	辽　宁	欠发达地区
59	兴城市农户自立服务中心	辽　宁	欠发达地区
60	岫岩满族自治县农户自立服务中心	辽　宁	省扶贫开发工作重点县
61	北镇市农户自立服务中心	辽　宁	欠发达地区
62	昌图县农户自立服务中心	辽　宁	欠发达地区
63	开原市农户自立服务中心	辽　宁	欠发达地区
64	黑山县农户自立服务中心	辽　宁	欠发达地区
65	康平县农户自立服务中心	辽　宁	省扶贫开发工作重点县
66	康平县中和农信小额贷款有限责任公司新宾分公司	辽　宁	省扶贫开发工作重点县
67	清原满族自治县农户自立服务中心	辽　宁	省扶贫开发工作重点县
68	北票市农户自立服务中心	辽　宁	欠发达地区
69	绥中县农户自立服务中心	辽　宁	欠发达地区
70	康平县中和农信小额贷款有限责任公司朝阳县分公司	辽　宁	省扶贫开发工作重点县
71	阜新蒙古族自治县农户自立服务中心	辽　宁	省扶贫开发工作重点县
72	彰武县农户自立服务中心	辽　宁	省扶贫开发工作重点县
73	义县农户自立服务中心	辽　宁	国家扶贫开发工作重点县
74	西丰县农户自立服务中心	辽　宁	省扶贫开发工作重点县
75	喀喇沁左翼蒙古族自治县农户自立服务中心	辽　宁	欠发达地区
76	凌源市农户自立服务中心	辽　宁	省扶贫开发工作重点县
77	建昌县农户自立服务中心	辽　宁	国家扶贫开发工作重点县
78	建平县农户自立服务中心	辽　宁	省扶贫开发工作重点县
79	扎鲁特旗农户自立服务社	内蒙古	省扶贫开发工作重点县
80	化德县农户自立服务社	内蒙古	欠发达地区
81	商都县农户自立服务社	内蒙古	国家扶贫开发工作重点县
82	固阳县农户自立服务社	内蒙古	省扶贫开发工作重点县
83	科尔沁左翼中旗农户自立服务社	内蒙古	国家扶贫开发工作重点县
84	清水河县农户自立服务社	内蒙古	省扶贫开发工作重点县
85	阿拉善左旗农户自立服务社	内蒙古	省扶贫开发工作重点县
86	科尔沁左翼后旗农户自立服务社	内蒙古	国家扶贫开发工作重点县

续表

序号	分支机构全称	所在省份	所在县级行政区性质
87	阿鲁科尔沁旗农户自立服务社	内蒙古	国家扶贫开发工作重点县
88	开鲁县农户自立服务社	内蒙古	省扶贫开发工作重点县
89	敖汉旗农户自立服务社	内蒙古	国家扶贫开发工作重点县
90	宁城县农户自立服务社	内蒙古	国家扶贫开发工作重点县
91	科尔沁右翼前旗农户自立服务社	内蒙古	国家扶贫开发工作重点县
92	科尔沁右翼中旗农户自立服务社	内蒙古	国家扶贫开发工作重点县
93	突泉县农户自立服务社	内蒙古	欠发达地区
94	鄂伦春自治旗农户自立服务社	内蒙古	国家扶贫开发工作重点县
95	扎赉特旗农户自立服务社	内蒙古	国家扶贫开发工作重点县
96	兴和县农户自立服务社	内蒙古	国家扶贫开发工作重点县
97	察哈尔右翼后旗农户自立服务社	内蒙古	国家扶贫开发工作重点县
98	奈曼旗农户自立服务社	内蒙古	国家扶贫开发工作重点县
99	察哈尔右翼前旗农户自立服务社	内蒙古	国家扶贫开发工作重点县
100	土默特右旗农业自立服务社	内蒙古	欠发达地区
101	赤峰巴林右旗农牧户自立服务社	内蒙古	国家扶贫开发工作重点县
102	察哈尔右翼中旗农户自立服务社	内蒙古	国家扶贫开发工作重点县
103	武川县农户自立服务社	内蒙古	国家扶贫开发工作重点县
104	通辽市科尔沁区农户自立服务社	内蒙古	欠发达地区
105	库伦旗农户自立服务社	内蒙古	国家扶贫开发工作重点县
106	三台县农户自立服务社	四　川	5·12 地震灾区县
107	德阳市中和农信小额贷款有限责任公司广汉营业部	四　川	5·12 地震灾区县
108	德阳市中和农信小额贷款有限责任公司罗江营业部	四　川	无
109	荥经县农户自立服务社	四　川	4·20 雅安地震灾区县
110	德阳市中和农信小额贷款有限责任公司中江营业部	四　川	无
111	六枝特区农户自立服务社	贵　州	国家扶贫开发工作重点县
112	德阳市中和农信小额贷款有限责任公司德阳营业部	四　川	无
113	雨城区农户自立服务社	四　川	4·20 雅安地震灾区县
114	德阳市中和农信小额贷款有限责任公司绵竹营业部	四　川	5·12 地震灾区县
115	德阳市中和农信小额贷款有限责任公司什邡营业部	四　川	5·12 地震灾区县
116	安仁县农户自立服务社	湖　南	省扶贫开发工作重点县

续表

序号	分支机构全称	所在省份	所在县级行政区性质
117	吉首市农户自立服务社	湖　南	省扶贫开发工作重点县
118	新田县农户自立服务社	湖　南	国家扶贫开发工作重点县
119	慈利县农户自立服务社	湖　南	集中连片特殊困难地区
120	沅陵县农户自立服务社	湖　南	国家扶贫开发工作重点县
121	平江县农户自立服务社	湖　南	国家扶贫开发工作重点县
122	连南瑶族自治县农户自立服务社	广　东	省扶贫开发工作重点县
123	茶陵县农户自立服务社	湖　南	省扶贫开发工作重点县
124	洞口县农户自立服务社	湖　南	国家扶贫开发工作重点县
125	汝城县农户自立服务社	湖　南	国家扶贫开发工作重点县
126	石门县农户自立服务社	湖　南	国家扶贫开发工作重点县
127	沅陵县农户自立服务社	湖　南	国家扶贫开发工作重点县
128	福安市农户自立服务社	福　建	省扶贫开发工作重点县
129	霞浦县农户自立服务社	福　建	省扶贫开发工作重点县
130	双牌县农户自立服务社	湖　南	省扶贫开发工作重点县
131	兴国县农户自立服务社	江　西	国家扶贫开发工作重点县
132	宁都县农户自立服务社	江　西	国家扶贫开发工作重点县
133	砚山县农户自立服务社	云　南	国家扶贫开发工作重点县
134	楚雄市农户自立服务社	云　南	欠发达地区
135	富宁县农户自立服务社	云　南	国家扶贫开发工作重点县
136	昌江黎族自治县农户自立服务社	海　南	国家扶贫开发工作重点县
137	南召县农户自立服务社	河　南	国家扶贫开发工作重点县
138	广南县农户自立服务社	云　南	国家扶贫开发工作重点县
139	宾川县农户自立服务社	云　南	省扶贫开发工作重点县
140	中和农信项目管理有限公司北京门头沟分公司	北　京	无
141	西乌珠穆沁旗新呼德资金互助协会	内蒙古	无

资料来源：中和农信官方网站。

从2009年起，项目县每年的增长率都高于20%，其中2010年增长最快。2012～2014年，平均每个月新增覆盖2.5个项目县。“为客户提供方便快捷的精益服务，打通农村金融艰难的最后一公里”是中和农信秉持的行为准则。

2. 把客户当上帝

曾有人这样议论中和农信人："你们还真不怕脏不嫌累，为了几千块钱那么一点贷款，风里来雨里去的往那些人家跑，值得吗？"

金德军是黑山分支机构的一名信贷员，负责辽宁省黑山县所属的大兴、常兴两个乡镇的金融扶贫工作。有一次下暴雨，当天正是金德军收款的日子。之前已经和客户定好了今天收款，去还是不去？同事们劝他延后一天，金德军坚决不同意，执意要去，临走前留下一句话："我们作为中和农信人，要说话算话。"说完冒着大雨出门了。

在这样的暴雨天出门，汽车随时会陷在泥泞之中无法动弹，甚至可能会侧滑翻到路边的沟里。当所有的客户都望着窗外的大暴雨觉得金德军今天来不了的时候，金德军的车却在泥泞的乡间土路上缓缓地移动着。"嘀——嘀——"一阵清脆的鸣笛从远处磅礴的大雨中传来。"是金德军来了?!"客户大吃一惊，甚至还有些将信将疑。"大姐，今天是收款日，我来了。"紧接着，金德军的呼叫声透过窗户传了过来。客户感动地说，"没想到中和农信还真是一个唾沫一个钉，上门服务说到做到。"客户要留金德军在家多坐会，等雨小了再去下一家，金德军却婉言谢绝了客户的挽留，向着下一家走去。

——上述案例来自中和农信官方网站

有别于一般的金融机构，中和农信提供上门服务取代柜台服务，并且鼓励员工与客户的关系转换为朋友。做到这一点，有以下几个因素：（1）中和农信"草根金融，惠泽乡村"的价值观，为贫困地区提供急需的金融服务，锻造可持续的金融扶贫模式。（2）信贷员人数配备相对充分，平均每个分支机构员工有 12 人。（3）员工招聘本土化及多样化，少数民族员工占 23.01%。

2011 年 4 月，经过全体员工大会商议确定，将"中和基金"（旨在实现员工之间的互助）的援助范围扩大至客户，为受灾或者遇到困境的员工和客户提供支持。2014 年，累计 26 位员工和 113 位客户受益。

3. 提供的不仅仅是钱——还有非金融服务

（1）农业技术培训。农户由于缺乏完善的生产知识能力培训，容易影响投入产出比。中和农信除了给客户提供贷款，还会根据客户的需求，聘请专家不定期提供农业技术培训，如种养殖技术、公共卫生与法律知识、经营方法等。2014 年，中和农信累计为 2 万余名客户提供农业技术培训 4000 场，发放技术资料 6 万份。

（2）免费保险。自 2009 年起，中和农信向所有贷款客户赠送“定期寿险”。当客户发生意外伤残或死亡的时候，保险公司将代为偿还剩余债务。2014 年，中和农信为客户提供免费信贷寿险 25.3 万人/次，承保金额为 28.3 亿元，保险费用为 473 万元，比 2013 年增长了近 40%。全年共有 137 户遭受死亡或者意外伤残的家庭因此被免除了债务。

（3）金融教育。在理财观念、合理支出、开拓资源、增加收益、识别货币真伪等方面提供培训。2011 年 8 月，中和农信正式对接中国人民银行征信系统，所有贷款客户的交易记录都被导入征信系统，20 多万个在正规金融机构没有贷款记录的客户一下子有了自己的征信系统。

中和农信注重培养客户的信用意识，《中和农信 2013 年度金融需求调查报告》显示，在中和农信的项目区，有 73% 的百姓没有听说过中国人民银行的征信系统，且他们当中有 55% 不知道自己在银行的贷款信息会进入征信系统。但中和农信的客户中，80% 知道自己的贷款信息会进入征信系统。

（4）其他。除了上述的几种服务以外，中和农信还举办卫生健康培训、机构员工一对一助学项目、露天电影播放、给当地农村妇女提供家庭档案培训、免费健康体检、环境保护活动、乡村演出、法律知识普及等。

基金会转型影响力投资能够获得更多有效的受益人选票。2014 年的客户满意度调查显示：97% 的客户为农户，94% 的客户为妇女，初中及以下文化水平的占 94%，且有 81% 的贷款客户未从其他金融机构获得过贷款。86% 的客户在 7 天内得到贷款，96% 的客户对于中和农信的服务效率非常满意。78% 的客户认为中和农信的贷款帮助很大，其中 48% 认为中和农信帮助他们开始了新的生意或扩大了生产规模，其他 52% 认为帮助改善了他们的生活，包括住房和子女教育等。[①]

（二）追求社会绩效的基因

2011 年是中和农信转型企业运营第三年，对社会影响力提升的意识更为深化，明确提出提升社会绩效的战略规划：将社会使命贯穿于每一个业务流程中，让每一个员工都真正体现社会责任感，使中和农信成为一家名副其实的社会企业。2011 年 8 月，法国沛丰评级机构（Planet Rating）对中和农信进行了全面的社会绩效评估。评估小组实地走访了 4 家分支机构，并与总部所有部门以及外部审计机构进行座谈讨论。经过沛丰评级机构的综合评估，中和农信的社会效益评估分值为 3，处于国际标准的中上水平。

中和农信的社会绩效管理秉承小额信贷的宗旨，从客户、员工、社会三方面持续改善，具体包含五个维度内容：治理结构、金融普惠、客户保护、人力资源和社会改善，见图 2。

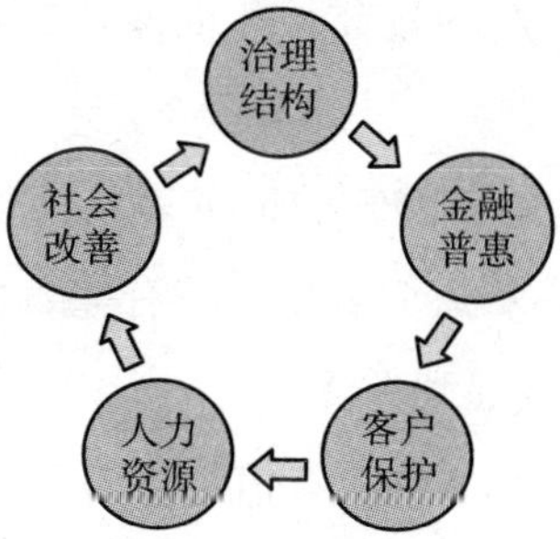

图 2　中和农信的绩效管理维度

资料来源：中和农信。

（1）治理结构。从规范员工自身、践行企业社会责任、信息公开透明三个方面展开治理结构的梳理。2012 年，出台及更新相关的社会绩效规章制度。如更新《员工行为准则》，增加责任金融、客户保护等方面的内容，

① 客户满意度调查结果来源于 2012 年中和农信年度报告。

强调小额信贷从业人员的职业素养。出台《环境保护原则》，明确贷款禁止行业，倡导绿色金融理念，同时将环境保护的理念推广到客户层面，积极引导客户开展环境友好的经营行为。2013 年，完善《中和农信宗教及民族文化融入原则》《中和农信客户隐私保护原则》《中和农信防止客户过度负债原则》。此外，中和农信一直主动披露信息，方式包括召开新闻发布会、每月公布业务发展报告、登录国际小额信贷平台（IPA）、登录国际小额信贷信息交流平台（MIX），开通微博、微信等新媒体公共平台。在中和农信官方网站的信息披露页面，可以查看 2009 年至今每月简讯。

（2）金融普惠。中和农信的业务将继续向更贫困的西部地区推进，把金融服务做得更广、更深。现阶段覆盖 16 个省 141 个县，其中 60% 为国家级贫困县，20% 为省级贫困县。75% 的客户表示，除中和农信以外，未接受过其他机构的金融服务。

（3）客户保护。农户在借贷当中，最容易成为信息不对称的弱势一方，对于个人信息保护意识不强。针对这一点，中和农信设计制作了《客户须知》，内容包括隐私保护、金融教育、环境保护和意见投诉，在发放贷款现场向客户详细解读。

（4）人力资源。中和农信 99% 的员工表示他们“清楚公司的使命和价值观”，员工高度的认同感来源于中和农信有完善的培训体系、丰富的企业文化生活和公平完善的薪酬福利保障。

（5）社会改善。2013 年，中和农信组织专家调研编写“小额信贷在中国”系列丛书，引导行业相关人士关注并探讨中国金融扶贫的发展方向。2014 年，成功举办六期微聚活动，打造我国公益小贷交流的平台，促进行业的沟通和发展。

（三）救济之上的公益新思维

1. 商业与公益兼得的可持续发展

目前为止，中和农信的产品相对比较单一，只有小组联保和个人信用贷款。小组联保的信用贷款方式是通过五户联保，单笔最高额度是 16000 元。

个人信用贷款是以个人信用作为担保，单笔最高额度是5万元。两者的贷款期限都是6~12个月；每月等额还本付息；从贷款的第二个月开始还款，分10次还清。截至2014年年底，存量客户23.8万户，共计发放贷款28.7亿元。轻便的产品线使得中和农信的推广和覆盖可以迅速进行，信用担保方式以及贷款期限的设置，就是从制度上降低放贷的风险，让有信用的农户能够持续获得最大的资金支持。

2015年以前，中和农信的信贷资金来源包括捐赠款、无息贷款、批发贷款、战略性投资者。根据2010年年底的数据，中和农信的资金来源超过60%是来自批发贷款，其中有中国农业银行（占56%），中国开发银行（27%），北京银行（10%），渣打银行（5%）和香港嘉里道基金会（2%）。[①] 可持续的资金来源渠道小，额度低，如果依靠每年放贷利润的方式获得资金，扩张的速度将会受到很大的限制。传统的金融体系结构层次不完善，产品设置不够全面、对普通的草根经济体监管存漏洞等因素，导致中和农信这样自下而上的经济体融资难、融资贵。

证监会公布资产证券化新规后的首单产品——中和农信2014年第一期公益小额贷款资产支持专项计划成功设立，已在深圳证券交易所挂牌上市。在上市之前，中和农信已经融资5亿元，与深交所共同签署一份合作计划，深交所将向中国扶贫基金会提供无息借款1000万元，用于专项支持甘肃武山的小额信贷扶贫项目。资产证券化之后，拓宽了资金来源渠道，一是获得更多投资者的资金支持，有利于扩大覆盖的体量。二是资金来源多样化，持续激活公益性小额信贷的运营。三是市场化运作及监管，推动中和农信自我调整。

2. 激发改变的动力

农户贷款的资金用途主要分布于农林牧渔业、生产加工业、交通运输业、批发和零售业、社会服务业、房屋改造及其他。其中占比最高的是农林牧渔业，近3年的数据显示，基本处于64%左右，批发和零售业占比第二，为13.5%左右。见图3。

① 数据引用自《小额信贷在中国——艰难前行的公益小额信贷》。

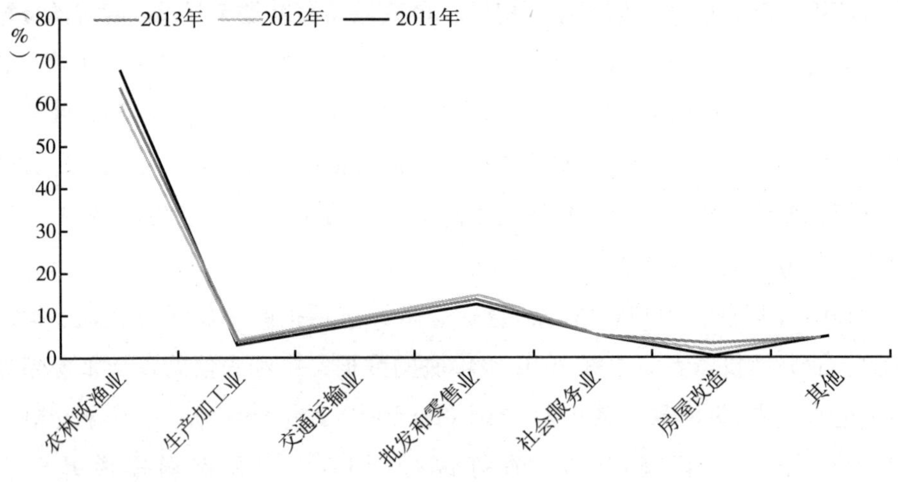

图3　中和农信农贷资金使用领域

资料来源：中和农信。

中和农信客户群体特征为贷款需求小于10000元、从事农林牧渔业的农村妇女。在农村，女性地位较低，而拥有独立的收入来源是提升地位的重要途径。贷款支持农村女性创业守业，能够激发她们改变生活困境的动力。

（四）案例：辽宁省清原县大庙村

我们在村口见到刚刚卖完猪崽回家的姚慧芳。26岁的姚慧芳2000年从沈阳农业大学畜牧专业毕业后在沈阳打了几年工。"由于认识了现在的老公，所以结婚后跟着他回到了大庙村。"慧芳说，"那时家里很穷，我看到后院有个闲置的猪圈，就想到运用自己学到的知识来发展养猪业，改善家里的条件，场地是有了，只是缺少启动资金。"2008年3月，姚慧芳与同村的几户妇女组成一个小组，向中国扶贫基金会清原农户自理服务社申请贷款，发展养猪项目。"我用4000元买进3头母猪，经过几个月的精心饲养，头一窝就产下31头猪崽。"姚慧芳高高高兴兴地说，"当时猪崽的市场价格好，我只留下2头，其余全卖了，净赚4000余元。"她将剩余的钱用来买饲料，建猪圈，扩大养殖规模。现在，慧芳家中除了原有的3头母猪，又增加了十几只猪崽。这样发展下去，2009 年她的养猪项目会粗具规模。

中和农信无论是从覆盖面、业务量、员工数量，还是捐赠人参与方面，在国内的公益性小额信贷机构当中，仍然处于领先水平，但发展空间很广阔。通过培养员工与客户之间平等互助的朋友之情、以客户的利益为最大考虑因素，提供优质的金融与其他增值服务等方式获取更多有效客户的选票，扩大社会影响力。除此之外，基金会以股东的角色来参与中和农信各项事务，把握公益性小额信贷的本质特征，衍生其追求社会效益的基因。社会企业拥有支持他人自我造血的功能，同时也有维持可持续运营的能力，多样化的资金来源渠道，资产证券化是其重要的转折点。IPO 的模式会带来更多的机遇和挑战，把握小额信贷的公益性质，精准定位服务对象，扩大融资规模，这将会卷起基金会转型影响力投资新浪潮。

二　跨区域、跨领域开展协同共赢的公益尝试

——以宁波鄞州银行公益基金会“蜜蜂小贷技术输出”援助项目为例

近年来，我国公益慈善事业进入加速发展的新阶段。从公益信托在《信托法》中的出现，到“十三五”规划中提出的社会治理，再到国务院印发的《关于促进慈善事业健康发展的指导意见》，公益慈善的重要性获得了广泛认同，跨界公益日益普遍，社会对公益慈善事业专业化和公益慈善项目有效性的呼声日趋高涨，越来越多的从业人员加入到公益慈善的队伍中，公益慈善事业的社会影响力与有效性在不断扩大。随着各类灾后重建工作、大型国际会议和活动、扶贫济困等活动的连续开展，各领域间的合作日益密切，项目的可持续性日益突出，并给众多社会精英提供了创新、行善与专业三者兼得的平台。在这个关键的时刻，公益慈善组织与专业机构之间的合作、专业机构的慈善战略以及公益组织自我造血功能的建设在发展的风口浪尖。

随着跨界公益的公益有效性被一次次验证，越来越多的爱心企业开始进

入公益慈善行业，企社合作的双边合作模式普遍出现，但基金会与专业的金融机构在三方合作模式的平台上以非金钱非物质输出的形式参与到公益慈善事业仍为少见。鄞州银行与鄞州银行基金会在2013年的雅安地震之后大胆尝试金融机构、地方政府与NGO的三方合作模式，以技术输出的方式进行灾后重建，推动当地草根金融的发展。在邛崃市人民政府的统筹和大力支持下，指定邛崃国民村镇银行为援助金融机构，基金会输出100万元公益金支持专家团队进行技术培育，鄞州银行提供技术及专家团队，开展蜜蜂小贷技术输出灾后援助项目，通过市场分析与调研、产品设计、制度拟订、人员招聘与培训和考核设计，最终赋予地方村镇银行长期独立开展小微信贷业务的能力，有效地促进了地方经济发展。

（一）项目背景：中国草根金融的盲点

通常意义上，草根金融指与中小企业和农村经济相配合的金融制度与结构。然而小微企业的信贷具有短期、小额、分散、多次和有担保问题等特点，加剧了信贷风险，所以商业银行与国有银行在利润最大化的目标驱使下，容易忽略草根经济体的重要性，造成业务盲点。2014年6月25日出炉的《中国小微企业发展报告2014》显示，小微企业信贷需求满足率不足50%。全国有4.8%的小微企业资产小于负债，而在有负债的小微企业中，又有超过两成已经资不抵债。调研中还发现，由于信贷可及性低，小微企业通过正规渠道融资难的问题广泛存在。其中，“认为不会被批准”“申请过程麻烦”“不知道如何申请贷款”等想法大大打消了小微企业去申请贷款的动力。除去对小微企业风险系数的考虑，“申请过程麻烦”（36.3%）和“不知道如何申请贷款”（10.1%）均为非市场因素，可通过普及小微贷款常识和贷款意识得以解决。此外，报告数据显示，目前在中国有信贷需求的小微企业持有信用卡的比例只有不到14%，而美国，2008年利用信用卡融资的小型企业比例已经达到44%。因此，多数小微企业选择民间信贷或亲朋好友间的无息借贷。①

---

① http：//www.cs.com.cn/sylm/jsbd/201406/t20140626_ 4429686.html.

更具体地说，当前我国多数商业银行对小微企业的信用评估和贷款审核标准还是以大中型企业的相关指标为参照，不仅导致大多数小微企业无法达到银行放贷标准，而且不能充分考虑小微企业发展的资深特点与真实风险情况。小微企业贷款的困难性与信贷管理模式上的无差异性既说明了中国小微信贷市场的困难，也反映了小微信贷市场的巨大潜力。符合小微企业的草根金融需要在目前这种无差异化的信贷管理模式上进行创新，因地制宜，充分利用多方合作所创造的机会与平台，合理调配社会资源，增加小微企业的社会竞争力，发展地方经济，进而增强我国经济活力。

以上的种种信息不仅反映出大银行对小微企业的服务质量还有待提高，并且体现了市场职能的失灵。若地方银行在信贷业务上能提高与小微企业的匹配度，充分发挥地方优势与特色，便能促进小微企业在政府与金融机构的共同努力下稳定、成长。因此，蜜蜂小贷技术输出项目根据地方特色，在利率和担保两方面进行创新和专业团队建设，打造出 7 款金融产品来实际解决邛崃地区的信贷业务问题。蜜蜂小微信贷项目旨在发挥小微信贷在草根金融上的优势，根据当地个体经济和当地经济的组成特色，为信贷功能缺失的地区提供专业技术支持，从而让小微企业健康发展，从而改善当地家庭的生活水平，为地方经济做出更大的贡献。

（二）项目特色

1. 因地制宜打造地方信贷特色

为了更好地了解市场空间大小、锁定市场需求、量身设计金融产品和更有效地规避风险，鄞州银行派出的专家团队首先在邛崃市进行了市场调研。来自当地工商个体户的 95.22% 的有效问卷结果显示，93% 的受访对象有六个月以上的稳定经营历史，并且绝大部分属于贸易行业（72%）及服务行业（22%），经营区域以街边店铺为主（86%），其中，76% 的受访对象是家庭的唯一经济来源。从具体的信贷业务使用情况和需求来看，该地区主要具有以下特点。

（1）这些商户使用信贷服务的经历较为匮乏。从主要经营收支手段来看，47% 完全通过现金来实现。从信用卡持有比例来看，只有 32% 的受访对象拥有信用卡，且只有 19% 的受访对象持有两张以上的信用卡。更进一步而言，不仅只有 38% 的受访对象曾有过借贷历史，而且在有借贷历史的受访者中，60% 的人采用亲戚朋友间的无息借贷，33% 的人采用银行贷款，6% 的人采用民间借贷，只有不到 1% 的人采用微贷公司的渠道获取资金。从贷款用途来看，主要用于生产和经营（贷款的 61% 用于进货、购买原材料和半成品，23% 用于购买固定资产、开分店或开展一项新业务）。

（2）受访者的每年贷款需求与平均贷款期限符合小微贷款的定位。从贷款资金需求看，66% 的每年 1 万 ~ 10 万元的借款需求与仅 4% 的 50 万元以上的大额需求结构符合小微贷款的定位；从贷款期限看，大部分集中在两年以内，6 ~ 12 个月的贷款需求为 44%，12 ~ 24 个月的为 13%。然而，最为关心的贷款利率水平，与银行初步设想的为覆盖小微贷款风险和成本而设定的值有一定的出入。为此，鄞州银行重点考察了受访者对利率的容忍程度，发现在有潜在贷款需求的小微企业中，25% 的受访者能容忍 18% 的年利率，20% 的受访者能容忍 24% 的年利率，而剩下的那些不能容忍适度高利率的潜在客户，能够接受的年利率平均为 13%。

以上的各项调研结果显示，当地小微企业或个体工商户有较为稳定的经营收入，但由于对信贷业务的经历匮乏和对资金运作的不积极，经营规模一直保持在原有水平，几乎没有扩张或进一步发展的打算。无论是在当地工商个体户涉及的行业，还是对贷款资金的金额量需求和期限，蜜蜂小微信贷业务的潜在客户存在非常大的相似性，这在很大程度上帮助了鄞州银行对小微贷款客户进行更好的分类、分层、定位与风控机制设置。

结合市场的调研结果，该项目最终设计了 7 种符合市场需求的不同产品："增力贷""增额贷""增信贷""信用贷""灵活贷""押余贷""批量贷"，见表 2。多维度地覆盖当地中小型企业的贷款需求，不同产品以不同的利率区间、不同的抵押增信方式、不同的贷款管理方式加以区别，以适应各类贷款需求。例如："增额贷"放大了房产一次抵押率，最高可达 140%，是传统银行的 2 倍，已累计发放"增额贷"100 多户，金额近 1.5

表 2　宁波鄞州银行公益基金会“蜜蜂小贷”项目类别

	特色	单户贷款金额	贷款期限	贷款利率基准	担保方式	还款方式
批量贷	在与第三方担保主体签署小微贷款批量业务合作协议的基础上，由承担连带责任的第三方主体担保，并在本行按小微贷款发放金额的一定比例追加专项风险保证金，向小微贷款目标客户发放贷款的业务品种	1 万～100 万元	3～36 个月	固定利率	由第三方担保主体连带责任担保及专项风险保证金担保	按月等额本息还款
灵活贷	还款方式灵活	1 万～100 万元	3～36 个月	固定利率，年化 13.5%～19.5%	客户以房地产抵押为主	按月付息到期还本，或其他不规则还款方式
信用贷	以信用方式向小微贷款目标客户发放贷款，要求客户信用记录良好	1 万～20 万元	3～12 个月	固定利率，年化 21%	无担保，要求信用记录良好，客户近两年无连续逾期记录，且累计逾期次数小于等于三次	按月等额本息还款
押余贷	以房地产（主要指按揭项下或已在其他银行抵押的住宅、商铺、办公用房、厂房等）二次抵押方式向小微贷款目标客户发放贷款的业务品种	1 万～300 万元	3～36 个月	固定利率，年化 13.5%～19.5%	以按揭项下房地产的二次抵押方式为主	还款方式灵活

续表

	特色	单户贷款金额	贷款期限	贷款利率基准	担保方式	还款方式
增额贷	主要以房地产抵押方式向小微贷款目标客户发放贷款的业务品种	1万~300万元	3~36个月	固定利率，年化12.3%~19.5%	以房地产首次抵押为主	贷款实际抵押率（贷款实际余额/房地产评估价）低于70%（含），允许按月付息、到期一次还本
增力贷	以个人或法人公司为主要担保方式，向小微贷款目标客户发放贷款的业务品种	1万~200万元	3~24个月	固定利率，年化15%~21%	个人或法人公司进行担保	按月等额本息还款
增信贷	以房地产抵押或较强资产实力的个人（法人公司）为主要担保方式，向征信记录欠佳的小微贷款目标客户发放贷款的业务品种	1万~200万元	3~36个月	固定利率，年化15%~21%	以房地产抵押为主	按月等额本息还款

资料来源：鄞州银行公益基金会。

亿元，比传统房地产抵押方式多支持小微企业约5000万元，有力地支持了地方小微企业的经济发展；“押余贷”激活了小微企业房产二次抵押市场。上述两种产品有效破解了小微企业融资需求与可抵押房产不足的矛盾。

在管理与核心原则的设定上，根据市场调研的结果，蜜蜂小微信贷项目标准化并简化信贷流程、通过现场考察等方式直接侧重借款人的还款能力、调整担保手段与其重要性、采用差别授权和矩阵组合决策模式，为客户提供个性化融资方案、提高放贷效率和客户忠诚度。

2. 授之以渔：坚持可持续发展之路

从项目评估角度而言，项目的监管、公开透明性、可持续性、有效性、和社会影响力是评估的重点，也是公益慈善行业里一直受热议的话题。鄞州银行的蜜蜂小微信贷项目不仅是一项灾后重建的援助项目，也是一项针对地方银行和地方政府展开的输血式技术输出项目。相比给“鱼”式的直接资金资助，蜜蜂小微信贷项目在项目输出的过程中在三个层面进行了造血系统的搭建。一方面，从一家机构的战略发展角度而言，科学的人力资源管理方法至关重要，包括培训、团队建设、组织文化建设、绩效考核内容设计和激励机制的设置等。人员培训不仅是提高从业人员素质的重要保障，而且是发现人才和开发人力资源的重要方式。鄞州银行输出为期一年的专业团队为邛崃国民村镇银行进行团队建设，从招聘、培训到考核评估系统建设，从市场调研到信贷产品设计，为邛崃国民村镇银行提供进行长期小微信贷项目运作的能力与质量保障。另一方面，从个人角度而言，岗前培训和导师一对一的业务培训赋予受聘人员授信业务能力、信贷常识和风险控制技巧，从业务水平与业绩中培养他们的自信心、独立业务能力和团队合作能力。最后，从社会层面来说，在项目发展得越来越好的同时，不仅给当地创造了就业的机会，而且规范了当地借贷市场，活跃了地方经济。

3. 协作共赢：多元主体广泛参与

在这个提倡资源共享、协同共赢和跨界公益的时代，蜜蜂小微信贷技术输出项目的成功很大一部分取决于政府、金融机构和基金会的三方合作，将社会问题、资源、平台与专业力量进行整合与协调。在2013年4月20日雅安地震发生后，各行各业都纷纷伸出援助之手，以个人与组织的名义发起捐款或输出救援团队。作为专业的金融机构，鄞州银行和鄞州银行公益基金会迅速携手向邛崃市人民政府指定的金融机构——邛崃国民村镇银行，无偿输出多年实践积累学习的“10M＋8T”蜜蜂小贷技术[①]。投入现金共计400万元，并派出14名常驻和非常驻专家帮助当地金融机构提高服务该区域小微信贷业务的能力与水平，加速灾后重建工作与经济复苏，开创金融机构以技术输出方式援助灾区建设的公益模式先例。

三方之间相互的帮助与监督不仅对项目的公正性、非营利性、有效性和可持续性提供了保障，而且将项目的效率和影响力最大化。作为项目发起方和技术输出方，鄞州银行在得到灾区消息的第一时间迅速反应、分析并进行决策，充分利用其专业优势，用最少的现金投入创造长期增长的社会效应与地方经济效应；作为地方政府，在当地遭遇困难之时，把握机会，及时与多方进行对接，在项目对接与起步中起到决定性作用；作为基金会，在此项目中担任监管和对外公开的重任，并在项目设计与项目输出过程中及时进行评估和监督，给公众一个交代。

看似该项目完美达成了灾后重建的共同愿望，但为何称此项目为协同共赢？这更多地取决于该项目对参与方“个人利益”的成全和对“有效公益”的解读。作为金融机构，纯粹的资金输出可以证明它们参与公益慈善，得到社会关注与好评。但无论从公益与慈善的区别而言，还是从公益有效性的角度理性地去考虑，如何利用自己的相对优势与特长，在输出可持续性的援助项目的同时，不损害机构原有的利益，并带来额外的价值是思考

---

① 蜜蜂小贷技术是指鄞州银行在总结数十年来服务小微客户的经验教训基础上不断完善提升，又花三年时间引进国际先进技术予以规范，目前已形成系统性、专利化、可推广的“10M＋8T”专项信贷技术。10M即为10个专项运作机制（机制英文为Mechanism，简称M），包括“专项队伍建设、专项业务产品、专项审批模式、专项操作流程、专项利率定价、专项考核机制、专项容忍政策、专项规模列示、专项经营核算、专项服务整合”10个专项运作机制。8T即为8个专项运作技术（技术英译为Technology，简称T），包括“客户营销技术、现场调查技术、报表制作技术、交叉检验技术、现金流分析技术、还款设计技术、贷后监控技术、逾期追讨技术”8个专项运作技术。

的重点。从蜜蜂小微信贷项目中，金融机构不仅扩大了其在四川邛崃地区和金融界的影响力，并通过在邛崃国民村镇银行持股的方式，在帮助地方的同时增加业务量；对于地方政府而言，不仅在灾后重建的思考中创新思维，而且为建立三方跨界合作模式奠定基础、开辟发展的空间、增加社会对政府的公信力；对于基金会而言，不仅在三方合作模式的创新上尽一份力，而且通过所创造的平台和社会影响力，为日后企业慈善、个人慈善和机构慈善开辟了新途径。

政府、NGO和专业机构之间的合作机制实现了优势互补和资源互补，增加社会对公益慈善项目的公信力。协同共赢公益的核心是各方抱着成全彼此的心贡献资源、技术、平台，解决问题，创造社会影响力，并使参与方在项目输出的过程中携手共进，见图4。

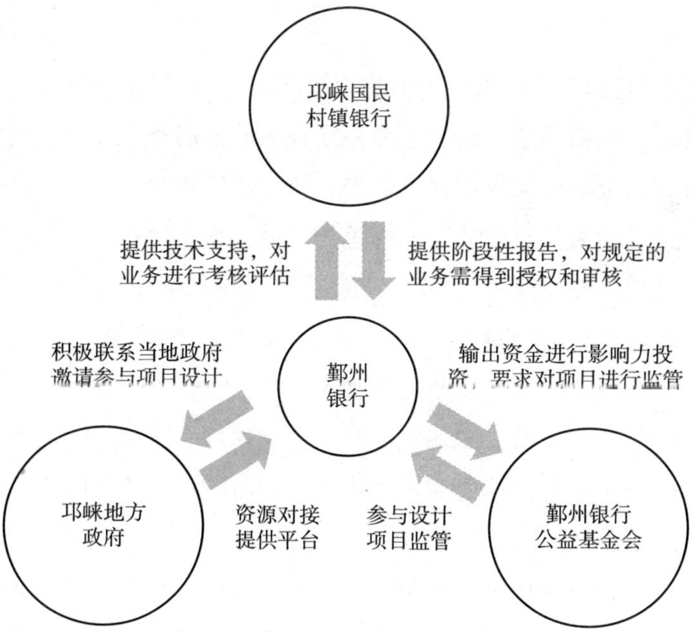

图4　鄞州银行项目合作关系

资料来源：鄞州银行公益基金会。

（三）项目借鉴与启示

1. 建立地方金融特色的小微信贷模型

从蜜蜂小微信贷项目的市场调研的贷款需求和行业分析中可以发现，邛崃地区以小额贸易和服务行业（合计 94%）为主，不仅符合小微信贷的服务范围，而且有利于信贷风险控制监管和信贷产品的创新。更进一步而言，当地方金融与地方特色的经济强项和产业优势相配套，将更有利于调动社会资源、优化资源配置、推动地方经济建设与发展。在我国，有许多具有地方特色经济强项的城镇或区域，例如义乌小商品城、诸暨中国袜业之都、乐清电器之都、海宁皮革城、泉州服装之都等。这类区域的商户与企业大多符合小微企业的定义并具有地方经济结构和产业结构特色。在 2008 年世界金融危机之后，我国小微信贷市场供不应求，众多小微企业面临着资金周转困难的窘境。

从蜜蜂小微信贷技术输出项目的实施结果以及我国城乡概况来看，围绕地方特色打造的创新型小微信贷业务存在很大的发展空间，这无疑给想加入公益慈善行业的金融机构发挥自我优势、协助政府解决社会问题和推动经济发展提供契机。作为具有地方产业特色的区域，地方银行可利用产业的优劣势进行小微信贷产品的创新与研发。除了应用在邛崃市的 7 种小微信贷产品，地方银行还可根据当地产业链的特点，试行“供货贷”和“采购贷”，专门面向给核心企业供货的批量上游和下游小微企业，以核心企业作为批量营销突破口，打通上下游，融通供应链，减少风险，提高资金持续流动；类似的信贷产品还可以有面向各类承租人的“承租贷”，受益的小微企业仅需支付租金的一部分便可延续全年物业使用权。除了在信贷利率和抵押方式上的创新，地方性银行还可以在还贷方式上进行突破。例如，对我国沿海地区的渔业类小微企业，银行仅在每年禁渔期后要求其按月等额和不等额还本付息，而在淡季和休渔期，银行只要求客户支付利息。诸如此类的人性化、本土化的信贷业务，解除了许多小微企业的燃眉之急或由于行业的特殊性所造成的资金链不稳定。

作为小微信贷项目领先创新的机构，鄞州银行为地方性金融机构转型创新树立了榜样，并以配合地方经济和创造社会影响力为目标，精细管理营销模式，引入专业化的模型。鄞州银行这几年在小微信贷领域取得的成绩及其社会反响，为解决中国小微企业信贷困难等问题带来了希望。地方银行通过三方合作的机制，用相对少的资金输出促进地方经济发展、提高地方银行的区域影响力与业绩、扩大银行业在公益界的影响力，无疑给银行业公益提供了机会与路径。

2. 金融业务的新蓝海：社会影响力投资

社会影响力投资的概念源于欧美，从2007年由洛克菲勒基金会提出来之后，众多金融机构和社会企业纷纷进行尝试创新，但在我国仍处于初级阶段。从定义上而言，社会影响力投资是旨在产生积极的社会与环境影响，并伴随着一定财务回报的投资方式。[①] 蜜蜂小微信贷项目的设计正迎合着这一新颖的投资理念，在公益慈善领域占据一席之地。

小微企业和个体工商户是我国城乡经济结构中不可缺少的组成部分。在农村地区，它们的发展关系到社会的稳定。从《中国小微企业发展报告2014》中我们可以发现，我国小微企业创造了2.11亿个就业岗位，占就业总人数的27.5%，16~29岁的年轻人占到了1/3。此外，小微企业吸收了超过50%的本地和外地农民，成为城镇化进程的关键力量。然而，由于我国征信体系的不健全、小微企业公司治理结构不健全、经营风险高、融资成本高，以及小微企业在我国银行体系下不受重视等问题，小微企业面临着获取贷款难的巨大问题。[②] 自2011年起，国家和各地区多次发出扶持小微企业的通知，要求农村商业银行、农村合作银行、村镇银行和地方性银行等机构将小微企业作为重点支持对象，并出台相应财政贴息政策。2013年，中国银监会又提出了关于深化小微企业金融服务的意见，并指出要以提高小微企业贷款可获得性、拓宽小微企业金融服务覆盖面为工作目标，进一步加大

---

① http://news.youth.cn/jsxw/201412/t20141215_6253054.html.

② http://www.cbrc.gov.cn/govView_966D1715F72A4E31BFE75BEB19B3F3B4.html.

对小微企业的支持力度，进一步完善多层次的小微企业金融服务体系，并引导中小银行将改进小微企业金融服务和战略转型相结合，科学调整信贷结构，重点支持小微企业和区域经济发展。

类似蜜蜂小微信贷这样的创新项目，不仅能创造就业，促进城镇化进程，并且将中小型金融机构与中小型企业进行匹配，提高了金融体系对当地小微企业的服务能力，促进了地方经济的发展。从蜜蜂小微信贷项目的效应来看（见图5），业务自 2013 年 8 月底项目组结束培训后正式启动，截至 2013 年 12 月底，共计获得申请 190 笔，项目组培调 91 笔，拒绝 152 笔，参与审贷会 68 笔，共计发放贷款 1834 万元，贷款余额 1488 万元，且全部贷款还款正常无逾期，为银行创造利息收益 86.73 万元，并间接地解决了邛崃当地约 230 人的就业问题，为当地经济的发展贡献了一己之力。截至 2014 年 7 月底，存量贷款 148 笔，贷款余额 5184 万元，贷款余额在 11 个月内实现了超过 6 倍的增长。邛崃银行的蜜蜂小微信贷服务，为邛崃地区的小微企业、个体工商户解决了经营资金缺口的燃眉之急，为经济带来活力。

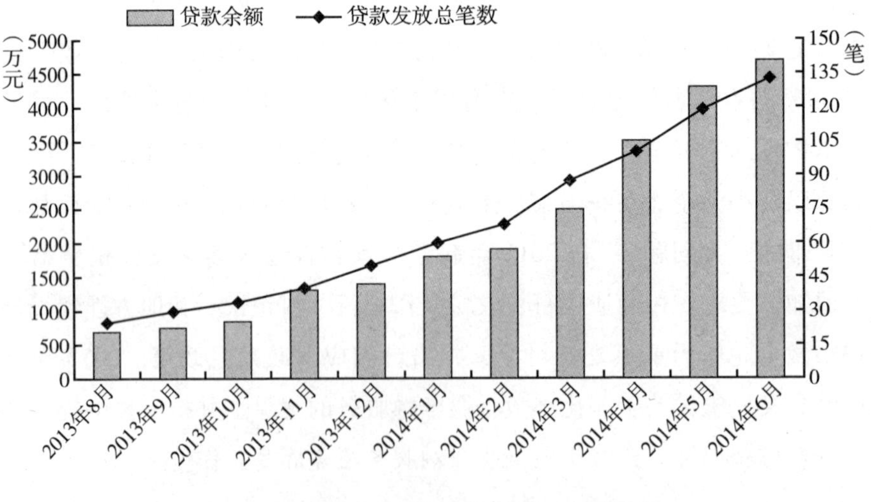

图 5　鄞州银行项目期间小微贷款月末累计情况

资料来源：鄞州银行公益基金会。截止日期：2014 年 6 月 30 日。

从鄞州银行所有小微信贷项目所创造的价值来看，鄞州银行一直在用行动反哺社会，主要面向宁波市范围内的小微客户群体，“发扬蜜蜂服务精神，做小、做散，为客户架金桥”。截至2013 年，鄞州银行已累计发放小微贷款5300 余笔，金额 14 余亿元，贷款余额近 8 亿元，累计不良率仅为0.43%，目前当月放款能力在500 笔以上，金额1.5 亿元以上，合计已支持小微企业3500 余户，实现小微企业收入增长 10% 以上，利润增长 12% 以上，并稳定社会就业 35000 余人，同时增加社会税收 2500 余万元。

（四）结束语

我国公益慈善行业还在快速发展的初期，许多人对公益慈善的定义仍旧比较模糊。由于金融（for-profit）与公益（non-profit）在主观意识上给人截然不同的感觉，所以许多人对于金融机构设计的或是参与的公益项目抱有迟疑态度。然而，也有越来越多的专业人士关注到商业机构和营利组织在管理、效率和资金运作上的优势。因此，如何对有金融机构和营利组织参与的项目设计、执行、评估与资金运作模式进行了解、学习、监管尤为重要。

鄞州银行蜜蜂小微信贷项目从项目宗旨、定位、项目机制和所创造的社会影响力等方面都引领着地方银行与银行界公益的发展。蜜蜂小微信贷项目以“投入相对不大，产出率甚高”的模式，坚持贷农、贷小，输出理念、技术、产品和小蜜蜂文化，不仅解决小微信贷难的现实困境、增加就业、促进地方经济增长，并且通过三方协同共赢的公益合作机制与影响力投资，实现资源互补、平台建设。与此同时，金融界、政府和公益组织三方合作的模式促进了公益组织和地方政府公信力的建设，提高了公益有效性，扩大了公益项目对社会的影响力。

在过去的一年中，鄞州银行公益基金会不仅在“蜜蜂小微信贷技术输出”项目中屡创佳绩，并且在响应政府号召、资助民间组织、公益创投、公益平台建设和内部团队建设上有序推进，逐渐实现基金会工作转型。2014 年 8 月，“蜜蜂小微信贷技术输出”项目成功移交给当地政府、授权机构和金融监管机构。该项目的完美交接完成了金融机构、地方政府和基金会之间项目的闭环

(类似 BOT 模式)，为全国其他社区型基金会提供了榜样。在内部团队能力建设方面，鄞州银行公益基金会不仅要求每位在职员工参加全国社工资格考试，并从基金会人员构成出发，发起师徒结对的提升模式，让“80 后”“50 后”两个年龄段的人员进行组合、沟通、学习。在突破创新方面，2015 年 2 月，鄞州银行公益基金会再次突破创新，涉足公益创投领域，放出 100 万元向社会征集理念创新、可复制性强并具有迫切社会需求的优秀项目。与此同时，基金会也努力推动建立企业（家族）基金会和善园项目的落地。

在鄞州银行公益基金会的实践中我们发现，基金会作为资源、资金和各方关系的大平台，联手民间组织、地方政府、金融机构和企业家等，不仅将资源整合使其社会效应最大化、参与解决社会问题、通过活动和出版推动公益概念的传播发展，并且进行大胆尝试和创新，使公益事业专业化、平民化，让每个人快乐公益、共赢、共享。

附　　录

Appendixes

GREEN BOOK

G.9

2014年基金会大事记

一　基金会的时代科技感

大数据

截至 2014 年 9 月 3 日，腾讯公益慈善基金会捐款总额已突破 2.1 亿元，这是 1000 多个募捐项目共计 2300 余万次捐款完成的。腾讯公益慈善基金会成立于 2007 年 6 月 26 日，是中国第一家由互联网企业发起成立的公益基金会。从“善”入流，新“益”求新，腾讯公益慈善基金会正努力推动公益慈善行为成为亿万网民的流行时尚。

腾讯公益慈善基金会和腾讯互联网与社会研究院联合发布的腾讯慈善大数据报告显示，我国捐款人次排名最多的省份依次是广东、江苏、浙江、山东、福建、四川、河北、河南、北京，捐款最高的 4 个省份恰巧也是 GDP 的前 4 名。

此外据统计，80%捐款来自男性，15～29岁年龄段捐款人群占比79%。

报告还指出，那些有望治愈、有望实现的项目往往更会得到关注；相较于QQ游戏，QQ空间中的人们对捐款的热情和留存度明显更高；前期捐款多的项目，捐款的人与额度也会越来越多。另据报告称，低于1万元的慈善项目几乎都能募捐到全款，而数额超过6万元的项目则难以成功。

电商也公益

2014年9月26日，由基金会中心网与京东集团携手推出的公益触电·未来之路公益项目在京东北京总部正式启动。北京作为该项目全国展示的第一站，共有来自30多家基金会的秘书长及代表参加了第一期宣讲会。基金会搭配电商平台，让物资采购及公益众筹更具效率与活力。由基金会中心网联合京东集团共同发起的公益触电·未来之路公益项目，旨在推动慈善基金会在日常管理工作中植入互联网思维与互联网工具，提高基金会的运作效率、降低机构运营成本及增强社会影响力，让公益慈善与互联网接轨！当下，正是最好的时代。

社交媒体公益

2014年11月27～28日，在中国社会福利基金会瓷娃娃罕见病关爱基金“冰桶挑战－关爱渐冻人”项目的善款支持下，由中国社会福利基金会和东方丝雨渐冻人罕见病关爱中心主办的第一届全国渐冻人病友大会在北京召开并在本次大会上启动“百万呼吸——为渐冻人生命接力”项目。

“冰桶挑战”是为罕见病“肌萎缩侧索硬化症（ALS）”患者（也称“渐冻人”）筹款而举办的一次募捐活动，旨在让人们更多关注罕见病ALS，并达到筹款目的。活动规则极为简单，参与者要将一桶冰水浇到自己头上，然后可点名3个人接受挑战，被邀请者如拒绝挑战，就需要向ALS协会至少捐款100美元。就是这样简单的“游戏”，却成为2014年整个夏季最火的事件。“ALS冰桶挑战赛”的旋风从美国硅谷刮到中国，从文娱明星、体育大腕刮到政治精英、商界偶像，“冰桶”＋“互联网”的行为艺术，让慈善变酷。

活动发起后，迅速红遍名人圈，各界明星大佬纷纷应战，获得社会广泛关注。除此之外，明星效应下的捐款数额更是“前所未有”。

互联网下的思考

2014 年 12 月 8 日下午，由共益巷承办的第六届中国非公募基金会论坛平行论坛二在北京亮马河会议中心万黛厅 D 厅成功举办。论坛以“互联网技术在公益行业的运用——开放、跨界、共享”为主题，来自公益行业和互联网行业的嘉宾从互联网思维和互联网技术两个方面，与参会人员分享了他们的经验。例如，上海珍爱梦想公益基金会去中心化的教师交流平台的梦想盒子，老师可以把课程发布到梦想盒子上，学生也可以把所有课程的作业同步到梦想盒子上，再加上线下去中心化的体系，从而实现基于精准控制的去中心化。上海珍爱梦想公益基金会从 2008 年到 2014 年的发展历程，包括前进中所走的弯路，让大家了解到 IT 系统一定要以用户为核心，用户处于什么层次，就只能开发相应系统，否则就会走弯路。通过新的移动互联网技术，让这种评估，得到受益人、捐款人的真正参与，可能是最有说服力的。

本次论坛隆重推介的带有答谢机制的公众小额定额募捐平台——“路人甲”，正是公益行业基于移动互联网进行的模式探索的力作。作为本届论坛的轮值主席之一，友成基金会，对此项目给予了很大的支持和帮助。“路人甲”作为一个带有答谢机制的公众小额定额募捐平台，它的模式创新之处就在于，从诞生理念到产品设计都紧密围绕其核心用户——“捐助人”的感受来展开的。“路人甲”中最创新的地方——“惠捐模式”，即捐助人在捐助 10 元后，可以在平台里兑换一张优惠券，而这些由爱心商家提供的优惠券，金额往往大于 10 元，并且涵盖了日常生活中的衣、食、住、行，真正意义上让捐助者的捐助行为和日常生活发生了联系，从而逐步实现“人人公益”的伟大理想。

本次论坛着墨谈论的“社会创新型企业”的形式，就是运用商业手段，利用模式上的创新，解决社会问题。而“路人甲”正是中国公益行业在这种商业形式上的探索和实验，使以前简单的捐受行为变成公益项目，受益人更有尊严地获得捐助，捐助人得到精神和物质的双重答谢，爱心企业收获了社会声誉以及优质用户的三方互赢，实现了公益捐赠的价值闭环。

二　基金会的新气象

探索创建社区治理新模式

继我国第一个由社区内部力量发起成立的社区层面的基金会“深圳市圆梦南坑社区基金会”成立后，2014 年 1 月 8 日，上海浦东新区首个社区慈善基金成立。3 月 2 日，北京太阳宫社区善客基金成立，成为支持社区公益慈善事业发展的资金筹集平台。

深圳市光明新区在白花、凤凰、新羌、圳美、玉律社区试点设立全国首批社区基金会，其中，凤凰社区是市、区试点工作重点示范社区。5 家试点社区基金会首期募集原始基金 1400 多万元，已获深圳市民政局正式批复准予登记成立。

作为全国首批培育和发展社区基金会试点，光明新区在市里的指导支持下，先行先试，将推动社区基金会试点定位为新区全力推进全面深化改革的“一号工程”和突破口，结合实际制定了《光明新区社区基金会管理办法》等 7 个制度文件，突破了以往公益基金不许社区冠名的限制，突破了以往公益基金会侧重或仅限于慈善救助的限制，突破了 200 万元原始基金的门槛限制，新区各个社区基金会以 100 万元为起点，在资金募集、项目运作、基金管理等方面，形成了符合基层实际的制度体系，为社区基金会全面推广，探索了一定的经验。5 家试点社区基金会的成功设立，将在完善社区治理体系、深化社会领域改革方面做出积极有益的创新性探索。

人道救援网络正式搭建

2014 年 4 月 7 日，中国扶贫基金会在四川省汶川特大地震纪念馆防灾减灾宣教中心，举行了“人道救援网络启动大会”。人道救援网络由中国扶贫基金会发起，加多宝集团、英特尔公司支持并联合发起，由国际美慈组织、蓝天救援队等国内外 29 家公益组织共同组建。“人道救援”是这次大会的主题。该项会议为期 4 天，人道救援网络成员经过全体讨论通过“人道救援网络”章程，通过并签署了“人道救援网络”宣言。

期望通过人道救援网络的搭建，建立开放合作的救灾行动平台，不断促进民间组织灾害救援能力的提升，持续引导社会各界关注和参与灾害救援和减防灾工作，共同推动人道救援事业的发展。人道救援网络由发起单位、战略合作伙伴、网络成员共同搭建，目的在于通过“人道救援网络”及时应对灾害，紧急响应、评估灾情、找准人群、实施援助，救助处于生命边缘的灾区民众，帮助他们渡过难关，把社会关爱和温暖送给最需要帮助的人。

最“年轻”的家族基金会——熠辉基金会正式成立

2014 年 7 月 17 日，美国时间晚 7 点，熠辉基金会在 Greenwich Belle Haven 举行成立仪式。当晚，中美名人嘉宾汇聚一堂，他们共同见证了这个由汉·家族办公室创始人杨辉和其夫人翟珈熠成立的熠辉基金会。这个独特的家族基金会或许是中国最“年轻”的，它是第一个为中国以及外国家族，特别是年青一代营造互动交流机会的跨国慈善平台；同时，它也抱有“常青”的宏伟壮志，致力于推动可持续发展公益和协助华人家族创造慈善传奇。

未来，熠辉基金会将以致力于推动可持续发展公益，以正能量构建仁慈关怀社会，建设华人家族慈善发展交流平台为使命。成立后，它会支持教育、孤残儿童、医疗、环保等可持续发展的公益事业，通过资助能促进社会积极正面和长远造福的项目，倡导关爱之心，推动社会建立“正能量”精神，承载和激励建设良好的社会环境；同时，创建国际化公益慈善平台，引领华人家族和新慈善家参与公益慈善事业。

中国首家民间防艾组织发起基金会获批

2014 年 9 月 2 日，全国首家由民间防艾草根组织发起的非公募基金会——北京无国界爱心公益基金会正式获批成立。而刚满 30 周岁的发起人孔令坤，也因此成为目前国内最年轻的基金会理事长。从事民间防艾的草根组织曾一度被认为是“敏感地带”，而敢于以此身份申报基金会并获批，孔令坤感慨道：“这得益于国家领导人对民间组织不可替代作用的认可，更得益于党的十八大以来政府把社会组织登记管理制度的改革落到了实处。”北京无国界爱心公益基金会未来除了继续在防艾领域工作外，将更关注青年人的心灵环保。

SEE 基金会成功获得公募资格

2014 年 12 月 3 日下午，SEE 基金会成功获得公募资格。SEE 有 300 余名稳定的企业家会员捐赠人，累计支持了 300 余家环保组织守护碧水蓝天、近 100 个新生环保组织创业。获得公募资质，意味着 SEE 可以更好地服务中国的环保事业，也意味着 SEE 更加需要面对未来做更深入的思考。2008 年年底，SEE 正式成立北京市企业家环保基金会，到 2009 年年初完成开户等相关手续，开始正式运营。自那起，SEE 基金会先后支持了全国范围内 300 多家环保组织的公益行动，支持创立将近 100 家新的环保公益组织。从议题上，持续推动水资源保护（三江源保护、湿地保护、水污染防治）、大气污染防治和行业人才培养与组织发展，也曾经在社区可持续发展、城市生活垃圾管理、古树保护等议题的重要阶段里起到推动作用。同时，SEE 关注与环境保护有关的法律政策的完善，与合作伙伴持续推动生活垃圾管理、环境公益诉讼、环境信息公开等关乎中国环境保护格局变化的重大制度变革，在污染源信息公开、公益诉讼主体等具体政策推动中取得了显著的工作成效。

三　民间参与

我国首个以“救急难”为核心的公益项目启动

针对近年来不时出现一些群众因突发事件、事故或重大疾病致使生活陷入困境的现象，2014 年 5 月 1 日正式实施的《社会救助暂行办法》首次将“救急难”作为社会救助的基本方针予以明确。与此同时，一些慈善公益组织也开始行动，围绕“救急难”开展公益行动。

中华思源工程扶贫基金会佑华公益基金 2014 年 6 月 6 日在京启动“天使益应急循环助学金”公益项目，启动资金 1000 万元，这是我国首个以“救急难”为核心内容的公益项目，旨在缓解我国医疗卫生事业人才配置不均衡现状，救助重大事件、事故或疾病发生时的急难群体，从而减少各类急难事件及因病致贫、返贫现象。

该项目初期将在北京大学医学部、复旦大学上海医学院等医学类院校试点，符合资助条件的急难学生都可申请没有利息和任何手续费的天使益应急循环助学金，毕业工作后再分期还款即可。只要是我国境内公立高等医学院校在校学生（含本科、硕士、博士教育入学新生和在读生）在发生紧急疾病风险、灾难风险和经济风险等紧急危难状况时，均可申请天使益应急循环助学金。

10家基金会积极抗击“威马逊”救助灾民

2014 年 7 月 18 日起，台风“威马逊”先后肆虐我国海南、广东、广西等华南沿海地区，“威马逊”先后两次达到超强台风级别，是 1973 年以来登陆华南的最强台风。“威马逊”给登陆地区带来了极大的灾难，使当地人民群众的生命财产遭受了重大的损失。

灾害发生后社会各界积极响应，以各种方式支持受灾地区人民。基金会也积极参与灾民救助和后续灾后重建工作，已有中国扶贫基金会、中国红十字基金会、中华思源工程扶贫基金会、壹基金、海南慈航公益基金会等 10 家基金会公开救灾动态。

鲁甸地震基金会在行动

2014 年 8 月 3 日 16 时 30 分，云南省昭通市鲁甸县发生 6.5 级地震，这是 18 年来云南最严重地震。此次地震具有震级大、震源浅、灾区人口密集和灾区房屋抗震性能差四个特点，灾区情况不容乐观。灾害发生后，作为地震救灾的民间力量，17 家基金会积极行动，广泛调配社会资源，积极开展地震救灾紧急救援工作。

第三届中国公益慈善项目交流展示会在深圳召开

以“践行友善，为中国梦助力添彩”为主题的第三届中国公益慈善项目交流展示会 2014 年 9 月 19 日在深圳举办。第三届慈展会继续坚持“政府搭台、社会参与、市场运作、全民共享”的办会理念和“以会为主、以展为辅”的办会思路，更加突出两个基本定位，在展区规划设置、会议研讨安排以及在资源对接系统建设上，更加强化了展会的平台功能和核心价值。

本届慈展会打破了以往以界别或地域划分展位的惯例，推出了八大主题展区，分别聚焦救灾救助、社会组织、企业社会责任与基金会、国际合作、慈善金融和媒体创新、生态公益等中国慈善领域最受关注的议题。企业、基金会和政府是本届慈展会对接项目的主要资助主体。企业捐赠 26. 87 亿元，占对接资金的 52. 90% 。

中国扶贫基金会首个发起“饥饿24小时”体验活动

在首个国家扶贫日（2014 年 10 月 17 日）到来之际，由中国扶贫基金会发起的“饥饿 24 小时全民公益活动”正在网上热闹举行。有人赞同：主办方把沉重的话题做得轻巧值得提倡；有人质疑：挨饿是否有助于扶贫。活动倡导 16 岁至 60 岁有条件的人在 10 月 16 日 20 时至 17 日 20 时之间 24 小时不进食，以表达对贫困弱势群体的关注。体验者可以分享自己的心得体会，并邀请 3 位好友参加，若不能完成，也可把自己的微博、微信头像更改为“饥饿 24 小时”，捐出相当于一天餐费的善款，支持改善贫困地区儿童营养状况的“爱加餐”项目。“体验饥饿”在新浪微博上的话题阅读量已经突破 6300 万，参与讨论近 6 万人次。改革开放以来，中国在扶贫方面的成就有目共睹，但公众关注度和参与度有待提高。正是针对这种情况，中国扶贫基金会发起了这个有吸引力的、全民公益的尝试。

希望工程25年大会在北京隆重召开

2014 年 11 月 25 日，希望工程 25 年大会在北京隆重召开。2014 年是希望工程实施 25 周年。1989 年 10 月，中国青基会宣布建立我国第一个“救助贫困地区失学少年基金”，实施希望工程。25 年来，希望工程累计接受社会捐赠 100.72 亿元，援建希望小学 18396 所，帮助数百万失学孩子重返校园。

四　学术报告研究

《中国基金会透明度发展研究报告(2014)》指出：中国基金会行业整体透明度较2013年有大幅提升

2014 年 9 月 20 日，基金会中心网在深圳第三届中国公益慈善项目交流展示会上发布《中国基金会透明度发展研究报告（2014）》（以下简称《报告》）。该《报告》由基金会中心网与清华大学廉政与治理研究中心联合编写、新湖公益创投基金资助，并由社会科学文献出版社出版。

总体上看，FTI 2014 年得分反映出中国基金会行业的透明度较 2013 年有明显提升。截至 2014 年 6 月 30 日，2600 家基金会的平均得分为 46.10 分，得分率为 43%，较 2013 年提升 4 个百分点。此外，满分基金会数量较 2013 年同期增加 40 家，基金会官方网站覆盖率从 2013 年的 39.98% 上升至 46.88%。在基金会中心网的大力推动下，越来越多的基金会主动在官网披露信息。

中国第一份针对公益慈善行业就业市场的年度指南《2014中国公益慈善行业高端人才就业市场及薪资指南》发布

中国第一份针对公益慈善行业就业市场的年度指南《2014 中国公益慈善行业高端人才就业市场及薪资指南》，于 2014 年 9 月 18 日正式对外发布。

该指南从人才专业化对薪酬待遇的影响因素、人才流动与职业选择、公益组织人才发展及薪资指南等多个方面展开了数据调研和深入分析。

调查报告显示，超过一半的离职员工选择离开了公益行业。其中，企业成为流向最集中的地方，有高达37.5%的公益组织离职者选择去企业工作，公益组织似乎缺乏足够的吸引力留住这些离职者。

调查发现，薪酬低、行业外机遇吸引及家庭因素是导致人才流失的三大原因。其中家人反对占到了31.4%，此外，薪酬水平低、有了更好的工作机会分别带来20%、18.2%的人才流失率。在这三大原因中，除家庭原因外，其余都是对公益组织本身不够满意。

人才流失明显，薪酬低成为其中不容忽略的一个重要因素。本次调查中仅31.6%的公益行业从业者满意目前的薪酬。从业者的实际薪酬与理想水平的总体差距为2422元。

调查进一步发现，在经济发展水平较高和较低的地区，实际和理想的薪酬落差都比较大。特别是上海和陕西，落差金额分别为3635元和3778元。

调查数据显示，2014年公益行业从业人员的平均薪酬为3998元，比2010年增长了1089元，年增长率约为8.3%。分地域来看，无论是发达的京沪地区还是西部欠发达地区，公益行业平均薪酬水平整体均低于当地城镇职工的平均薪酬水平。

京沪广深等一线城市，这种薪酬差距更为明显，以北京为例，2013年北京城镇职工平均薪酬为8067元/月，而公益行业从业人员平均薪酬水平为5191元/月。

接受本次调查的公益组织管理者们认为制约薪酬水平的主要原因包括：项目中获取的人员经费不够充足、不能获得定向用于机构人员的资助。此外，也受到基金会行政经费不超过10%限制的影响。

资金资源不足导致待遇水平较低，无法进一步满足专业人才需求。80.3%的公益组织管理者认为招募到满意员工的难度很大。调查显示，最让从业者不满意的是公益组织没有提供明确的职业发展规划，而这种不确定性使他们体验到了更多的不安全感。

国家民政部部级课题“社区基金会培育与运作模式研究报告”称：针对基层社区公共服务供给严重不足的问题，亟须发展服务于社区的基金会

本次课题的研究人员来自北京大学、清华大学、香港理工大学、中国国际民间组织促进会、北京华夏经济社会发展研究中心、北京市社会科学院和民政部民间组织管理局、深圳市民政局、深圳市慈善会、桃基会等机构的专家学者和业内人士。报告称：目前全国登记注册的社区基金会共有20多家，其中以深圳居多。同时，深圳还探索出了我国社区基金会的两大培育模式，即政府倡导培育模式和社会主导培育模式。社区基金会的培育发展，可以破解中国社区治理困局。首先，在中国全面开展社区建设的进程中，社区基金会可以满足社区治理的诸多现实需求，充当社区公共利益代言人，有效地解决社区治理主体的动机、成本和管理能力问题。其次，社区基金会可以通过资源转换推动社区治理机制创新，克服目前社区自治组织行政化倾向以及社区居民参与不足和自治能力不足的困局。再次，作为慈善公益事业发展的重要组织形式，社区基金会可以成为筑牢民生底线的有效平台。此外，社区基金会还可以成为慈善文化进社区的有效平台。

G.10
2014年新法摘录

国家层面

国务院关于促进慈善事业健康发展的指导意见

国发〔2014〕61号

各省、自治区、直辖市人民政府，国务院各部委、各直属机构：

改革开放以来，我国慈善事业蓬勃兴起，以慈善组织为代表的各类慈善力量迅速发展壮大，社会慈善意识明显增强，各类慈善活动积极踊跃，在灾害救助、贫困救济、医疗救助、教育救助、扶老助残和其他公益事业领域发挥了积极作用。但是，我国慈善事业依然存在政策法规体系不够健全、监督管理措施不够完善、慈善活动不够规范、社会氛围不够浓厚、与社会救助工作衔接不够紧密等问题，影响了慈善事业的健康发展。根据党的十八大、十八届三中、四中全会精神和国务院决策部署，为进一步加强和改进慈善工作，统筹慈善和社会救助两方面资源，更好地保障和改善困难群众民生，现提出以下意见。

一、总体要求

（一）指导思想。以邓小平理论、"三个代表"重要思想、科学发展观为指导，坚持政府推动、社会实施、公众参与、专业运作，鼓励支持与强化监管并重，推动慈善事业健康发展，努力形成与社会救助工作紧密衔接，在扶贫济困、改善民生、弘扬中华民族传统美德和社会主义核心价值观等方面充分发挥作用的慈善事业发展新格局。

（二）基本原则。

突出扶贫济困。鼓励、支持和引导慈善组织和其他社会力量从帮助困难群众解决最直接、最现实、最紧迫的问题入手，在扶贫济困、为困难群众救急解难等领域广泛开展慈善帮扶，与政府的社会救助形成合力，有效发挥重要补充作用。

坚持改革创新。在慈善事业体制机制、运行方式、慈善事业与社会救助对接等方面大胆探索，畅通社会各方面参与慈善和社会救助的渠道，大力优化慈善事业发展环境，使各类慈善资源、社会救助资源充分发挥作用。

确保公开透明。慈善组织以及其他社会力量开展慈善活动，要充分尊重捐赠人意愿，依据有关规定及时充分公开慈善资源的募集、管理和使用情况。慈善组织要切实履行信息公开责任，接受行政监督、社会监督和舆论监督。

强化规范管理。加快完善相关法规政策，规范和引导慈善事业健康发展。依法依规对自然人、法人和其他组织开展的慈善活动进行监管，及时查处和纠正违法违规活动，确保慈善事业在法制化轨道上运行。

（三）发展目标。

到2020年，慈善监管体系健全有效，扶持政策基本完善，体制机制协调顺畅，慈善行为规范有序，慈善活动公开透明，社会捐赠积极踊跃，志愿服务广泛开展，全社会支持慈善、参与慈善的氛围更加浓厚，慈善事业对社会救助体系形成有力补充，成为全面建成小康社会的重要力量。

二、鼓励和支持以扶贫济困为重点开展慈善活动

扶贫济困是慈善事业的重要领域，在政府保障困难群众基本生活的同时，鼓励和支持社会力量以扶贫济困为重点开展慈善活动，有利于更好地满足困难群众多样化、多层次的需求，帮助他们摆脱困境、改善生活，形成慈善事业与社会救助的有效衔接和功能互补，共同编密织牢社会生活安全网。

（一）鼓励社会各界开展慈善活动。

鼓励社会各界以各类社会救助对象为重点，广泛开展扶贫济困、赈灾救孤、扶老助残、助学助医等慈善活动。党政机关、事业单位要广泛动员干部职工积极参与各类慈善活动，发挥带头示范作用。工会、共青团、妇联等人民团体要充分发挥密切联系群众的优势，动员社会公众为慈善事业捐赠资

金、物资和提供志愿服务等。各全国性社会团体在发挥自身优势、开展慈善活动时，要主动接受社会监督，在公开透明、规范管理、服务困难群众等方面作出表率。各类慈善组织要进一步面向困难群体开展符合其宗旨的慈善活动。倡导各类企业将慈善精神融入企业文化建设，把参与慈善作为履行社会责任的重要方面，通过捐赠、支持志愿服务、设立基金会等方式，开展形式多样的慈善活动，在更广泛的领域为社会作出贡献。鼓励有条件的宗教团体和宗教活动场所依法依规开展各类慈善活动。提倡在单位内部、城乡社区开展群众性互助互济活动。充分发挥家庭、个人、志愿者在慈善活动中的积极作用。

（二）鼓励开展形式多样的社会捐赠和志愿服务。

鼓励和支持社会公众通过捐款捐物、慈善消费和慈善义演、义拍、义卖、义展、义诊、义赛等方式为困难群众奉献爱心。探索捐赠知识产权收益、技术、股权、有价证券等新型捐赠方式，鼓励设立慈善信托，抓紧制定政策措施，积极推进有条件的地方开展试点。动员社会公众积极参与志愿服务，构建形式多样、内容丰富、机制健全、覆盖城乡的志愿服务体系。倡导社会力量兴办公益性医疗、教育、养老、残障康复、文化体育等方面的机构和设施，为慈善事业提供更多的资金支持和服务载体。加快出台有效措施，引导社会公众积极捐赠家庭闲置物品。广泛设立社会捐助站点，创新发展慈善超市，发挥网络捐赠技术优势，方便群众就近就便开展捐赠。

（三）健全社会救助和慈善资源信息对接机制。

要建立民政部门与其他社会救助管理部门之间的信息共享机制，同时建立和完善民政部门与慈善组织、社会服务机构之间的衔接机制，形成社会救助和慈善资源的信息有效对接。对于经过社会救助后仍需要帮扶的救助对象，民政部门要及时与慈善组织、社会服务机构协商，实现政府救助与社会帮扶有机结合，做到因情施救、各有侧重、互相补充。社会救助信息和慈善资源信息应同时向审计等政府有关部门开放。

（四）落实和完善减免税政策。

落实企业和个人公益性捐赠所得税税前扣除政策，企业发生的公益性捐赠支出，在年度利润总额12%以内的部分，准予在计算应纳税所得额时扣除；个人公益性捐赠额未超过纳税义务人申报的应纳税所得额30%的部分，可以从其应纳税所得额中扣除。研究完善慈善组织企业所得税优惠政策，切实惠及符合条件的慈善组织。对境外向我国境内依法设立的慈善组织无偿捐赠的直接用于慈善事业的物资，在有关法律及政策规定的范围内享受进口税收优惠。有关部门要大力宣传慈善捐赠减免税的资格和条件。

（五）加大社会支持力度。

鼓励企事业单位为慈善活动提供场所和便利条件、按规定给予优惠。倡导金融机构根据慈善事业的特点和需求创新金融产品和服务方式，积极探索金融资本支持慈善事业发展的政策渠道。支持慈善组织为慈善对象购买保险产品，鼓励商业保险公司捐助慈善事业。完善公益广告等平台的管理办法，鼓励新闻媒体为慈善组织的信息公开提供帮助支持和费用优惠。

三、培育和规范各类慈善组织

慈善组织是现代慈善事业的重要主体，大力发展各类慈善组织，规范慈善组织行为、确保慈善活动公开透明，是促进慈善事业健康发展的有效保证。

（一）鼓励兴办慈善组织。优先发展具有扶贫济困功能的各类慈善组织。积极探索培育网络慈善等新的慈善形态，引导和规范其健康发展。稳妥推进慈善组织直接登记，逐步下放符合条件的慈善组织登记管理权限。地方政府和社会力量可通过实施公益创投等多种方式，为初创期慈善组织提供资金支持和能力建设服务。要加快出台有关措施，以扶贫济困类项目为重点，加大政府财政资金向社会组织购买服务力度。

（二）切实加强慈善组织自我管理。慈善组织要建立健全内部治理结构，完善决策、执行、监督制度和决策机构议事规则，加强内部控制和内部审计，确保人员、财产、慈善活动按照组织章程有序运作。基金会工作人员工资福利和行政办公支出等管理成本不得超过当年总支出的10%，其他慈善组织的管理成本可参照基金会执行。列入管理成本的支出类别按民政部规定执行。捐赠协议约定从捐赠财产中列支管理成本的，可按照约定执行。

（三）依法依规开展募捐活动。引导慈善组织重点围绕扶贫济困开展募捐活动。具有公募资格的慈善组织，面向社会开展的募捐活动应与其宗旨、业务范围相一致；新闻媒体、企事业单位等和不具有公募资格的慈善组织，以慈善名义开展募捐活动的，必须联合具有公募资格的组织进行；广播、电视、报刊及互联网信息服务提供者、电信运营商，应当对利用其平台发起募捐活动的慈善组织的合法性进行验证，包括查验登记证书、募捐主体资格证明材料。慈善组织要加强对募捐活动的管理，向捐赠者开具捐赠票据，开展项目所需成本要按规定列支并向捐赠人说明。任何组织和个人不得以慈善名义敛财。

（四）严格规范使用捐赠款物。慈善组织应将募得款物按照协议或承诺，及时用于相关慈善项目，除不可抗力或捐赠人同意外，不得以任何理由延误。未经捐赠人同意，不得擅自更改款物用途。倡导募用分离，制定有关激励扶持政策，支持在款物募集方面有优势的慈善组织将募得款物用于资助有服务专长的慈善组织运作项目。慈善组织要科学设计慈善项目，优化实施流程，努力降低运行成本，提高慈善资源使用效益。

（五）强化慈善组织信息公开责任。

公开内容。慈善组织应向社会公开组织章程、组织机构代码、登记证书号码、负责人信息、年度工作报告、经审计的财务会计报告和开展募捐、接受捐赠、捐赠款物使用、慈善项目实施、资产保值增值等情况以及依法应当公开的其他信息。信息公开应当真实、准确、完整、及时，不得有虚假记载、误导性陈述或者重大遗漏。对于涉及国家安全、个人隐私等依法不予公开的信息和捐赠人或受益人与慈善组织协议约定不得公开的信息，不得公开。慈善组织不予公开的信息，应当接受政府有关部门的监督检查。

公开时限。慈善组织应及时公开款物募集情况，募捐周期大于 6 个月的，应当每 3 个月向社会公开一次，募捐活动结束后 3 个月内应全面公开；应及时公开慈善项目运作、受赠款物的使用情况，项目运行周期大于 6 个月的，应当每 3 个月向社会公开一次，项目结束后 3 个月内应全面公开。

公开途径。慈善组织应通过自身官方网站或批准其登记的民政部门认可的信息网站进行信息发布；应向社会公开联系方式，及时回应捐赠人及利益相关方的询问。慈善组织应对其公开信息和答复信息的真实性负责。

四、加强对慈善组织和慈善活动的监督管理

（一）加强政府有关部门的监督管理。

民政部门要严格执行慈善组织年检制度和评估制度。要围绕慈善组织募捐活动、财产管理和使用、信息公开等内容，建立健全并落实日常监督检查制度、重大慈善项目专项检查制度、慈善组织及其负责人信用记录制度，并依法对违法违规行为进行处罚。财政、税务部门要依法对慈善组织的财务会计、享受税收优惠和使用公益事业捐赠统一票据等情况进行监督管理。其他政府部门要在各自职责范围内对慈善组织和慈善活动进行监督管理。

（二）公开监督管理信息。民政部门要通过信息网站等途径向社会公开慈善事业发展和慈善组织、慈善活动相关信息，具体包括各类慈善组织名单及其设立、变更、评估、年检、注销、撤销登记信息和政府扶持鼓励政策措施、购买社会组织服务信息、受奖励及处罚信息、本行政区域慈善事业发展年度统计信息以及依法应当公开的其他信息。

（三）强化慈善行业自律。要推动建立慈善领域联合型、行业性组织，建立健全行业标准和行为准则，增强行业自我约束、自我管理、自我监督能力。鼓励第三方专业机构根据民政部门委托，按照民政部门制定的评估规程和评估指标，对慈善组织开展评估。相关政府部门要将评估结果作为政府购买服务、评选表彰的参考依据。

（四）加强社会监督。畅通社会公众对慈善活动中不良行为的投诉举报渠道，任何单位或个人发现任何组织或个人在慈善活动中有违法违规行为的，可以向该组织或个人所属的慈善领域联合型、行业性组织投诉，或向民政部门及其他政府部门举报。相关行业性组织要依据行业自律规则，在职责范围内及时协调处理投诉事宜。相关政府部门要在各自职责范围内及时调查核实，情况属实的要依法查处。切实保障捐赠人对捐赠财产使用情况的监督权利，捐赠人对慈善组织、其他受赠主体和受益人使用捐赠财产持有异议的，除向有关方面投诉举报外，还可以依法向人民法院提起诉讼。支持新闻媒体对慈善组织、慈善活动进行监督，对违法违规及不良现象和行为进行曝光，充分发挥舆论监督作用。

（五）建立健全责任追究制度。民政部门作为慈善事业主管部门，要会同有关部门建立健全责任追究制度。对慈善组织按照“谁登记、谁管理”的原则，由批准登记的民政部门会同有关部门对其违规开展募捐活动、违反约定使用捐赠款物、拒不履行信息公开责任、资助或从事危害国家安全和公共利益活动等违法违规行为依法进行查处；对于慈善组织或其负责人的负面信用记录，要予以曝光。对其他社会组织和个人按照属地管辖的原则，由所在地的民政部门会同有关部门对其以慈善为名组织实施的违反法律法规、违背公序良俗的行为和无正当理由拒不兑现或不完全兑现捐赠承诺、以诽谤造谣等方式损害慈善组织及其从业人员声誉等其他违法违规行为依法及时查处。对政府有关部门及其工作人员滥用职权、徇私舞弊或者玩忽职守、敷衍塞责造成严重后果的，要依法追究责任。

五、加强对慈善工作的组织领导

（一）建立健全组织协调机制。各级政府要将发展慈善事业作为社会建设的重要内容，纳入国民经济和社会发展总体规划和相关专项规划，加强慈善与社会救助、社会福利、社会保险等社会保障制度的衔接。各有关部门要建立健全慈善工作组织协调机制，及时解决慈善事业发展中遇到的突出困难和问题。

（二）完善慈善表彰奖励制度。国家对为慈善事业发展作出突出贡献、社会影响较大的个人、法人或者组织予以表彰。民政部要根据慈善事业发展的实际情况，及时修订完善“中华慈善奖”评选表彰办法，组织实施好评选表彰工作，在全社会营造良好的慈善氛围。各省（区、市）人民政府可按国家有关规定建立慈善表彰奖励制度。要抓紧出台有关措施，完善公民志愿服务记录制度，按照国家有关规定建立完善志愿者嘉许和回馈制度，鼓励更多的人参加志愿服务活动。

（三）完善慈善人才培养政策。要加快培养慈善事业发展急需的理论研究、高级管理、项目实施、专业服务和宣传推广等人才。加强慈善从业人员劳动权益保护和职业教育培训，逐步建立健全以慈善从业人员职称评定、信用记录、社会保险等为主要内容的人力资源管理体系，合理确定慈善行业工作人员工资待遇水平。

（四）加大对慈善工作的宣传力度。要充分利用报刊、广播、电视等媒体和互联网，以群众喜闻乐见的方式，大力宣传各类慈行善举和正面典型，以及慈善事业在服务困难群众、促进社会文明进步等方面的积极贡献，引导社会公众关心慈善、支持慈善、参与慈善。要着力推动慈善文化进机关、进企业、进学校、进社区、进乡村，弘扬中华民族团结友爱、互助共济的传统美德，为慈善事业发展营造良好社会氛围。

各省（区、市）人民政府要根据本意见要求，结合实际，研究制定配套落实政策。国务院相关部门要根据本部门职责研究制定具体政策措施。民政部要会同有关部门加强对本意见执行情况的监督检查，及时向国务院报告。

国务院

2014 年 11 月 24 日

国务院办公厅关于进一步动员社会各方面力量参与扶贫开发的意见

国办发〔2014〕58 号

各省、自治区、直辖市人民政府，国务院各部委、各直属机构：

广泛动员全社会力量共同参与扶贫开发，是我国扶贫开发事业的成功经验，是中国特色扶贫开发道路的重要特征。改革开放以来，各级党政机关、军队和武警部队、国有企事业单位等率先开展定点扶贫，东部发达地区与西部贫困地区结对扶贫协作，对推动社会扶贫发挥了重要引领作用。民营企业、社会组织和个人通过多种方式积极参与扶贫开发，社会扶贫日益显示出巨大发展潜力。但还存在着组织动员不够、政策支持不足、体制机制不完善等问题。为打好新时期扶贫攻坚战，进一步动员社会各方面力量参与扶贫开发，全面推进社会扶贫体制机制创新，经国务院同意，现提出以下意见：

一、总体要求和基本原则

（一）总体要求。坚持以邓小平理论、“三个代表”重要思想、科学发展观为指导，深入贯彻党的十八大和十八届二中、三中、四中全会精神，全面落实党中央、国务院关于扶贫开发的决策部署，大力弘扬社会主义核心价值观，大兴友善互助、守望相助的社会风尚，创新完善人人皆愿为、人人皆可为、人人皆能为的社会扶贫参与机制，形成政府、市场、社会协同推进的大扶贫格局。

（二）基本原则。

——坚持政府引导。健全组织动员机制，搭建社会参与平台，完善政策支撑体系，营造良好社会氛围。

——坚持多元主体。充分发挥各类市场主体、社会组织和社会各界作用，多种形式推进，形成强大合力。

——坚持群众参与。充分尊重帮扶双方意愿，促进交流互动，激发贫困群众内生动力，充分调动社会各方面力量参与扶贫的积极性。

——坚持精准扶贫。推动社会扶贫资源动员规范化、配置精准化和使用专业化，真扶贫、扶真贫，切实惠及贫困群众。

二、培育多元社会扶贫主体

（三）大力倡导民营企业扶贫。鼓励民营企业积极承担社会责任，充分激发市场活力，发挥资金、技术、市场、管理等优势，通过资源开发、产业培育、市场开拓、村企共建等多种形式到贫困地区投资兴业、培训技能、吸纳就业、捐资助贫，参与扶贫开发，发挥辐射和带动作用。

（四）积极引导社会组织扶贫。支持社会团体、基金会、民办非企业单位等各类组织积极从事扶贫开发事业。地方各级政府和有关部门要对社会组织开展扶贫活动提供信息服务、业务指导，鼓励其参与社会扶贫资源动员、配置和使用等环节，建设充满活力的社会组织参与扶贫机制。加强国际减贫交流合作。

（五）广泛动员个人扶贫。积极倡导“我为人人、人人为我”的全民公益理念，开展丰富多样的体验走访等社会实践活动，畅通社会各阶层交流交融、互帮互助的渠道。引导广大社会成员和港澳同胞、台湾同胞、华侨及海外人士，通过爱心捐赠、志愿服务、结对帮扶等多种形式参与扶贫。

（六）深化定点扶贫工作。承担定点扶贫任务的单位要发挥各自优势，多渠道筹措帮扶资源，创新帮扶形式，帮助协调解决定点扶贫地区经济社会发展中的突出问题，做到帮扶重心下移，措施到位有效，直接帮扶到县到村。定期选派优秀中青年干部挂职扶贫、驻村帮扶。定点扶贫单位负责同志要高度重视本单位定点扶贫工作，深入开展调研，加强对定点扶贫工作的组织领导。

（七）强化东西部扶贫协作。协作双方要强化协调联系机制，继续坚持开展市县结对、部门对口帮扶。注重发挥市场机制作用，按照优势互补、互利共赢、长期合作、共同发展的原则，通过政府引导、企业协作、社会帮扶、人才交流、职业培训等多种形式深化全方位扶贫协作，推动产业转型升级，促进贫困地区加快发展，带动贫困群众脱贫致富。协作双方建立定期联系机制，加大协作支持力度。加强东西部地区党政干部、专业技术人才双向挂职交流，引导人才向西部艰苦边远地区流动。各省（区、市）要根据实际情况，在本地区组织开展区域性结对帮扶工作。

三、创新参与方式

（八）开展扶贫志愿行动。鼓励和支持青年学生、专业技术人才、退休人员和社会各界人士参与扶贫志愿者行动，建立扶贫志愿者组织，构建贫困地区扶贫志愿者服务网络。组织和支持各类志愿者参与扶贫调研、支教支医、文化下乡、科技推广等扶贫活动。

（九）打造扶贫公益品牌。继续发挥“光彩事业”、“希望工程”、“母亲水窖”、“幸福工程”、“母亲健康快车”、“贫困地区儿童营养改善”、“春蕾计划”、“集善工程”、“爱心包裹”、“扶贫志愿者行动计划”等扶贫公益品牌效应，积极引导社会各方面资源向贫困地区聚集，动员社会各方面力量参与“雨露计划”、扶贫小额信贷和易地扶贫搬迁等扶贫开发重点项目，不断打造针对贫困地区留守妇女、儿童、老人、残疾人等特殊群体的一对一结对、手拉手帮扶等扶贫公益新品牌。

（十）构建信息服务平台。以贫困村、贫困户建档立卡信息为基础，结合集中连片特殊困难地区区域发展与扶贫攻坚规划，按照科学扶贫、精准扶贫的要求，制定不同层次、不同类别的社会扶贫项目规划，为社会扶贫提供准确的需求信息，推进扶贫资源供给与扶贫需求的有效对接，进一步提高社会扶贫资源配置与使用效率。

（十一）推进政府购买服务。加快推进面向社会购买服务，支持参与社会扶贫的各类主体通过公开竞争的方式，积极参加政府面向社会购买服务工作，政府部门择优确定扶贫项目和具体实施机构。支持社会组织承担扶贫项目的实施。

四、完善保障措施

（十二）落实优惠政策。按照国家税收法律及有关规定，全面落实扶贫捐赠税前扣除、税收减免等扶贫公益事业税收优惠政策，以及各类市场主体到贫困地区投资兴业、带动就业增收的相关支持政策。降低扶贫社会组织注册门槛，简化登记程序，对符合条件的社会组织给予公益性捐赠税前扣除资格。对积极参与扶贫开发、带动贫困群众脱贫致富、符合信贷条件的各类企业给予信贷支持，并按有关规定给予财政贴息等政策扶持。鼓励有条件的企业自主设立扶贫公益基金。

（十三）建立激励体系。以国务院扶贫开发领导小组名义定期开展社会扶贫表彰，让积极参与社会扶贫的各类主体政治上有荣誉、事业上有发展、社会上受尊重。对贡献突出的企业、社会组织和各界人士，在尊重其意愿前提下可给予项目冠名等激励措施。

（十四）加强宣传工作。把扶贫纳入基本国情教育范畴，大力弘扬社会主义核心价值观，开展扶贫系列宣传活动。创新社会扶贫宣传形式，拓宽宣传渠道，加强舆论引导，统筹推进社会扶贫先进事迹宣传报道工作，宣传最美扶贫人物，推出扶贫公益广告，倡导社会扶贫参与理念，营造扶贫济困的浓厚社会氛围。

（十五）改进管理服务。地方各级政府和有关部门要适应社会扶贫体制机制改革创新需要，深入调查研究，强化服务意识，搭建社会参与平台，提高社会扶贫工作的管理服务能力。完善定点扶贫和东西部扶贫协作工作考核评估制度。加强对社会扶贫资源筹集、配置和使用的规范管理。建立科学、透明的社会扶贫监测评估机制，推动社会扶贫实施第三方监测评估。创新监测评估方法，公开评估结果，增强社会扶贫公信力和影响力。加强贫困地区基层组织建设，开发贫困地区人力资源，提高农村致富带头人和贫困群众的创业就业能力。充分尊重贫困群众的主体地位和首创精神，把贫困地区的内生动力和外部帮扶有机结合，不断提高贫困地区和贫困群众的自我发展能力。

（十六）加强组织动员。国务院各部门和有关单位要密切合作，加强协调动员，按照职能分工落实相关政策，推进各项工作。扶贫部门要加强社会扶贫工作的组织指导和协调服务。财政、税务、金融部门要落实财税和金融支持政策措施。人力资源社会保障部门要落实挂职扶贫干部、驻村帮扶干部和专业技术人员相关待遇。民政部门要将扶贫济困作为促进慈善事业发展的重点领域，支持社会组织加强自身能力建设，提高管理和服务水平。工会、共青团、妇联、残联、工商联要发挥各自优势积极参与扶贫工作。地方各级政府要完善工作体系，建立工作机制，落实工作责任。要汇全国之力、聚各方之财、集全民之智，加快推进扶贫开发进程。

国务院办公厅

2014 年 11 月 19 日

部委层面

关于印发《政府购买服务管理办法（暂行）》的通知

财综〔2014〕96 号

党中央有关部门，国务院各部委、各直属机构，全国人大常委会办公厅，全国政协办公厅，高法院，高检院，有关人民团体，各民主党派中央，全国工商联，各省、自治区、直辖市、计划单列市财政厅（局）、民政厅（局）、工商行政管理局，新疆生产建设兵团财务局、民政局、工商行政管理局：

根据党的十八届三中全会有关精神和《国务院办公厅关于政府向社会力量购买服务的指导意见》（国办发〔2013〕96号）部署，为加快推进政府购买服务改革，我们制定了《政府购买服务管理办法（暂行）》。现印发给你们，请认真贯彻执行。

财政部　民政部

工商总局

2014年12月15日

政府购买服务管理办法（暂行）

第一章　总则

第一条　为了进一步转变政府职能，推广和规范政府购买服务，更好发挥市场在资源配置中的决定性作用，根据《中华人民共和国预算法》、《中华人民共和国政府采购法》、《中共中央关于全面深化改革若干重大问题的决定》、《国务院办公厅关于政府向社会力量购买服务的指导意见》（国办发〔2013〕96号）等有关要求和规定，制定本办法。

第二条　本办法所称政府购买服务，是指通过发挥市场机制作用，把政府直接提供的一部分公共服务事项以及政府履职所需服务事项，按照一定的方式和程序，交由具备条件的社会力量和事业单位承担，并由政府根据合同约定向其支付费用。政府购买服务范围应当根据政府职能性质确定，并与经济社会发展水平相适应。属于事务性管理服务的，应当引入竞争机制，通过政府购买服务方式提供。

第三条　政府购买服务遵循以下基本原则：

（一）积极稳妥，有序实施。从实际出发，准确把握社会公共服务需求，充分发挥政府主导作用，探索多种有效方式，加大社会组织承接政府购买服务支持力度，增强社会组织平等参与承接政府购买公共服务的能力，有序引导社会力量参与服务供给，形成改善公共服务的合力。

（二）科学安排，注重实效。突出公共性和公益性，重点考虑、优先安排与改善民生密切相关、有利于转变政府职能的领域和项目，明确权利义务，切实提高财政资金使用效率。

（三）公开择优，以事定费。按照公开、公平、公正原则，坚持费随事转，通过公平竞争择优选择方式确定政府购买服务的承接主体，建立优胜劣汰的动态调整机制。

（四）改革创新，完善机制。坚持与事业单位改革、社会组织改革相衔接，推进政事分开、政社分开，放宽市场准入，凡是社会能办好的，都交给社会力量承担，不断完善体制机制。

第二章　购买主体和承接主体

第四条　政府购买服务的主体（以下简称购买主体）是各级行政机关和具有行政管理职能的事业单位。

第五条　党的机关、纳入行政编制管理且经费由财政负担的群团组织向社会提供的公共服务以及履职服务，可以根据实际需要，按照本办法规定实施购买服务。

第六条　承接政府购买服务的主体（以下简称承接主体），包括在登记管理部门登记或经国务院批准免予登记的社会组织、按事业单位分类改革应划入公益二类或转为企业的事业单位，依法在工商管理或行业主管部门登记成立的企业、机构等社会力量。

第七条　承接主体应当具备以下条件：

（一）依法设立，具有独立承担民事责任的能力；

（二）治理结构健全，内部管理和监督制度完善；

（三）具有独立、健全的财务管理、会计核算和资产管理制度；

（四）具备提供服务所必需的设施、人员和专业技术能力；

（五）具有依法缴纳税收和社会保障资金的良好记录；

（六）前三年内无重大违法记录，通过年检或按要求履行年度报告公示义务，信用状况良好，未被列入经营异常名录或者严重违法企业名单；

（七）符合国家有关政事分开、政社分开、政企分开的要求；

（八）法律、法规规定以及购买服务项目要求的其他条件。

第八条 承接主体的资质及具体条件，由购买主体根据第六条、第七条规定，结合购买服务内容具体需求确定。

第九条 政府购买服务应当与事业单位改革相结合，推动事业单位与主管部门理顺关系和去行政化，推进有条件的事业单位转为企业或社会组织。

事业单位承接政府购买服务的，应按照“费随事转”原则，相应调整财政预算保障方式，防止出现既通过财政拨款养人办事，同时又花钱购买服务的行为。

第十条 购买主体应当在公平竞争的原则下鼓励行业协会商会参与承接政府购买服务，培育发展社会组织，提升社会组织承担公共服务能力，推动行业协会商会与行政机构脱钩。

第十一条 购买主体应当保障各类承接主体平等竞争，不得以不合理的条件对承接主体实行差别化歧视。

第三章 购买内容及指导目录

第十二条 政府购买服务的内容为适合采取市场化方式提供、社会力量能够承担的服务事项。政府新增或临时性、阶段性的服务事项，适合社会力量承担的，应当按照政府购买服务的方式进行。不属于政府职能范围，以及应当由政府直接提供、不适合社会力量承担的服务事项，不得向社会力量购买。

第十三条 各级财政部门负责制定本级政府购买服务指导性目录，确定政府购买服务的种类、性质和内容。

财政部门制定政府购买服务指导性目录，应当充分征求相关部门意见，并根据经济社会发展变化、政府职能转变及公众需求等情况及时进行动态调整。

第十四条 除法律法规另有规定外，下列服务应当纳入政府购买服务指导性目录：

（一）基本公共服务。公共教育、劳动就业、人才服务、社会保险、社会救助、养老服务、儿童福利服务、残疾人服务、优抚安置、医疗卫生、人口和计划生育、住房保障、公共文化、公共体育、公共安全、公共交通运输、三农服务、环境治理、城市维护等领域适宜由社会力量承担的服务事项。

（二）社会管理性服务。社区建设、社会组织建设与管理、社会工作服务、法律援助、扶贫济困、防灾救灾、人民调解、社区矫正、流动人口管理、安置帮教、志愿服务运营管理、公共公益宣传等领域适宜由社会力量承担的服务事项。

（三）行业管理与协调性服务。行业职业资格和水平测试管理、行业规范、行业投诉等领域适宜由社会力量承担的服务事项。

（四）技术性服务。科研和技术推广、行业规划、行业调查、行业统计分析、检验检疫检测、监测服务、会计审计服务等领域适宜由社会力量承担的服务事项。

（五）政府履职所需辅助性事项。法律服务、课题研究、政策（立法）调研草拟论证、战略和政策研究、综合性规划编制、标准评价指标制定、社会调查、会议经贸活动和展览服务、监督检查、评估、绩效评价、工程服务、项目评审、财务审计、咨询、技术业务培训、信息化建设与管理、后勤管理等领域中适宜由社会力量承担的服务事项。

（六）其他适宜由社会力量承担的服务事项。

第十五条 纳入指导性目录的服务事项，应当实施购买服务。

第四章 购买方式及程序

第十六条 购买主体应当根据购买内容的供求特点、市场发育程度等因素，按照方式灵活、程序简便、公开透明、竞争有序、结果评价的原则组织实施政府购买服务。

第十七条 购买主体应当按照政府采购法的有关规定，采用公开招标、邀请招标、竞争性谈判、单一来源采购等方式确定承接主体。

与政府购买服务相关的采购限额标准、公开招标数额标准、采购方式审核、信息公开、质疑投诉等按照政府采购相关法律制度规定执行。

第十八条 购买主体应当在购买预算下达后，根据政府采购管理要求编制政府采购实施计划，报同级政府采购监管部门备案后开展采购活动。

购买主体应当及时向社会公告购买内容、规模、对承接主体的资质要求和应提交的相关材料等相关信息。

第十九条 按规定程序确定承接主体后，购买主体应当与承接主体签订合同，并可根据服务项目的需求特点，采取购买、委托、租赁、特许经营、战略合作等形式。

合同应当明确购买服务的内容、期限、数量、质量、价格等要求，以及资金结算方式、双方的权利义务事项和违约责任等内容。

第二十条 购买主体应当加强购买合同管理，督促承接主体严格履行合同，及时了解掌握购买项目实施进度，严格按照国库集中支付管理有关规定和合同执行进度支付款项，并根据实际需求和合同规定积极帮助承接主体做好与相关政府部门、服务对象的沟通、协调。

第二十一条 承接主体应当按合同履行提供服务的义务，认真组织实施服务项目，按时完成服务项目任务，保证服务数量、质量和效果，主动接受有关部门、服务对象及社会监督，严禁转包行为。

第二十二条 承接主体完成合同约定的服务事项后，购买主体应当及时组织对履约情况进行检查验收，并依据现行财政财务管理制度加强管理。

第五章　预算及财务管理

第二十三条 政府购买服务所需资金，应当在既有财政预算中统筹安排。购买主体应当在现有财政资金安排的基础上，按规定逐步增加政府购买服务资金比例。对预算已安排资金且明确通过购买方式提供的服务项目，按相关规定执行；对预算已安排资金但尚未明确通过购买方式提供的服务项目，可以根据实际情况转为通过政府购买服务方式实施。

第二十四条 购买主体应当充分发挥行业主管部门、行业组织和专业咨询评估机构、专家等专业优势，结合项目特点和相关经费预算，综合物价、工资、税费等因素，合理测算安排政府购买服务所需支出。

第二十五条 财政部门在布置年度预算编制工作时，应当对购买服务相关预算安排提出明确要求，在预算报表中制定专门的购买服务项目表。

购买主体应当按要求填报购买服务项目表，并将列入集中采购目录或采购限额标准以上的政府购买服务项目同时反映在政府采购预算中，与部门预算一并报送财政部门审核。

第二十六条 财政部门负责政府购买服务管理的机构对购买主体填报的政府购买服务项目表进行审核。

第二十七条 财政部门审核后的购买服务项目表，随部门预算批复一并下达给相关购买主体。购买主体应当按照财政部门下达的购买服务项目表，组织实施购买服务工作。

第二十八条 承接主体应当建立政府购买服务台账，记录相关文件、工作计划方案、项目和资金批复、项目进展和资金支付、工作汇报总结、重大活动和其它有关资料信息，接受和配合相关部门对资金使用情况进行监督检查及绩效评价。

第二十九条 承接主体应当建立健全财务制度，严格遵守相关财政财务规定，对购买服务的项目资金进行规范的财务管理和会计核算，加强自身监督，确保资金规范管理和使用。

第三十条 承接主体应当建立健全财务报告制度，按要求向购买主体提供资金的使用情况、项目执行情况、成果总结等材料。

第六章 绩效和监督管理

第三十一条 财政部门应当按照建立全过程预算绩效管理机制的要求，加强成本效益分析，推进政府购买服务绩效评价工作。

财政部门应当推动建立由购买主体、服务对象及专业机构组成的综合性评价机制，推进第三方评价，按照过程评价与结果评价、短期效果评价与长远效果评价、社会效益评价与经济效益评价相结合的原则，对购买服务项目数量、质量和资金使用绩效等进行考核评价。评价结果作为选择承接主体的重要参考依据。

第三十二条 财政、审计等有关部门应当加强对政府购买服务的监督、审计，确保政府购买服务资金规范管理和合理使用。对截留、挪用和滞留资金以及其他违反本办法规定的行为，依照《中华人民共和国政府采购法》、《财政违法行为处罚处分条例》等国家有关规定追究法律责任；涉嫌犯罪的，依法移交司法机关处理。

第三十三条 民政、工商管理及行业主管等部门应当按照职责分工将承接主体承接政府购买服务行为信用记录纳入年检（报）、评估、执法等监管体系，不断健全守信激励和失信惩戒机制。

第三十四条 购买主体应当加强服务项目标准体系建设，科学设定服务需求和目标要求，建立服务项目定价体系和质量标准体系，合理编制规范性服务标准文本。

第三十五条 购买主体应当建立监督检查机制，加强对政府购买服务的全过程监督，积极配合有关部门将承接主体的承接政府购买服务行为纳入年检（报）、评估、执法等监管体系。

第三十六条 财政部门和购买主体应当按照《中华人民共和国政府信息公开条例》、《政府采购信息公告管理办法》以及预算公开的相关规定，公开财政预算及部门和单位的政府购买服务活动的相关信息，涉及国家秘密、商业秘密和个人隐私的信息除外。

第三十七条 财政部门应当会同相关部门、购买主体建立承接主体承接政府购买服务行为信用记录，对弄虚作假、冒领财政资金以及有其他违法违规行为的承接主体，依法给予行政处罚，并列入政府购买服务黑名单。

第七章　附则

第三十八条 本办法由财政部会同有关部门负责解释。

第三十九条 本办法自2015年1月1日起施行。

民政部、财政部关于加强社会组织反腐倡廉工作的意见

民发〔2014〕227号

各省、自治区、直辖市民政厅（局）、财政厅（局），新疆生产建设兵团民政局、财政局：

社会组织是党和政府联系人民群众的桥梁和纽带，是国家治理体系和治理能力现代化的有机组成部分。社会组织反腐倡廉工作，既是改革社会组织

管理制度、促进社会组织健康有序发展的必然要求，又是加强和创新社会治理、建立健全覆盖全社会的惩治和预防腐败体系的重要内容。为深入贯彻落实党的十八大，十八届二中、三中、四中全会精神和国务院第二次廉政工作会议要求，现就加强社会组织反腐倡廉工作提出以下意见。

一、健全社会组织民主机制。社会组织要以章程为核心，建立健全现代法人治理结构和运行机制。落实民主选举、差额选举制度，扩大直选范围。规范社会组织民主议事、民主决策的范围、程序和方法。涉及社会组织人、财、物等重大事项的决策，要经过民主程序，不得由个人专断。进行改选换届的会员（代表）大会、理事会须有符合法定人数的会员（代表）、理事出席方能召开，不得以通讯方式召开。会员（代表）大会、理事会民主决议事项，不得以鼓掌方式进行表决。鼓励选举企业家担任行业协会商会理事长（会长）。探索实行行业协会商会理事长（会长）轮值制。社会组织要设立监事会或者监事，建立健全内部监督约束机制。推进社会组织诚信建设，建立社会组织信用体系，提高社会组织自治自律水平。

二、加强社会组织财务管理。社会组织要按照《中华人民共和国会计法》和《民间非营利组织会计制度》（财会〔2004〕7 号）等规定，严格财务管理。社会组织财务收支必须全部纳入单位法定账户，不得使用其他单位或个人的银行账户进行账务往来，不得账外建账，不得设立“小金库”。社会组织分支（代表）机构不得开设银行基本账户。以社会组织分支（代表）机构名义举办的会议、展览、培训等各类活动所发生的经费往来，必须纳入社会组织法定账户统一管理，不得进入其他单位或个人账户。社会组织不得将自身经费收支与行政机关及企事业单位经费收支混管，不得将收入用于弥补行政经费不足或发放行政机关工作人员各项补贴。社会组织对承接政府职能转移和政府购买服务的经费，要专款专用，不得违规使用。社会组织各项收入除用于组织管理成本和其他合理支出外，应当全部用于章程规定的非营利性事业，盈余不得分配。社会组织财务人员应持证上岗，会计不得兼任出纳，社会组织负责人直系亲属不得担任会计、出纳。社会组织应定期向会员（代表）大会、理事会报告财务收支情况，自觉接受监督。

三、规范社会组织商业行为。社会组织开展经营服务性收费项目，不得转包或者委托与社会组织负责人、分支（代表）机构负责人有直接利益关系的企事业单位或其它组织实施。社会组织应当在资产、机构、人员等方面与所举办经济实体分开，和所举办经济实体之间发生经济往来，应当按照等价交换的原则收取价款、支付费用。社会团体依法所得不得投入会员企业进行营利。社会团体不得通过转包、承包等方式，向其分支（代表）机构、专项基金管理机构收取或者变相收取管理费用。基金会不得资助以营利为目的开展的活动，不得直接宣传、促销、销售企业的产品和品牌，不得为企业及其产品提供信誉和质量担保。社会组织不得利用业务主管部门影响或者行政资源牟利、不得利用所掌握的会员信息、行业数据、捐赠人和受赠人信息等不当牟利。社会组织不得违反规定设立评比达标表彰项目和进行收费，严禁以各种方式强制企业或者个人入会、摊派会费、派捐索捐、强拉赞助。

四、实行社会组织信息公开制度。基金会要严格按规定向社会公开公益活动和募集资金的详细使用计划，公益资助项目的申请、评审程序，以及年度工作报告和财务审计报告等信息。社会团体要主动向会员公开年度工作报告、财务工作报告、会费收支情况以及经理事会研究认为有必要向会员公开的其他信息，向社会公开登记事项、章程、组织机构、接受捐赠、承接政府转移职能以及政府购买服务事项等信息。民办非企业单位要重点向服务对象公开服务承诺、服务收费标准等信息。各级登记管理机关要制定社会组织信息公开办法，建立或者利用有公信力的公共信息平台，为社会组织发布信息和社会监督创造条件。

五、强化社会组织审计和执法监督。对社会组织使用的财政资金以及接受社会捐赠、资助的资金，审计机关依法加强审计监督。对社会组织依法获取的其他收入，通过社会审计机构依法进行审计监督。社会组织要按规定进行年度审计、换届审计和法定代表人离任审计，并将审计结论向会员（代表）大会或者理事会、监事会（监事）报告。登记管理机关根据工作需要对社会组织进行专项审计。对于违背注册会计师执业准则，帮助社会组织做假账、假报表和出具虚假审计报告的会计师事务所，登记管理机关一经发现，要通报财政部门和注册会计师行业组织，并由相关部门和单位给予相应处分。加强对社会组织反腐倡廉建设工作的监督检查，加大执法查处力度。完善投诉举报受理机制，畅通社会监督渠道。发现社会组织存在腐败隐患的，及时督促整改；确有违法违纪行为的，交由相关机关依纪依法对直接责任人和相关人员给予相应党纪政纪处分，构成犯罪的，依法追究刑事责任。

六、加强社会组织廉洁自律教育。社会组织要把廉洁自律教育作为一项基础性工作，常抓不懈，着力增强教育的针对性和实效性。社会组织法定代表人为本组织反腐倡廉工作第一责任人。要深入开展中国特色社会主义和中国梦教育、理想信念和宗旨教育、社会主义核心价值体系教育，加强党纪国法、廉政法规和道德教育。社会组织党组织要推动党员干部严格执行廉洁自律规定，落实党内监督制度，充分发挥党员干部的模范引导作用。社会组织要加强廉洁文化建设，将廉洁自律理念融入到各项工作中去。

各地、各单位要高度重视，加强组织领导，做好统筹协调，按照本意见要求，落实好加强社会组织反腐倡廉工作的各项任务。各级民政部门要严格按照中央有关文件精神，加强社会组织负责人任（兼）职审核，对未按规定报批的领导干部，不得办理相关手续。各级民政、财政等部门要建立工作联动机制，形成工作合力，加强工作研究，采取有力措施，不断解决社会组织反腐倡廉工作中遇到的新情况、新问题，确保社会组织健康有序发展。

民政部　财政部

2014 年 11 月 6 日

教育部、财政部、民政部关于加强中央部门所属高校教育基金会财务管理的若干意见

教财〔2014〕3 号

有关部门（单位）教育司（局），各中央部门所属高校，各中央部门所属高校教育发展基金会：

为加强中央部门所属高等学校（以下简称学校）教育基金会（以下简称基金会）财务管理，规范财务行为，维护捐赠人、受益人和基金会的合法权益，进一步促进基金会健康发展，根据《公益事业捐赠法》《高等教育法》《基金会管理条例》及国家其他有关法律法规，现就加强基金会财务管理提出以下意见。

一、完善治理结构，保障内控体系健全有效

1. 基金会作为学校多元化筹资体系的重要组成部分和接受社会公益捐赠的窗口，围绕学校办学目标开展活动，通过筹资、投资等方式为学校办学活动提供经费等支持。

2. 学校应当支持基金会的运行和发展，促进基金会的能力建设。

3. 基金会资金的募集、管理和使用计划、基金会财务收支预算、决算等重大事项，应当经理事会讨论决定。

4. 基金会财务工作在基金会理事会领导下开展，并接受业务主管单位和学校财务部门的业务指导和监督。

5. 基金会应当建立健全内部控制体系，严格执行不相容职务的分离制度，严格贯彻决策、执行和监督相分离制度，有效控制各类风险。

6. 基金会应当配备具有专业资格的专职财会人员。财会人员数量应当满足不相容职务分离的要求。会计岗位、出纳岗位和投资岗位的人员不得相互兼任。

7. 基金会应当将所有分支机构、代表机构、专项基金以及各项业务活动纳入统一管理。分支机构的运行情况和财务状况应当在基金会年报中反映和说明。

8. 基金会应当支持监事依照章程规定的程序检查财务和会计资料，列席理事会会议，向理事会提出质询和建议，并向登记管理机关、业务主管单位以及税务、会计主管部门反映情况。

二、加强财务管理，规范会计核算工作

9. 基金会执行《民间非营利组织会计制度》，依法进行会计核算，建立健全内部会计监督制度，保证会计资料合法、真实、准确、完整。

10. 基金会应当开设独立、合法的银行账户。

11. 基金会获得的各类收入应当及时足额地纳入账户核算，不得长期挂账，不得“坐收坐支”，更不得形成“账外资金”和“小金库”。

12. 基金会收到捐赠后应当据实开具捐赠票据。捐赠人不需要捐赠票据的，或者匿名捐赠的，也应开具捐赠票据，由基金会留存备查。

13. 基金会接受现金捐赠，收款人和开票人应当由两人以上分别承担，所收取的现金应及时入账。

14. 基金会接受非现金捐赠，应当在实际收到并确认公允价值后开具捐赠票据。受赠财产未经基金会验收确认，由捐赠人直接转移给受助人或者其他第三方的，不得作为基金会的捐赠收入，不得开具捐赠票据。

15. 基金会接受非现金捐赠时，在捐赠人提供了发票、报关单或其他凭据的情况下，应当以相关凭据作为确认入账价值的依据；在捐赠方不能提供凭据的情况下，应以其他确认捐赠财产的证明，作为确认入账价值的依据。

16. 基金会接受捐赠的固定资产、股权、无形资产、文物文化资产，没有发票、报关单或其他凭据作为入账依据的，应当以具有合法资质的第三方机构的评估作为确认入账价值的依据。无法评估或经评估无法确认价格的，基金会不得计入捐赠收入，不得开具捐赠票据，应当另外造册登记。

三、加强筹资过程管理，促进筹资专业化

17. 基金会接受捐赠，必须与捐赠人明确权利义务，订立书面捐赠协议。

18. 基金会接受捐赠应确保公益性。附加对捐赠人构成利益回报条件的赠与和不符合公益性质的赠与，不应确认为公益捐赠，不得开具捐赠票据。

19. 基金会应当严格区分交换交易收入和捐赠收入。通过出售物资、提供服务、授权使用或转让资产包括无形资产等交换交易取得的收入，应当记入商品销售收入、提供服务收入等，不得计入捐赠收入，不得开具公益事业捐赠票据。对于协议或合同中载明知识产权归捐赠人或除学校外第三方的研究类合同，不应确认为捐赠合同，收入不得确认为捐赠收入。

20. 基金会接受捐赠过程中，如果涉及学校建筑、设施、场所的冠名事项以及学校内部机构冠名事项，应当征得学校同意。

21. 基金会不得将本组织的名称、公益项目品牌等用于非公益目的。

22. 基金会不得直接宣传、促销、销售企业的产品和品牌。

23. 基金会可以筹资设立支持附属学校和附属单位发展的基金，但不得收取与入学挂钩的赞助费、捐赠款，不得以接受捐赠的名义乱收费。

24. 基金会应当加强对筹资过程的管理和监督，推动筹资活动的专业化。

四、规范投资行为，防范和控制财务风险

25. 基金会应当加强资产管理，配备资产管理人员，建立定期盘点制度，对非现金资产应该进行登记和管理，做到账实相符、账表相符。

26. 基金会资产保值增值应当遵循合法、安全、有效的原则，建立投资责任体系和追踪问责机制，明确投资止损原则，通过有效的过程管理控制投资风险。

27. 基金会可用于保值增值的资产限于非限定性资产和在保值增值期间暂不需要拨付的限定性资产。捐赠人对于其捐赠款投资有限制性意见的，基金会不能违背捐赠人意愿开展投资活动。基金会应保持资金的流动性，投资活动不得影响公益支出的实现。

28. 基金会投资决策与执行应当分离。建立规范的投资决策议事规则，投资计划必须经过理事会决策同意方可执行。理事会授权投资委员会开展投资活动的，投资计划也必须报理事会决策，投资结果必须向理事会汇报，投资责任仍由理事会承担。每一项投资决策都必须经过表决，决策记录应载明投资事项、提请投资人的意见和签名、参与表决人的意见和签名，表决结果存书面档案。

29. 基金会进行委托投资的，应当委托银行或者其他金融机构进行。

30. 基金会的资金不得投向期货、期权等衍生金融工具，不得提供任何形式的经济担保或财产担保。

31. 基金会投资收益必须全部足额纳入统一账户进行管理，并确保用于符合公益宗旨的方向。

五、合理使用捐赠资金，促进教育事业发展

32. 基金会应当将接受的捐赠财产用于资助符合其宗旨和业务范围的活动和事业。基金会与捐赠人订立了捐赠协议的，应当按照协议约定使用。如需改变用途，应当征得捐赠人书面同意。

33. 捐赠协议和募捐公告中约定可从捐赠收入中列支工作人员工资福利和行政办公支出的，按照约定列支；没有约定的，不得列支。基金会工作人员工资福利和行政办公支出应当符合《基金会管理条例》要求，累计不得超过当年总支出的10%。

34. 基金会用于公益事业的支出应当按照有关规定使用。公募基金会每年用于从事章程规定的公益事业支出，不得低于上一年总收入的70%；非公募基金会每年用于从事章程规定的公益事业支出，不得低于上一年基金余额的8%。基金会工作人员在学校有薪金收入的，不得再从基金会取得收入。

35. 基金会资助学校的项目，在使用时可转至学校进行财务明细核算。学校对于基金会转来的资助项目，应当准确完整及时地提供经费使用情况。

36. 基金会在使用经费时，应当主要通过银行进行支付，减少现金的使用。

37. 基金会不得向个人、企业直接提供与公益活动无关的借款，不得资助以盈利为目的活动。

六、健全信息公开制度，自觉接受社会监督

38. 基金会应当建立定期财务报告制度，准确、完整、及时地反映基金会财务状况、业务活动和现金流量情况。

39. 基金会应当按照登记管理机关、业务主管单位的要求进行审计，并自觉接受税务、会计等主管部门的监督。

40. 基金会应当于每年3月31日前向登记管理机关报送上一年度工作报告，接受年度检查，同时抄报业务主管单位；通过登记管理机关年度检查后，要将年度工作报告在登记管理机关指定的媒体及基金会网站上公布。

41. 基金会的信息公布工作，应当符合《基金会信息公布办法》《关于规范基金会行为的若干规定（试行）》的要求。

42. 捐赠人有权查询捐赠财产的使用、管理情况。对于捐赠人的查询，基金会应及时如实答复。

43. 学校应当协助基金会就审计中发现的问题进行整改，促进工作的规范化。

教育部　财政部　民政部

2014 年 9 月 18 日

地方层面

关于印发《江苏省四类社会组织直接登记管理暂行办法》的通知

苏民规〔2014〕1 号

各市、县（市、区）民政局：

为贯彻落实党的十八大、十八届三中全会精神，重点培育和优先发展行业协会商会类、科技类、公益慈善类、城乡社区服务类社会组织，激发社会组织活力，加快形成政社分开、权责明确、依法自治的现代社会组织体制，按照《国务院机构改革和职能转变方案》和江苏省委、省政府《关于进一步简政放权加快转变政府职能的实施意见》要求，结合我省实际，特制定《江苏省四类社会组织直接登记管理暂行办法》。现印发你们，请遵照执行。

江苏省民政厅

2014 年 9 月 22 日

江苏省四类社会组织直接登记管理暂行办法

第一条　为深化社会组织登记管理制度改革，规范本省四类社会组织直接登记工作，按照国务院有关要求，根据《社会团体登记管理条例》、《民办非企业单位登记管理暂行条例》、《基金会管理条例》及《江苏省行业协会条例》等有关法律法规，结合本省实际，制定本办法。

第二条 本办法所称四类社会组织，是指行业协会商会类、科技类、公益慈善类、城乡社区服务类社会组织。

行业协会商会类社会组织是指从事相同性质经济活动的经济组织或者从业人员，为维护会员共同的合法利益而自愿组成的社会团体。

科技类社会组织是指以促进科技发展和进步为目的，专门从事科学研究与技术开发、成果转让、科技咨询与服务、科技成果评估、科学技术知识传播与普及等业务的社会组织。

公益慈善类社会组织是指以特定公益为目的，为社会公众和社会发展提供公益慈善和社会服务的社会组织。

城乡社区服务类社会组织是指面向社区，为满足城乡社区居民需求、促进社区和谐发展，以开展社区服务为主要内容的社会组织。

第三条 四类社会组织，在办理成立、变更和注销登记时，可以直接向民政部门申请，不再需要业务主管单位审查同意。需要征询有关部门或者单位意见的，由登记管理机关出具征询函。

四类社会组织中涉及政治、法律、宗教的，仍实行双重管理。

第四条 省、市、县（市、区）民政部门负责同级四类社会组织的直接登记管理工作。

基金会由县级以上民政部门登记；民办非企业单位原则上由住所所在地的市或者县（市、区）民政部门登记。

城乡社区服务类社会组织原则上在县（市、区）民政部门登记。

第五条 直接登记成立四类社会组织，在符合社会组织登记管理相关行政法规规定的基础上，可以适当放宽条件：

（一）允许“一业多会”。可以按国民经济行业分类的小类标准设立行业协会商会；同一行业可以按产业链各个环节、经营方式和服务类型设立行业协会商会；

（二）允许公益慈善类社会团体名称使用字号；

（三）降低会员数量标准。社会团体会员数量降低为 20 个以上个人会员或者 10 个以上单位会员；个人会员、单位会员混合组成的，会员总数不少于 20 个；重点扶持的新兴产业和高科技产业成立相关行业协会，会员数量可以进一步降低；

（四）降低注册资金标准。成立社会团体、民办非企业单位，各地可以根据实际情况适当降低注册资金标准或者制定分批缴纳制度，其中城乡社区服务类的注册资金可以不作要求；

（五）取消社会团体筹备审批环节；

（六）取消社会团体分支（代表）机构的审批；

（七）简化验资手续。社会团体、民办非企业单位在注册登记时，只需提供银行进账单或者其他合法的出资证明，无须提交会计师事务所出具的验资报告；

（八）鼓励民办非企业单位申请注册服务商标，采用直营连锁、加盟连锁等特许连锁经营模式，开展集团化服务，其各个服务点可以使用同一字号、商标及服务集团标识，形成品牌连锁服务；采用直营连锁模式的，其各个服务点应当在登记管理机关备案，无须注册登记；

（九）鼓励大学生、社会工作专业人才创办社会组织。在校或者毕业不满两年的大学生、社会工作专业人才自主创办，或者社会力量以招聘此类人员就业为主创办民办非企业单位的，由登记管理机关推荐专门人员或者机构免费提供咨询指导和服务。

第六条 直接登记成立全省性四类社会组织，在符合社会组织登记管理相关行政法规规定的基础上，还应当符合下列条件：

（一）成立行业协会商会类社会团体，发起人应当有 5 个以上且在本地区、本行业具有较高的代表性和影响力，会员单位应当具有广泛性，原则上分布在 8 个以上设区市；

（二）科技类民办非企业单位注册资金不得低于 200 万元且从业人员不得少于 25 人；以“研究院”冠名的科技类民办非企业单位，注册资金不得低于1000万元且专职科技人员不得少于50人；

（三）公募基金会注册资金不得低于800万元，非公募基金会注册资金不得低于400万元。

第七条 四类社会组织申请直接登记，发起人（举办者）应当向登记管理机关提交下列材料，并对申请材料的真实性负责：

（一）申请书；

（二）章程草案；

（三）住所证明；

（四）验资报告或者银行进账单等；

（五）其他必需的材料。

成立社会组织需要行业资质许可的，发起人（举办者）应当在取得行业主管部门的资质许可后，向登记管理机关申请登记。

第八条 四类社会组织申请直接登记，应当按照下列流程办理：

（一）申请。发起人（举办者）向登记管理机关提交书面申请或者网上申请。

（二）名称核准。登记管理机关收到申请材料后，在15个工作日之内对拟成立的社会组织作出同意或者不同意直接登记的决定。同意的，发给《社会组织名称核准通知书》，并一次性告知其成立登记所需材料；不同意的，书面告知申请人并说明理由。

（三）成立登记。社会组织完成相关准备工作后，向登记管理机关申请成立登记并提交有关材料，登记管理机关在10个工作日内作出准予成立或者不予成立的决定。准予成立的，发给社会组织行政许可决定书，颁发《社会组织法人登记证书》；不予成立的，书面告知申请人并说明理由。

（四）公告。社会组织直接登记后，由登记管理机关进行公告。

第九条 四类社会组织登记事项需要变更的，直接向登记管理机关申请变更登记。变更内容涉及行业资质许可的，应当在取得行业资质许可后再向登记管理机关申请变更登记；变更内容涉及章程修改的，应当在履行民主程序前将修改的章程报登记管理机关预核准。

四类社会组织需要注销的，应当在注销登记前，由登记管理机关指导完成清算工作，自清算结束之日起 15 日内向登记管理机关申请办理注销登记。

第十条 本办法出台前已成立且属于直接登记范畴的社会组织，在办理变更、注销等事项时，参照本办法执行；在办理年度检查时，无须先经行业主管部门审查。

第十一条 实施四类社会组织直接登记后，登记管理机关应当会同行业主管部门和相关职能部门建立健全社会组织监督管理体系。

（一）登记管理机关依法履行登记、年检、评估等日常管理职能，加强对社会组织的执法监察，依法对其违法违规行为进行查处；

（二）行业主管部门和相关职能部门在法律法规范围内履行相应的业务指导和监督管理职责；

（三）社会组织应当完善法人治理结构和内部管理制度，主动进行信息披露，加强诚信自律建设，依法接受监督管理。

第十二条 市、县（市、区）可以结合本地实际，制定四类社会组织直接登记的实施细则。

第十三条 本办法由江苏省民政厅负责解释。

第十四条 本办法自 2014 年 11 月 1 日起施行。

浙江省民政厅关于下放基金会登记管理权限等有关问题的通知

浙民民〔2014〕69 号

各市、县（市、区）民政局：

为贯彻落实国务院和民政部关于激发社会组织活力、改革社会组织登记管理制度的精神，进一步促进公益慈善事业的发展，根据《浙江省民政厅关于取消和下放一批行政审批项目的通知》（浙民法〔2014〕42 号），以部分委托方式向各市、县（市、区）民政局下放由内地居民担任法定代表人的基金会登记管理权限，取消全省性基金会设立分支机构、代表机构审批。现就有关事项通知如下：

一、各市、县（市、区）民政局应认真贯彻《基金会管理条例》的相关规定，按照我厅的统一部署，依法履行登记审批职责，分级做好基金会的登记管理工作。

二、按照《浙江省民政厅关于启用行政审批专用章的通知》要求，在准予基金会设立登记决定书和法人登记证书上，须盖浙江省民政厅行政审批专用章。

三、各设区市民政局登记设立的基金会，应当冠以所在地市级行政区划名称；各县（市、区）登记设立的基金会，应当冠以县级行政区划名称；冠以市辖区名称的，应当同时冠以设区市的名称。

四、各市、县（市、区）民政局可承担业务涉及民政业务领域的基金会（宗教类除外）的业务主管单位的职责。对不涉及民政业务领域的基金会，可由市、县（市、区）相关业务主管单位经请示省级对口业务主管单位同意委托后，承担业务主管单位的职责。

五、各市、县（市、区）民政局登记的基金会必须按照民政部的统一部署，通过民政部网上年检系统开展年度检查工作。

六、取消全省性基金会设立分支机构、代表机构审批。全省性基金会根据其章程规定的宗旨、业务范围和民主决策程序，可以自行决定分支机构、代表机构的设立、变更和终止。基金会分支机构、代表机构依据基金会的授权开展活动，不具有法人资格。

各市、县（市、区）民政局要切实加强组织领导，充实人员力量，认真履行职责，依法做好基金会登记管理工作，并及时向我厅报告相关工作情况。

浙江省民政厅

2014 年 4 月 8 日

山东省民政厅关于印发《山东省基金会信息公开管理办法》的通知

鲁民〔2014〕9号

各市、县（市、区）民政局：

现将《山东省基金会信息公开管理办法》印发给你们，请指导和监督有关基金会和公益性社会团体认真贯彻执行。

山东省民政厅

2014年1月14日

山东省基金会信息公开管理办法

第一条 为了规范本省基金会信息公开活动，保护捐赠人及相关当事人的合法权益，促进公益事业发展，根据《基金会管理条例》、《基金会信息公布办法》、《关于规范基金会行为的若干规定（试行）》的有关规定，结合本省实际，制定本办法。

第二条 本办法所称信息公开，是指本省基金会按照规定，将其内部信息和业务活动信息通过媒体向社会公布的活动。

本省基金会是信息公开义务人。

第三条 基金会公开的信息资料应当真实、准确、完整，不得有虚假记载、误导性陈述或者重大遗漏。

基金会应当保证捐赠人和社会公众能够快捷、方便地查阅或者复制公布的信息资料。

第四条 基金会应当向社会公开下列信息：

（一）基金会的年度工作报告；

（二）公募基金会组织募捐活动的信息；

（三）基金会开展公益资助项目的信息；

（四）基金会的内部制度；

（五）基金会的发起人、主要捐赠人、理事主要来源单位、基金会投资的被投资方、其他与基金会存在控制或共同控制或重大影响关系的个人或组织、基金会与上述个人或组织发生的交易。基金会在遵守本办法规定的基础上可以自行决定公开更多的信息。

第五条 基金会应当在每年3月31日前，向登记管理机关报送上一年度的年度工作报告。登记管理机关审查通过后30日内，基金会按照统一的格式要求，在登记管理机关指定的媒体上公布年度工作报告的全文和摘要。基金会的财务会计报告未经审计不得对外公布。

第六条 公募基金会组织募捐活动，应当公布募得资金后拟开展的公益活动和资金的详细使用计划。在募捐活动持续期间内，应当及时公布募捐活动所取得的收入和用于开展公益活动的成本支出情况。基金会通过义演、义赛、义卖、义展等活动进行募捐时，应当在开展募捐前向社会公布捐赠人权利义务、资金详细使用计划、成本预算；在资金使用过程中计划有调整的，应当及时向公众公布调整后的计划。募捐活动结束后，应当公布募捐活动取得的总收入及其使用情况。

基金会通过募捐以及为自然灾害等突发事件接受的公益捐赠，应当在取得捐赠收入后定期公布详细的收入和支出明细，包括：捐赠收入、直接用于受助人的款物、与所开展的公益项目相关的各项直接运行费用等，在捐赠收入中列支了工作人员工资福利和行政办公支出的，还应当公布列支的情况。项目运行周期大于3个月的，每3个月公示1次；所有项目应当在项目结束后进行全面公示。

第七条 基金会开展公益资助项目，应当公布所开展的公益项目种类以及申请、评审程序。评审结束后，应当公布评审结果并通知申请人。公益资助项目完成后，应当公布有关的资金使用情况。事后对项目进行评估的，应当同时公布评估结果。

第八条 基金会应当建立健全内部制度，将所有分支机构、代表机构专项基金以及各项业务活动纳入统一管理。并在内部制度中对下列事项做出规定并予以公布：

（一）各项工作人员工资福利和行政办公支出的支付标准、列支原则、审批程序，以及占基金会总支出的比例；

（二）开展公益项目所发生的与该项目直接相关的运行成本的支付标准、列支原则、审批程序，以及占该项目总支出的比例；

（三）资产管理和处置的原则、风险控制机制、审批程序，以及用于投资的资产占基金会总资产的比例。对于公共媒体上出现的对基金会造成或者可能造成不利影响的消息，基金会应当公开说明或者澄清。

第九条 山东社会组织网和中国社会组织网是基金会信息公布的指定媒体。基金会的年度工作报告除在登记管理机关指定的媒体上公布外，还应当置备于本基金会，接受捐赠人的查询。

除年度工作报告外，基金会公布信息时，应当选择本组织网站、登记管理机关指定的公开媒体和其他便于社会公众查询的媒体上予以公开。

第十条 公开信息所使用的媒体应当能够覆盖基金会的活动地域。公开的信息内容中应当注明基金会的基本情况和联系、咨询方式。

第十一条 基金会应当建立健全信息公开活动的内部管理制度，并指定专人负责处理信息公开活动的有关事务。

第十二条 对于已经公开的信息，应当制作信息公开档案，妥善保管。

第十三条 基金会公布有关活动或者项目的信息，应当持续至活动结束或者项目完成。信息一经公布，基金会不得任意修改，确需修改的，应当严格履行内部管理制度的程序在修改后重新公布，并说明理由，声明原信息作废。

第十四条 基金会应当将信息公开活动的情况如实反映在年度工作报告中，接受登记管理机关监督检查。

第十五条 登记管理机关依法对信息公开活动进行监督管理，建立基金会诚信记录。

第十六条 基金会不履行信息公开义务或者公布虚假信息的，由登记管理机关责令改正，并依据《基金会管理条例》第四十二条规定给予行政处罚。年度工作报告的信息公布格式文本，登录山东社会组织网下载。

第十七条 本办法适用于在民政部门登记注册的基金会和具有公益性捐赠税前扣除资格的社会团体。

第十八条 本办法由省民政厅负责解释。

第十九条 本办法自2014年2月1日起施行，有效期至2019年1月31日。

G.11
基金会榜单

一　全国基金会榜单

1. 2013年全国基金会总资产 Top 100

排名	基金会名称	基金会类型	成立时间	所在地	总资产(万元)
1	清华大学教育基金会	非公募	1994	北　京	323525
2	北京大学教育基金会	非公募	1995	北　京	301080
3	河仁慈善基金会	非公募	2010	福　建	249132
4	陕西省神木县民生慈善基金会	非公募	2011	陕　西	236071
5	河南省宋庆龄基金会	公　募	1992	河　南	222820
6	上海市慈善基金会	公　募	1994	上　海	209460
7	中国扶贫基金会	公　募	1989	北　京	191813
8	浙江大学教育基金会	非公募	2006	浙　江	119432
9	上海市大学生科技创业基金会	公　募	2006	上　海	95783
10	中国青少年发展基金会	公　募	1989	北　京	94911
11	上海民生艺术基金会	非公募	2010	上　海	88067
12	中华全国体育基金会	公　募	1994	北　京	86558
13	南京大学教育发展基金会	非公募	2005	江　苏	83066
14	上海交通大学教育发展基金会	非公募	2005	上　海	83028
15	中国残疾人福利基金会	公　募	1984	北　京	81670
16	南京金陵文化保护发展基金会	非公募	2010	江　苏	72733
17	神华公益基金会	非公募	2010	北　京	71935
18	老牛基金会	非公募	2004	内蒙古	71176
19	上海市拥军优属基金会	公　募	1995	上　海	69442
20	中国光华科技基金会	公　募	1993	北　京	69199
21	中国海油海洋环境与生态保护公益基金会	非公募	2012	北　京	52931
22	上海宋庆龄基金会	公　募	1993	上　海	52307
23	中国红十字基金会	公　募	1994	北　京	50664
24	北京航空航天大学教育基金会	非公募	2005	北　京	49605
25	北京市中国人民大学教育基金会	非公募	2004	北　京	48172

续表

排名	基金会名称	基金会类型	成立时间	所在地	总资产(万元)
26	中国儿童少年基金会	公　募	1981	北　京	48029
27	山西省华安扶贫基金会	非公募	2011	山　西	47559
28	四川省青少年发展基金会	公　募	1988	四　川	45964
29	深圳壹基金公益基金会	公　募	2010	广　东	45407
30	上海市体育发展基金会	公　募	1992	上　海	42915
31	中国妇女发展基金会	公　募	1988	北　京	42911
32	北京师范大学教育基金会	非公募	2007	北　京	41471
33	中远慈善基金会	非公募	2005	北　京	40713
34	中国教育发展基金会	公　募	2003	北　京	39847
35	福建富闽基金会	公　募	1993	福　建	38649
36	上海市老年基金会	公　募	1992	上　海	38098
37	中国癌症基金会	公　募	1984	北　京	36108
38	江苏陶欣伯助学基金会	非公募	2006	江　苏	33485
39	上海汽车工业科技发展基金会	非公募	1996	上　海	32919
40	中国和平发展基金会	非公募	2011	北　京	32082
41	江苏元林慈善基金会	非公募	2012	江　苏	31953
42	厦门大学教育发展基金会	非公募	2006	福　建	31611
43	天津市华夏未来文化艺术基金会	公　募	1993	天　津	31195
44	瀛公益基金会	非公募	2010	北　京	30720
45	南京航空航天大学教育发展基金会	非公募	2006	江　苏	30470
46	中国宋庆龄基金会	公　募	1982	北　京	29900
47	广东省扶贫基金会	公　募	1994	广　东	29652
48	慈济慈善事业基金会	非公募	2008	江　苏	29535
49	爱德基金会	公　募	1985	江　苏	28794
50	广东省雁洋公益基金会	非公募	2013	广　东	28111
51	中国光彩事业基金会	公　募	2005	北　京	27703
52	中国博士后科学基金会	公　募	1990	北　京	27370
53	上海复旦大学教育发展基金会	非公募	2004	上　海	26485
54	上海文化发展基金会	公　募	1992	上　海	25906
55	广州市番禺区教育基金会	公　募	1993	广　东	25662
56	常州市见义勇为基金会	公　募	1995	江　苏	25450
57	贵州省信合公益基金会	非公募	2013	贵　州	25334
58	苏州大学教育发展基金会	非公募	2006	江　苏	25325
59	上海市教育发展基金会	公　募	1994	上　海	24841
60	中国青年创业就业基金会	公　募	2006	北　京	24242
61	南京工程学院教育发展基金会	非公募	2007	江　苏	23426

续表

排名	基金会名称	基金会类型	成立时间	所在地	总资产(万元)
62	哈尔滨市道里区慈善基金会	公　募	2000	黑龙江	23310
63	腾讯公益慈善基金会	非公募	2007	广　东	22975
64	北京交通大学教育基金会	非公募	2009	北　京	22748
65	中国发展研究基金会	公　募	1997	北　京	22386
66	中国科学技术大学教育基金会	公　募	1996	安　徽	22351
67	上海工商界爱国建设特种基金会	非公募	1993	上　海	21449
68	南京审计学院教育发展基金会	非公募	2006	江　苏	21411
69	泛海公益基金会	非公募	2010	北　京	21072
70	陕西省府谷县城乡居民大病医疗救助基金会	非公募	2010	陕　西	20655
71	福建省黄仲咸教育基金会	非公募	2004	福　建	20533
72	深圳市警察基金会	公　募	1995	广　东	20521
73	中国绿化基金会	公　募	1985	北　京	20292
74	南京林业大学教育发展基金会	非公募	2008	江　苏	20237
75	中国公安民警英烈基金会	公　募	2003	北　京	20175
76	紫金矿业慈善基金会	非公募	2012	福　建	20049
77	中南大学教育基金会	非公募	2011	湖　南	19851
78	江西省农村信用社百福慈善基金会	非公募	2011	江　西	19787
79	南京师范大学教育发展基金会	非公募	2006	江　苏	19354
80	厦门市教育基金会	公　募	1988	福　建	19247
81	南京信息大学教育发展基金会	非公募	2005	江　苏	19218
82	西北工业大学教育基金会	非公募	2007	陕　西	19006
83	爱佑慈善基金会	非公募	2008	北　京	19002
84	苏州市党员关爱暨帮扶困难群众基金会	公　募	2012	江　苏	18801
85	徐州市慈善基金会	公　募	2008	江　苏	18373
86	友成企业家扶贫基金会	非公募	2007	北　京	18350
87	广东省公安民警医疗救助基金会	公　募	2005	广　东	18245
88	广州市教育基金会	公　募	1989	广　东	18179
89	江苏大学教育发展基金会	非公募	2007	江　苏	18047
90	广东省华南理工大学教育发展基金会	非公募	2007	广　东	17773
91	中国绿色碳汇基金会	公　募	2010	北　京	17581
92	上海公安金盾基金会	公　募	2010	上　海	17547
93	上海唐君远教育基金会	非公募	1999	上　海	17526
94	福建华侨大学教育基金会	非公募	2006	福　建	17358
95	华润慈善基金会	非公募	2010	广　东	17217
96	中国社会福利基金会	公　募	2005	北　京	17178
97	中国初级卫生保健基金会	公　募	1996	北　京	17149

续表

排名	基金会名称	基金会类型	成立时间	所在地	总资产(万元)
98	四川省教育基金会	公　募	1992	四　川	16589
99	中华农业科教基金会	公　募	1995	北　京	16487
100	南京理工大学教育发展基金会	非公募	2006	江　苏	16253

2. 2013年全国基金会总收入 Top 100

排名	基金会名称	基金会类型	成立时间	所在地	总收入(万元)
1	清华大学教育基金会	非公募	1994	北　京	165537
2	中国癌症基金会	公　募	1984	北　京	162241
3	北京大学教育基金会	非公募	1995	北　京	148966
4	中国教育发展基金会	公　募	2003	北　京	111674
5	上海市慈善基金会	公　募	1994	上　海	84340
6	中国博士后科学基金会	公　募	1990	北　京	80221
7	中国青少年发展基金会	公　募	1989	北　京	70540
8	中国光华科技基金会	公　募	1993	北　京	65706
9	中国扶贫基金会	公　募	1989	北　京	55352
10	广东省扶贫基金会	公　募	1994	广　东	53685
11	深圳壹基金公益基金会	公　募	2010	广　东	51885
12	上海民生艺术基金会	非公募	2010	上　海	45200
13	中国妇女发展基金会	公　募	1988	北　京	43892
14	陕西省神木县民生慈善基金会	非公募	2011	陕　西	43392
15	南京金陵文化保护发展基金会	非公募	2010	江　苏	41091
16	浙江大学教育基金会	非公募	2006	浙　江	37442
17	中国残疾人福利基金会	公　募	1984	北　京	36330
18	中国儿童少年基金会	公　募	1981	北　京	33636
19	江苏陶欣伯助学基金会	非公募	2006	江　苏	28877
20	广东省雁洋公益基金会	非公募	2013	广　东	28135
21	中国人口福利基金会	公　募	1987	北　京	27481
22	贵州省信合公益基金会	非公募	2013	贵　州	25926
23	江苏元林慈善基金会	非公募	2012	江　苏	25878
24	中国初级卫生保健基金会	公　募	1996	北　京	25541
25	中国红十字基金会	公　募	1994	北　京	24912
26	华阳慈善基金会	非公募	2009	福　建	20375
27	河南省宋庆龄基金会	公　募	1992	河　南	20160
28	上海交通大学教育发展基金会	非公募	2005	上　海	19384

续表

排名	基金会名称	基金会类型	成立时间	所在地	总收入(万元)
29	中国社会福利基金会	公　募	2005	北　京	18943
30	北京师范大学教育基金会	非公募	2007	北　京	18224
31	中国光彩事业基金会	公　募	2005	北　京	17374
32	北京航空航天大学教育基金会	非公募	2005	北　京	17100
33	慈济慈善事业基金会	非公募	2008	江　苏	16987
34	爱佑慈善基金会	非公募	2008	北　京	16330
35	贵州省青少年发展基金会	公　募	1991	贵　州	16312
36	中国青年创业就业基金会	公　募	2006	北　京	16177
37	中华思源工程扶贫基金会	公　募	2007	北　京	15933
38	北京市中国人民大学教育基金会	非公募	2004	北　京	14865
39	河仁慈善基金会	非公募	2010	福　建	14820
40	上海市大学生科技创业基金会	公　募	2006	上　海	14721
41	上海市青少年发展基金会	公　募	1992	上　海	14590
42	厦门大学教育发展基金会	非公募	2006	福　建	14130
43	上海市拥军优属基金会	公　募	1995	上　海	14094
44	南京大学教育发展基金会	非公募	2005	江　苏	13778
45	腾讯公益慈善基金会	非公募	2007	广　东	13775
46	中国法律援助基金会	公　募	1997	北　京	13563
47	中国文学艺术基金会	公　募	1994	北　京	13493
48	华润慈善基金会	非公募	2010	广　东	13097
49	中国绿化基金会	公　募	1985	北　京	12468
50	上海市老年基金会	公　募	1992	上　海	12059
51	中华全国体育基金会	公　募	1994	北　京	11149
52	中国下一代教育基金会	公　募	2010	北　京	10749
53	上海文化发展基金会	公　募	1992	上　海	10663
54	常熟市慈善基金会	公　募	2007	江　苏	10613
55	中国绿色碳汇基金会	公　募	2010	北　京	10582
56	汕头市潮阳区公益基金会	公　募	2012	广　东	10559
57	北京市红十字基金会	公　募	2008	北　京	10528
58	宁夏燕宝慈善基金会	非公募	2010	宁　夏	10325
59	广东省汕头大学教育基金会	非公募	2009	广　东	10309
60	贵州省宏立城公益基金会	非公募	2013	贵　州	10041
61	爱德基金会	公　募	1985	江　苏	10035
62	中华艺文基金会	非公募	2013	北　京	10031
63	四川省青少年发展基金会	公　募	1988	四　川	10018
64	上海联和新泰战略研究与发展基金会	非公募	2001	上　海	10000

续表

排名	基金会名称	基金会类型	成立时间	所在地	总收入(万元)
65	四川省扶贫基金会	公　募	1992	四　川	9758
66	武汉大学教育发展基金会	非公募	1995	湖　北	9639
67	中国老龄事业发展基金会	公　募	1986	北　京	9526
68	安徽省人口基金会	公　募	2008	安　徽	9373
69	哈尔滨工业大学教育发展基金会	非公募	2009	黑龙江	9289
70	贵州省人口福利基金会	公　募	2009	贵　州	8812
71	安徽工业大学教育发展基金会	非公募	2013	安　徽	8808
72	四川省宜宾市教育基金会	公　募	2007	四　川	8792
73	云南省青少年发展基金会	公　募	1994	云　南	8716
74	中国海油海洋环境与生态保护公益基金会	非公募	2012	北　京	8634
75	中国留学人才发展基金会	公　募	2007	北　京	8633
76	中国志愿服务基金会	公　募	2009	北　京	8591
77	北京民生文化艺术基金会	非公募	2010	北　京	8472
78	中国发展研究基金会	公　募	1997	北　京	8283
79	中华少年儿童慈善救助基金会	公　募	2009	北　京	8221
80	上海视觉艺术学院教育发展基金会	非公募	2012	上　海	8015
81	苏州市吴江区慈善基金会	公　募	2008	江　苏	7999
82	中南大学教育基金会	非公募	2011	湖　南	7547
83	增爱公益基金会	非公募	2012	上　海	7506
84	中远慈善基金会	非公募	2005	北　京	7475
85	河南省光彩事业基金会	公　募	2007	河　南	7406
86	华中师范大学教育发展基金会	非公募	2010	湖　北	7397
87	重庆大学教育发展基金会	非公募	2013	重　庆	7344
88	云南省医疗扶贫基金会	公　募	2009	云　南	7327
89	四川省妇女发展基金会	公　募	2008	四　川	7229
90	山东省教育基金会	公　募	2007	山　东	7173
91	湖北省青少年发展基金会	公　募	1992	湖　北	7050
92	常州市见义勇为基金会	公　募	1995	江　苏	6980
93	上海同济大学教育发展基金会	非公募	2006	上　海	6916
94	浙江省新华爱心教育基金会	非公募	2007	浙　江	6897
95	大连慈善基金会	公　募	2006	辽　宁	6858
96	南京审计学院教育发展基金会	非公募	2006	江　苏	6806
97	广东省中山大学教育发展基金会	非公募	2004	广　东	6656
98	广州市公安民警基金会	公　募	1993	广　东	6615
99	中国华侨公益基金会	公　募	1998	北　京	6348
100	厦门市教育基金会	公　募	1988	福　建	6280

3. 2013年全国基金会总支出 Top 100

排名	基金会名称	基金会类型	成立时间	所在地	总支出(万元)
1	中国教育发展基金会	公　募	2003	北　京	189677
2	中国癌症基金会	公　募	1984	北　京	166977
3	河南省宋庆龄基金会	公　募	1992	河　南	83209
4	中国博士后科学基金会	公　募	1990	北　京	79965
5	清华大学教育基金会	非公募	1994	北　京	72757
6	上海市慈善基金会	公　募	1994	上　海	62008
7	中国光华科技基金会	公　募	1993	北　京	53067
8	广东省扶贫基金会	公　募	1994	广　东	50281
9	中国青少年发展基金会	公　募	1989	北　京	45257
10	中国妇女发展基金会	公　募	1988	北　京	40262
11	中国扶贫基金会	公　募	1989	北　京	33375
12	中国残疾人福利基金会	公　募	1984	北　京	33065
13	中国儿童少年基金会	公　募	1981	北　京	30600
14	华阳慈善基金会	非公募	2009	福　建	29947
15	中国红十字基金会	公　募	1994	北　京	29440
16	河仁慈善基金会	非公募	2010	福　建	26954
17	中国人口福利基金会	公　募	1987	北　京	25723
18	神华公益基金会	非公募	2010	北　京	22952
19	贵州省青少年发展基金会	公　募	1991	贵　州	20635
20	江苏元林慈善基金会	非公募	2012	江　苏	19195
21	老牛基金会	非公募	2004	内蒙古	18341
22	北京大学教育基金会	非公募	1995	北　京	17646
23	苏州大学教育发展基金会	非公募	2006	江　苏	15824
24	浙江大学教育基金会	非公募	2006	浙　江	15409
25	中华思源工程扶贫基金会	公　募	2007	北　京	14815
26	中国社会福利基金会	公　募	2005	北　京	14805
27	中国初级卫生保健基金会	公　募	1996	北　京	14142
28	深圳壹基金公益基金会	公　募	2010	广　东	13816
29	中国绿化基金会	公　募	1985	北　京	13552
30	大连慈善基金会	公　募	2006	辽　宁	13233
31	中国法律援助基金会	公　募	1997	北　京	13152
32	河南省光彩事业基金会	公　募	2007	河　南	12622
33	中国文学艺术基金会	公　募	1994	北　京	11700
34	腾讯公益慈善基金会	非公募	2007	广　东	11592

续表

排名	基金会名称	基金会类型	成立时间	所在地	总支出(万元)
35	中国绿色碳汇基金会	公　募	2010	北　京	11088
36	爱佑慈善基金会	非公募	2008	北　京	11076
37	华润慈善基金会	非公募	2010	广　东	10851
38	北京市红十字基金会	公　募	2008	北　京	10594
39	中国光彩事业基金会	公　募	2005	北　京	10563
40	上海文化发展基金会	公　募	1992	上　海	10346
41	广东省汕头大学教育基金会	非公募	2009	广　东	10264
42	上海市老年基金会	公　募	1992	上　海	10003
43	宁夏燕宝慈善基金会	非公募	2010	宁　夏	9889
44	汕头市潮阳区公益基金会	公　募	2012	广　东	9816
45	北京市中国人民大学教育基金会	非公募	2004	北　京	9447
46	四川省宜宾市教育基金会	公　募	2007	四　川	9307
47	慈济慈善事业基金会	非公募	2008	江　苏	8875
48	爱德基金会	公　募	1985	江　苏	8843
49	北京民生文化艺术基金会	非公募	2010	北　京	8678
50	苏州市吴江区慈善基金会	公　募	2008	江　苏	8654
51	中华少年儿童慈善救助基金会	公　募	2009	北　京	8495
52	南京大学教育发展基金会	非公募	2005	江　苏	8399
53	中国下一代教育基金会	公　募	2010	北　京	8355
54	中国青年创业就业基金会	公　募	2006	北　京	7911
55	中国志愿服务基金会	公　募	2009	北　京	7883
56	上海交通大学教育发展基金会	非公募	2005	上　海	7764
57	北京师范大学教育基金会	非公募	2007	北　京	7643
58	安利公益基金会	非公募	2011	北　京	7463
59	江苏大学教育发展基金会	非公募	2007	江　苏	7339
60	云南省青少年发展基金会	公　募	1994	云　南	7200
61	南京工业大学教育发展基金会	非公募	2007	江　苏	7104
62	四川省妇女发展基金会	公　募	2008	四　川	7059
63	湖北省青少年发展基金会	公　募	1992	湖　北	6598
64	南京信息大学教育发展基金会	非公募	2005	江　苏	6528
65	云南省医疗扶贫基金会	公　募	2009	云　南	6492
66	中国留学人才发展基金会	公　募	2007	北　京	6405
67	重庆大学教育发展基金会	非公募	2013	重　庆	6345

续表

排名	基金会名称	基金会类型	成立时间	所在地	总支出(万元)
68	安徽省人口基金会	公　募	2008	安　徽	6269
69	山东省教育基金会	公　募	2007	山　东	6255
70	中国海油海洋环境与生态保护公益基金会	非公募	2012	北　京	6244
71	武汉大学教育发展基金会	非公募	1995	湖　北	6201
72	中国人权发展基金会	公　募	1994	北　京	6173
73	陕西省神木县民生慈善基金会	非公募	2011	陕　西	6042
74	广东省中山大学教育发展基金会	非公募	2004	广　东	5950
75	湖南省青少年发展基金会	公　募	1992	湖　南	5836
76	苏州科技学院教育发展基金会	非公募	2007	江　苏	5769
77	南通大学教育发展基金会	非公募	2006	江　苏	5767
78	张学良教育基金会	非公募	2006	辽　宁	5703
79	姜堰市教育发展基金会	公　募	2012	江　苏	5659
80	中国发展研究基金会	公　募	1997	北　京	5640
81	浙江省新华爱心教育基金会	非公募	2007	浙　江	5555
82	西北工业大学教育基金会	非公募	2007	陕　西	5528
83	中国老龄事业发展基金会	公　募	1986	北　京	5470
84	山东省南山老龄事业发展基金会	非公募	2012	山　东	5452
85	河南足球事业发展基金会	公　募	2008	河　南	5221
86	榆林市胡星元慈善基金会	非公募	2006	陕　西	5099
87	吴阶平医学基金会	非公募	2002	北　京	5088
88	青田县人民教育基金会	公　募	1984	浙　江	5085
89	上海复旦大学教育发展基金会	非公募	2004	上　海	5005
90	上海同济大学教育发展基金会	非公募	2006	上　海	4911
91	厦门市教育基金会	公　募	1988	福　建	4837
92	上海市民帮困互助基金会	公　募	2003	上　海	4708
93	中华环境保护基金会	公　募	1993	北　京	4635
94	中国健康促进基金会	公　募	2006	北　京	4593
95	四川省青少年发展基金会	公　募	1988	四　川	4590
96	中国华文教育基金会	公　募	2004	北　京	4588
97	中国华侨公益基金会	公　募	1998	北　京	4582
98	招商局慈善基金会	非公募	2009	广　东	4582
99	北京国际音乐节艺术基金会	非公募	2005	北　京	4579
100	北京京华公益事业基金会	公　募	2010	北　京	4499

4. 2013年全国基金会政府补助收入 Top 50

排名	基金会名称	基金会类型	成立时间	所在地	政府补助收入(万元)
1	中国教育发展基金会	公　募	2003	北　京	87800
2	中国博士后科学基金会	公　募	1990	北　京	79649
3	陕西省神木县民生慈善基金会	非公募	2011	陕　西	15000
4	上海市大学生科技创业基金会	公　募	2006	上　海	11994
5	中国法律援助基金会	公　募	1997	北　京	10124
6	中国文学艺术基金会	公　募	1994	北　京	8688
7	中国红十字基金会	公　募	1994	北　京	8000
8	上海文化发展基金会	公　募	1992	上　海	7435
9	重庆大学教育发展基金会	非公募	2013	重　庆	4877
10	上海市老年基金会	公　募	1992	上　海	4646
11	上海市拥军优属基金会	公　募	1995	上　海	4546
12	四川省宜宾市教育基金会	公　募	2007	四　川	3683
13	上海市职工帮困基金会	公　募	1992	上　海	2802
14	北京国际音乐节艺术基金会	非公募	2005	北　京	2765
15	湖南省文化艺术基金会	公　募	2008	湖　南	2750
16	吉林省人才开发基金会	公　募	2006	吉　林	2700
17	上海市慈善基金会	公　募	1994	上　海	2541
18	广东省博物馆事业发展基金会	公　募	2012	广　东	2200
19	中华全国体育基金会	公　募	1994	北　京	2000
20	中国人口福利基金会	公　募	1987	北　京	1729
21	深圳市拥军优属基金会	公　募	2008	广　东	1688
22	上海巴斯德健康研究基金会	非公募	2007	上　海	1600
23	宁夏银川大学教育发展基金会	公　募	2005	宁　夏	1332
24	内蒙古草原文化保护发展基金会	公　募	2006	内蒙古	1300
25	福建省林森基金会	非公募	2013	福　建	1264
26	河北省清河县教育基金会	非公募	2013	河　北	1170
27	湖南省九嶷山舜帝陵基金会	公　募	2004	湖　南	1120
28	南京市见义勇为基金会	公　募	1993	江　苏	1100
29	中华见义勇为基金会	公　募	1993	北　京	1000
30	北京志愿服务基金会	公　募	2009	北　京	1000
31	重庆社会救助基金会	公　募	2011	重　庆	1000
32	中国志愿服务基金会	公　募	2009	北　京	951
33	宁波诺丁汉大学教育发展基金会	非公募	2012	浙　江	860
34	太仓市慈善基金会	公　募	2008	江　苏	806

续表

排名	基金会名称	基金会类型	成立时间	所在地	政府补助收入(万元)
35	张家港市见义勇为基金会	公　募	2006	江　苏	800
36	中国绿化基金会	公　募	1985	北　京	763
37	湖北省扶贫基金会	公　募	1994	湖　北	740
38	云南省见义勇为基金会	公　募	2002	云　南	700
39	中国煤矿尘肺病防治基金会	公　募	2003	河　北	672
40	四川省志愿服务基金会	公　募	2009	四　川	660
41	重庆市青年创新创业基金会	公　募	2009	重　庆	600
42	广州市羊城志愿服务基金会	非公募	2009	广　东	600
43	常州市新北区见义勇为基金会	公　募	2008	江　苏	600
44	福建海西青年创业基金会	非公募	2007	福　建	536
45	河北省青年就业创业基金会	非公募	2009	河　北	516
46	常德市教师奖励基金会	公　募	1992	湖　南	508
47	南通市通州区见义勇为基金会	公　募	2011	江　苏	500
48	厦门市老年基金会	公　募	1992	福　建	500
49	珠海市禁毒基金会	公　募	2005	广　东	500
50	瑞安市社会组织发展基金会	非公募	2013	浙　江	500

5. 2013年全国基金会全职员工数量 Top 50

排名	基金会名称	基金会类型	成立时间	所在地	全职员工数量
1	中国扶贫基金会	公　募	1989	北　京	111
2	中国光华科技基金会	公　募	1993	湖　南	78
3	中国青少年发展基金会	公　募	1989	北　京	71
4	爱德基金会	公　募	1985	江　苏	71
5	中国残疾人福利基金会	公　募	1984	江　苏	60
6	深圳壹基金公益基金会	公　募	2010	广　东	55
7	中国妇女发展基金会	公　募	1988	北　京	47
8	四川省扶贫基金会	公　募	1992	四　川	47
9	河南省宋庆龄基金会	公　募	1992	河　南	46
10	上海市慈善基金会	公　募	1994	上　海	44
11	中国红十字基金会	公　募	1994	四　川	43
12	中国发展研究基金会	公　募	1997	北　京	41
13	中国儿童少年基金会	公　募	1981	北　京	38
14	浙江大学教育基金会	非公募	2006	北　京	35
15	中华思源工程扶贫基金会	公　募	2007	广　东	32

续表

排名	基金会名称	基金会类型	成立时间	所在地	全职员工数量
16	中国孔子基金会	公　募	1984	陕　西	30
17	中国人口福利基金会	公　募	1987	北　京	28
18	陕西法门寺慈善基金会	公　募	2009	陕　西	28
19	北京春苗儿童救助基金会	非公募	2010	北　京	28
20	中国健康促进基金会	公　募	2006	山　东	27
21	上海真爱梦想公益基金会	公　募	2008	上　海	27
22	河北省卓达养老基金会	非公募	2009	河　北	27
23	友成企业家扶贫基金会	非公募	2007	浙　江	26
24	老牛基金会	非公募	2004	内蒙古	26
25	北京大学教育基金会	非公募	1995	北　京	25
26	清华大学教育基金会	非公募	1994	北　京	25
27	南京大学教育发展基金会	非公募	2005	江　苏	25
28	中国人权发展基金会	公　募	1994	北　京	24
29	中国文学艺术基金会	公　募	1994	北　京	24
30	中华环境保护基金会	公　募	1993	北　京	24
31	河北进德公益基金会	非公募	2011	河　北	24
32	广东省卓如医疗慈善救助基金会	非公募	2011	广　东	24
33	爱佑慈善基金会	非公募	2008	北　京	23
34	慈济慈善事业基金会	非公募	2008	北　京	23
35	中国法律援助基金会	公　募	1997	北　京	23
36	中华社会救助基金会	公　募	2009	北　京	23
37	云南慧邦尼公益基金会	非公募	2013	云　南	23
38	中华文学基金会	公　募	1986	江　苏	22
39	北京师范大学教育基金会	非公募	2007	北　京	22
40	中国社会福利基金会	公　募	2005	江　苏	21
41	山西省扶贫基金会	公　募	1993	山　西	21
42	河南省荆浩非物质文化遗产传承发展基金会	非公募	2013	河　南	21
43	浙江省新华爱心教育基金会	非公募	2007	浙　江	20
44	援助西藏发展基金会	公　募	1987	江　西	20
45	中国绿化基金会	公　募	1985	广　东	19
46	福建省黄仲咸教育基金会	非公募	2004	福　建	19
47	上海文化发展基金会	公　募	1992	上　海	19
48	江西省青少年发展基金会	公　募	1991	江　西	19
49	中国下一代教育基金会	公　募	2010	北　京	19
50	宁夏燕宝慈善基金会	非公募	2010	宁　夏	19

6. 2013年全国基金会项目支出 Top 50

排名	项目名称	基金会名称	基金会类型	支出总额(万元)
1	小额信贷项目	中国扶贫基金会	公　募	187493
2	中央专项彩票公益金助学项目	中国教育发展基金会	公　募	156862
3	赫赛汀患者援助项目	中国癌症基金会	公　募	94824
4	索坦患者援助项目	中国癌症基金会	公　募	62599
5	支援学校基本建设	苏州科技学院教育发展基金会	非公募	58000
6	博士后基金	中国博士后科学基金会	公　募	43087
7	博士后日常经费	中国博士后科学基金会	公　募	35500
8	区县慈善公益支出	上海市慈善基金会	公　募	32700
9	长庚医学基金	清华大学教育基金会	非公募	29680
10	捐赠北京清华长庚医院	华阳慈善基金会	非公募	29680
11	书海工程	中国光华科技基金会	公　募	29581
12	希望工程学生资助项目	中国青少年发展基金会	公　募	22349
13	公益慈善项目	上海市慈善基金会	公　募	22088
14	元林老年大学(江阴、靖江、泰兴)	江苏元林慈善基金会	非公募	18404
15	由邵氏基金捐赠,用于高校逸夫楼建设	中国教育发展基金会	公　募	15007
16	物华工程	中国光华科技基金会	公　募	14155
17	“国酒茅台·国之栋梁——2013希望工程圆梦行动”大型公益助学活动	贵州省青少年发展基金会	公　募	14000
18	妇女发展公益项目	中国妇女发展基金会	公　募	13896
19	幸福家庭生殖健康援助	中国人口福利基金会	公　募	13884
20	2012年扶贫济困日活动	广东省扶贫基金会	公　募	11968
21	基础设施、教学及学科发展资助项目	浙江大学教育基金会	非公募	11613
22	希望工程学校资助项目2013	中国青少年发展基金会	公　募	10400
23	困难农户安置项目	广东省扶贫基金会	公　募	10385
24	中央彩票公益金法律援助项目	中国法律援助基金会	公　募	10331
25	神华爱心行动	神华公益基金会	非公募	10320
26	新型农村社区公益项目建设	河南省光彩事业基金会	公　募	10250
27	助困行动	中国残疾人福利基金会	公　募	9997
28	妇女两癌筛查项目	中国妇女发展基金会	公　募	9809
29	红十字天使计划	中国红十字基金会	公　募	9740
30	仪器设备支出	苏州大学教育发展基金会	非公募	9712

续表

排名	项目名称	基金会名称	基金会类型	支出总额(万元)
31	助行行动	中国残疾人福利基金会	公　募	8333
32	芦山地震救援项目	中国扶贫基金会	公　募	8112
33	教育基金	清华大学教育基金会	非公募	8100
34	中央彩票公益金资助项目(贫困白血病、先心病患儿救助)	中国红十字基金会	公　募	8000
35	肿瘤防治基金	北京市红十字基金会	公　募	7369
36	施达赛患者援助项目	中国癌症基金会	公　募	7335
37	救灾项目	中国红十字基金会	公　募	7291
38	爱佑童心	爱佑慈善基金会	非公募	7099
39	捐助工业大学规划二期人防工程和环科楼项目	南京工业大学教育发展基金会	非公募	7000
40	老牛生态恢复与保护基金项目	中国绿色碳汇基金会	公　募	6989
41	集善行动	中国残疾人福利基金会	公　募	6899
42	2011 年扶贫济困日活动	广东省扶贫基金会	公　募	6851
43	中国绿化基金会绿化长江重庆行动	中国绿化基金会	公　募	6792
44	母亲邮包	中国妇女发展基金会	公　募	6642
45	基金会文化艺术资助项目	上海文化发展基金会	公　募	6435
46	教师发展项目	北京大学教育基金会	非公募	6386
47	“三关爱”志愿服务活动	中国志愿服务基金会	公　募	6365
48	捐资助学	宁夏燕宝慈善基金会	非公募	6358
49	2013 年扶贫济困日活动	广东省扶贫基金会	公　募	6218
50	古田华润希望小镇	华润慈善基金会	非公募	6200

二　公募基金会榜单

1. 2013年公募基金会净资产 Top 50

序号	基金会名称	成立时间	所在地	净资产(万元)	全国排名	中基透明指数 FTI 排名*
1	河南省宋庆龄基金会	1992	河　南	222791	4	346
2	上海市慈善基金会	1994	上　海	206811	5	1
3	上海市大学生科技创业基金会	2006	上　海	95782	8	242
4	中国青少年发展基金会	1989	北　京	91359	9	1

续表

序号	基金会名称	成立时间	所在地	净资产（万元）	全国排名	中基透明指数 FTI 排名*
5	中华全国体育基金会	1994	北　京	86266	11	128
6	中国残疾人福利基金会	1984	北　京	80371	13	1
7	中国扶贫基金会	1989	北　京	69731	17	1
8	中国光华科技基金会	1993	北　京	69193	18	1
9	上海市拥军优属基金会	1995	上　海	66924	20	225
10	上海宋庆龄基金会	1993	上　海	52029	22	1
11	中国红十字基金会	1994	北　京	50653	23	1
12	中国儿童少年基金会	1981	北　京	48008	26	29
13	四川省青少年发展基金会	1988	四　川	45929	27	134
14	深圳壹基金公益基金会	2010	广　东	45405	28	1
15	上海市体育发展基金会	1992	上　海	42890	29	99
16	中国妇女发展基金会	1988	北　京	42738	30	1
17	中国教育发展基金会	2003	北　京	39845	31	1
18	上海市老年基金会	1992	上　海	37376	33	99
19	中国癌症基金会	1984	北　京	36070	35	13
20	中国宋庆龄基金会	1982	北　京	29900	43	377
21	广东省扶贫基金会	1994	广　东	29411	45	4
22	天津市华夏未来文化艺术基金会	1993	天　津	29321	46	296
23	爱德基金会	1985	江　苏	28706	47	1
24	中国博士后科学基金会	1990	北　京	27183	49	166
25	中国光彩事业基金会	2005	北　京	26053	51	107
26	上海文化发展基金会	1992	上　海	25848	52	128
27	广州市番禺区教育基金会	1993	广　东	25662	53	284
28	常州市见义勇为基金会	1995	江　苏	25396	54	457
29	中国青年创业就业基金会	2006	北　京	23842	57	18
30	上海市教育发展基金会	1994	上　海	23597	58	26
31	哈尔滨市道里区慈善基金会	2000	黑龙江	22735	62	313
32	中国科学技术大学教育基金会	1996	安　徽	22326	63	284
33	福建富闽基金会	1993	福　建	21765	64	284
34	中国发展研究基金会	1997	北　京	20710	66	110
35	深圳市警察基金会	1995	广　东	20521	68	87
36	中国公安民警英烈基金会	2003	北　京	20172	70	255
37	中国绿化基金会	1985	北　京	20112	71	4
38	厦门市教育基金会	1988	福　建	19159	80	91

续表

序号	基金会名称	成立时间	所在地	净资产（万元）	全国排名	中基透明指数FTI 排名*
39	苏州市党员关爱暨帮扶困难群众基金会	2012	江　苏	18796	82	82
40	广东省公安民警医疗救助基金会	2005	广　东	18245	83	296
41	广州市教育基金会	1989	广　东	18143	85	109
42	徐州市慈善基金会	2008	江　苏	17963	87	208
43	中国绿色碳汇基金会	2010	北　京	17466	91	7
44	上海公安金盾基金会	2010	上　海	17447	92	237
45	中国初级卫生保健基金会	1996	北　京	17055	95	1
46	中国社会福利基金会	2005	北　京	16940	96	1
47	中华农业科教基金会	1995	北　京	16483	97	145
48	中国法律援助基金会	1997	北　京	16068	99	105
49	泰州市见义勇为基金会	2002	江　苏	15517	102	539
50	四川省教育基金会	1992	四　川	15473	103	176

* 中基透明指数 FTI。截止日期：2015 年 4 月 30 日。

2. 2013年公募基金会捐赠收入 Top 50

序号	基金会名称	成立时间	所在地	捐赠收入（万元）	全国排名	中基透明指数FTI 排名*
1	中国癌症基金会	1984	北　京	160836	1	13
2	上海市慈善基金会	1994	上　海	74367	4	1
3	中国光华科技基金会	1993	北　京	64332	5	1
4	广东省扶贫基金会	1994	广　东	52699	6	4
5	中国扶贫基金会	1989	北　京	52462	7	1
6	深圳壹基金公益基金会	2010	广　东	52114	8	1
7	中国青少年发展基金会	1989	北　京	50271	9	1
8	中国妇女发展基金会	1988	北　京	42252	11	1
9	中国残疾人福利基金会	1984	北　京	33999	13	1
10	中国儿童少年基金会	1981	北　京	32953	14	29
11	中国初级卫生保健基金会	1996	北　京	25385	19	1
12	中国人口福利基金会	1987	北　京	25201	20	1
13	中国教育发展基金会	2003	北　京	22738	22	1
14	河南省宋庆龄基金会	1992	河　南	20086	23	346
15	中国社会福利基金会	2005	北　京	18368	25	1
16	中国光彩事业基金会	2005	北　京	16979	27	107

续表

序号	基金会名称	成立时间	所在地	捐赠收入（万元）	全国排名	中基透明指数 FTI 排名 *
17	中华思源工程扶贫基金会	2007	北　京	15666	31	1
18	贵州省青少年发展基金会	1991	贵　州	15158	33	137
19	中国红十字基金会	1994	北　京	14715	34	1
20	中国青年创业就业基金会	2006	北　京	14464	35	18
21	上海市青少年发展基金会	1992	上　海	14344	36	65
22	中国绿化基金会	1985	北　京	11106	41	4
23	中国下一代教育基金会	2010	北　京	10610	43	134
24	汕头市潮阳区公益基金会	2011	广　东	10465	44	160
25	常熟市慈善基金会	2007	江　苏	10423	45	296
26	北京市红十字基金会	2008	北　京	10353	46	141
27	中国老龄事业发展基金会	1986	北　京	9295	54	99
28	中国绿色碳汇基金会	2010	北　京	9277	55	7
29	四川省扶贫基金会	1992	四　川	9242	56	127
30	安徽省人口基金会	2008	安　徽	8865	58	191
31	贵州省人口福利基金会	2009	贵　州	8584	60	284
32	爱德基金会	1985	江　苏	8522	61	1
33	四川省青少年发展基金会	1988	四　川	8460	63	134
34	中国留学人才发展基金会	2007	北　京	8427	64	132
35	云南省青少年发展基金会	1994	云　南	8279	65	1
36	上海市拥军优属基金会	1995	上　海	8258	66	225
37	中华少年儿童慈善救助基金会	2009	北　京	7886	68	1
38	中国志愿服务基金会	2009	北　京	7598	69	154
39	苏州市吴江区慈善基金会	2008	江　苏	7564	70	284
40	河南省光彩事业基金会	2007	河　南	7389	71	141
41	云南省医疗扶贫基金会	2009	云　南	7327	73	196
42	四川省妇女发展基金会	2008	四　川	7178	75	182
43	中国发展研究基金会	1997	北　京	7139	76	110
44	山东省教育基金会	2007	山　东	6743	79	125
45	大连慈善基金会	2006	辽　宁	6737	80	59
46	湖北省青少年发展基金会	1992	湖　北	6678	82	40
47	广州市公安民警基金会	1993	广　东	6475	83	284
48	中华全国体育基金会	1994	北　京	6304	84	128
49	常州市见义勇为基金会	1995	江　苏	6177	85	457
50	昆山市慈善基金会	2008	江　苏	6154	86	496

* 中基透明指数 FTI。截止日期：2015 年 4 月 30 日。

3. 2013年公募基金会公益事业支出 Top 50

序号	基金会名称	成立时间	所在地	公益支出（万元）	全国排名	中基透明指数 FTI 排名*
1	中国教育发展基金会	2003	北京	189435	1	1
2	中国癌症基金会	1984	北京	165658	2	13
3	河南省宋庆龄基金会	1992	河南	82928	3	346
4	中国博士后科学基金会	1990	北京	79452	4	166
5	上海市慈善基金会	1994	上海	54226	6	1
6	中国光华科技基金会	1993	北京	50962	7	1
7	广东省扶贫基金会	1994	广东	50087	8	4
8	中国青少年发展基金会	1989	北京	43350	9	1
9	中国妇女发展基金会	1988	北京	39430	10	1
10	中国扶贫基金会	1989	北京	32242	11	1
11	中国残疾人福利基金会	1984	北京	31835	12	1
12	中国儿童少年基金会	1981	北京	29635	14	29
13	中国红十字基金会	1994	北京	28262	15	1
14	中国人口福利基金会	1987	北京	25191	16	1
15	贵州省青少年发展基金会	1991	贵州	20279	19	137
16	中国社会福利基金会	2005	北京	14525	24	1
17	中华思源工程扶贫基金会	2007	北京	14456	25	1
18	中国初级卫生保健基金会	1996	北京	13821	26	1
19	大连慈善基金会	2006	辽宁	13149	27	59
20	深圳壹基金公益基金会	2010	广东	13122	28	1
21	中国绿化基金会	1985	北京	13020	29	4
22	中国法律援助基金会	1997	北京	12618	31	105
23	河南省光彩事业基金会	2007	河南	12618	32	141
24	中国文学艺术基金会	1994	北京	11255	34	97
25	中国绿色碳汇基金会	2010	北京	10774	36	7
26	北京市红十字基金会	2008	北京	10495	38	141
27	中国光彩事业基金会	2005	北京	10418	39	107
28	上海文化发展基金会	1992	上海	9828	41	128
29	汕头市潮阳区公益基金会	2012	广东	9771	42	160
30	上海市老年基金会	1992	上海	9605	44	99
31	四川省宜宾市教育基金会	2007	四川	9197	45	320
32	苏州市吴江区慈善基金会	2008	江苏	8654	49	284
33	中华少年儿童慈善救助基金会	2009	北京	8143	51	1
34	中国下一代教育基金会	2010	北京	8142	52	134

续表

序号	基金会名称	成立时间	所在地	公益支出（万元）	全国排名	中基透明指数FTI排名*
35	爱德基金会	1985	江　苏	7988	53	1
36	中国志愿服务基金会	2009	北　京	7816	54	154
37	中国青年创业就业基金会	2006	北　京	7759	55	18
38	四川省妇女发展基金会	2008	四　川	7030	61	182
39	云南省青少年发展基金会	1994	云　南	6975	62	1
40	云南省医疗扶贫基金会	2009	云　南	6397	64	196
41	湖北省青少年发展基金会	1992	湖　北	6215	66	40
42	安徽省人口基金会	2008	安　徽	6123	67	191
43	山东省教育基金会	2007	山　东	6061	69	125
44	中国留学人才发展基金会	2007	北　京	5845	73	132
45	中国人权发展基金会	1994	北　京	5762	76	317
46	姜堰市教育发展基金会	2012	江　苏	5659	78	313
47	湖南省青少年发展基金会	1992	湖　南	5650	79	1
48	中国老龄事业发展基金会	1986	北　京	5247	82	99
49	中国发展研究基金会	1997	北　京	5134	83	110
50	河南足球事业发展基金会	2008	河　南	5029	87	125

＊中基透明指数 FTI。截止日期：2015 年 4 月 30 日。

4. 2013年公募基金会政府补助收入 Top 30

序号	基金会名称	成立时间	所在地	政府补助收入（万元）	政府补助收入占总收入比重（%）	全国排名	中基透明指数FTI排名*
1	中国教育发展基金会	2003	北　京	87800	79	225	1
2	中国博士后科学基金会	1990	北　京	79649	99	320	165
3	上海市大学生科技创业基金会	2006	上　海	11994	81	237	239
4	中国法律援助基金会	1997	北　京	10124	75	160	104
5	中国文学艺术基金会	1994	北　京	8688	64	269	96
6	中国红十字基金会	1994	北　京	8000	32	1	1
7	上海文化发展基金会	1992	上　海	7435	70	313	127
8	上海市老年基金会	1992	上　海	4646	39	128	98
9	上海市拥军优属基金会	1995	上　海	4546	32	1	224
10	四川省宜宾市教育基金会	2007	四　川	3683	42	296	317
11	上海市职工帮困基金会	1992	上　海	2802	83	296	235

续表

序号	基金会名称	成立时间	所在地	政府补助收入（万元）	政府补助收入占总收入比重（%）	全国排名	中基透明指数FTI 排名*
12	湖南省文化艺术基金会	2008	湖　南	2750	81	160	159
13	吉林省人才开发基金会	2006	吉　林	2700	100	269	266
14	上海市慈善基金会	1994	上　海	2541	3	492	1
15	广东省博物馆事业发展基金会	2012	广　东	2200	96	115	310
16	中华全国体育基金会	1994	北　京	2000	18	284	127
17	中国人口福利基金会	1987	北　京	1729	6	303	1
18	深圳市拥军优属基金会	2008	广　东	1688	94	154	293
19	宁夏银川大学教育发展基金会	2005	宁　夏	1332	86	493	293
20	内蒙古草原文化保护发展基金会	2006	内蒙古	1300	59	539	159
21	湖南省九嶷山舜帝陵基金会	2004	湖　南	1120	59	4	266
22	南京市见义勇为基金会	1993	江　苏	1100	99	399	492
23	中华见义勇为基金会	1993	北　京	1000	33	128	114
24	北京志愿服务基金会	2009	北　京	1000	94	13	281
25	重庆社会救助基金会	2011	重　庆	1000	99	143	300
26	中国志愿服务基金会	2009	北　京	951	11	73	153
27	太仓市慈善基金会	2008	江　苏	806	36	537	493
28	张家港市见义勇为基金会	2006	江　苏	800	94	102	539
29	中国绿化基金会	1985	北　京	763	6	313	6
30	湖北省扶贫基金会	1994	湖　北	740	15	101	398

* 中基透明指数 FTI。截止日期：2015 年 4 月 30 日。

5. 2013年公募基金会投资收益 Top 30

序号	基金会名称	成立时间	所在地	投资收益（万元）	投资收益占总收入比重	全国排名	中基透明指数FTI 排名*
1	中国青少年发展基金会	1989	北　京	20218	29	1	1
2	上海市慈善基金会	1994	上　海	4990	6	5	1
3	中华全国体育基金会	1994	北　京	2642	24	10	128
4	广州市见义勇为基金会	1990	广　东	2378	92	12	187
5	上海科技发展基金会	1992	上　海	2299	69	13	325
6	中国扶贫基金会	1989	北　京	2294	4	14	1
7	天津市振兴文化艺术基金会	2012	天　津	1679	95	16	296

续表

序号	基金会名称	成立时间	所在地	投资收益（万元）	投资收益占总收入比重(%)	全国排名	中基透明指数FTI 排名*
8	上海市教育发展基金会	1994	上　海	1666	39	17	26
9	中华农业科教基金会	1995	北　京	1589	97	19	145
10	深圳市警察基金会	1995	广　东	1552	49	20	87
11	中国青年创业就业基金会	2006	北　京	1531	9	22	18
12	爱德基金会	1985	江　苏	1445	14	23	1
13	上海市拥军优属基金会	1995	上　海	1134	8	29	225
14	中国航天基金会	1995	北　京	1126	23	30	2
15	中国绿色碳汇基金会	2010	北　京	1123	11	31	7
16	广州市番禺区教育基金会	1993	广　东	1108	53	32	284
17	上海市老年基金会	1992	上　海	1065	9	33	99
18	浙江省农业技术推广基金会	1995	浙　江	1005	34	35	36
19	厦门市教育基金会	1988	福　建	964	15	36	91
20	昆山市党员关爱暨帮扶困难群众基金会	2012	江　苏	944	56	38	423
21	东莞市见义勇为基金会	2006	广　东	898	100	39	296
22	上海公安金盾基金会	2010	上　海	862	21	41	237
23	中国光华科技基金会	1993	北　京	848	1	43	1
24	江苏省法律援助基金会	2007	江　苏	844	68	44	128
25	云南省公安民警英烈基金会	2005	云　南	810	58	46	296
26	上海宋庆龄基金会	1993	上　海	808	13	47	1
27	湖南省公安民警基金会	1996	湖　南	804	27	48	533
28	苏州市党员关爱暨帮扶困难群众基金会	2012	江　苏	800	21	49	82
29	东莞市医疗救济基金会	1996	广　东	777	48	52	284
30	徐州市慈善基金会	2008	江　苏	762	13	53	208

* 中基透明指数 FTI。截止日期：2015 年 4 月 30 日。

6. 2013年公募基金会全职员工数量 Top 30

排名	基金会名称	成立时间	所在地	全职员工数量	全国排名	中基透明指数FTI 排名*
1	中国扶贫基金会	1989	北　京	111	1	1
2	中国光华科技基金会	1993	北　京	78	2	1
3	中国青少年发展基金会	1989	北　京	71	3	1
4	爱德基金会	1985	江　苏	71	4	1

续表

排名	基金会名称	成立时间	所在地	全职员工数量	全国排名	中基透明指数FTI排名*
5	中国残疾人福利基金会	1984	北　京	60	5	1
6	深圳壹基金公益基金会	2010	广　东	55	6	1
7	中国妇女发展基金会	1988	北　京	47	7	1
8	四川省扶贫基金会	1992	四　川	47	8	127
9	河南省宋庆龄基金会	1992	河　南	46	9	346
10	上海市慈善基金会	1994	上　海	44	10	1
11	中国红十字基金会	1994	北　京	43	11	1
12	中国发展研究基金会	1997	北　京	41	12	110
13	中国儿童少年基金会	1981	北　京	38	13	29
14	中华思源工程扶贫基金会	2007	北　京	32	15	1
15	中国孔子基金会	1984	山　东	30	16	130
16	中国人口福利基金会	1987	北　京	28	17	1
17	陕西法门寺慈善基金会	2009	陕　西	28	18	565
18	中国健康促进基金会	2006	北　京	27	20	261
19	上海真爱梦想公益基金会	2008	上　海	27	21	1
20	中国人权发展基金会	1994	北　京	24	28	317
21	中国文学艺术基金会	1994	北　京	24	29	97
22	中华环境保护基金会	1993	北　京	24	30	1
23	中国法律援助基金会	1997	北　京	23	35	105
24	中华社会救助基金会	2009	北　京	23	36	54
25	中华文学基金会	1986	北　京	22	38	135
26	中国社会福利基金会	2005	北　京	21	40	1
27	山西省扶贫基金会	1993	山　西	21	41	463
28	援助西藏发展基金会	1987	西　藏	20	44	216
29	中国绿化基金会	1985	北　京	19	45	4
30	上海文化发展基金会	1992	上　海	19	47	128

* 中基透明指数 FTI。截止日期：2015 年 4 月 30 日。

7. 2013年公募基金会项目支出 Top 30

序号	项目简介	基金会名称	支出总额（万元）	全国排名	中基透明指数FTI排名*
1	小额信贷项目	中国扶贫基金会	187493	1	1
2	中央专项彩票公益金资助项目	中国教育发展基金会	156862	2	1

续表

序号	项目简介	基金会名称	支出总额（万元）	全国排名	中基透明指数FTI排名*
3	赫赛汀患者援助项目	中国癌症基金会	94824	3	13
4	索坦患者援助项目	中国癌症基金会	62599	4	13
5	博士后基金	中国博士后科学基金会	43087	6	166
6	博士后日常经费	中国博士后科学基金会	35500	7	166
7	区县慈善公益支出	上海市慈善基金会	32700	8	1
8	书海工程	中国光华科技基金会	29581	11	1
9	希望工程学生资助项目	中国青少年发展基金会	22349	12	1
10	公益慈善项目	上海市慈善基金会	22088	13	1
11	由邵氏基金捐赠，用于高校逸夫楼建设	中国教育发展基金会	15007	15	1
12	物华工程	中国光华科技基金会	14155	16	1
13	“国酒茅台·国之栋梁—2013希望工程圆梦行动”大型公益助学活动	贵州省青少年发展基金会	14000	17	137
14	妇女健康项目	中国妇女发展基金会	13896	18	1
15	幸福家庭生殖健康援助	中国人口福利基金会	13884	19	1
16	2012年扶贫济困日活动	广东省扶贫基金会	11968	20	4
17	希望工程学校资助项目2013	中国青少年发展基金会	10400	22	1
18	规划到户责任到人	广东省扶贫基金会	10385	23	4
19	中央彩票公益金法律援助项目	中国法律援助基金会	10331	24	105
20	新型农村社区公益项目建设	河南省光彩事业基金会	10250	26	141
21	助困行动	中国残疾人福利基金会	9997	27	1
22	中央专项彩票公基金	中国妇女发展基金会	9809	28	1
23	红十字天使计划	中国红十字基金会	9740	29	1
24	助行行动	中国残疾人福利基金会	8333	31	1
25	芦山地震救援项目	中国扶贫基金会	8112	32	1
26	中央彩票公益金资助项目（贫困白血病、先心病患儿救助）	中国红十字基金会	8000	34	1
27	肿瘤防治基金	北京市红十字基金会	7369	35	141
28	施达赛患者援助项目	中国癌症基金会	7335	36	13
29	救灾项目	中国红十字基金会	7291	37	1
30	老牛生态恢复与保护基金项目	中国绿色碳汇基金会	6989	40	7

* 中基透明指数 FTI。截止日期：2015 年 4 月 30 日。

三　非公募基金会榜单

1. 2013年非公募基金会净资产 Top 50

排名	基金会名称	成立时间	所在地	净资产（万元）	全国排名	中基透明指数FTI 排名*
1	清华大学教育基金会	1994	北　京	322046	1	63
2	北京大学教育基金会	1995	北　京	299037	2	132
3	陕西省神木县民生慈善基金会	2011	陕　西	235991	3	1
4	河仁慈善基金会	2010	福　建	173550	6	137
5	浙江大学教育基金会	2006	浙　江	119280	7	1
6	上海民生艺术基金会	2010	上　海	88067	10	237
7	南京大学教育发展基金会	2005	江　苏	82139	12	1
8	南京金陵文化保护发展基金会	2010	江　苏	72733	14	284
9	神华公益基金会	2010	北　京	71905	15	77
10	老牛基金会	2004	内蒙古	71143	16	1
11	上海交通大学教育发展基金会	2005	上　海	67923	19	222
12	中国海油海洋环境与生态保护公益基金会	2012	北　京	52614	21	78
13	北京航空航天大学教育基金会	2005	北　京	49603	24	132
14	北京市中国人民大学教育基金会	2004	北　京	48157	25	92
15	北京师范大学教育基金会	2007	北　京	39727	32	181
16	中远慈善基金会	2005	北　京	36829	34	1
17	江苏陶欣伯助学基金会	2006	江　苏	33485	36	69
18	上海汽车工业科技发展基金会	1996	上　海	32919	37	166
19	中国和平发展基金会	2011	北　京	32082	38	39
20	江苏元林慈善基金会	2012	江　苏	31952	39	145
21	厦门大学教育发展基金会	2006	福　建	31136	40	125
22	瀛公益基金会	2010	北　京	30718	41	31
23	南京航空航天大学教育发展基金会	2006	江　苏	30470	42	27
24	慈济慈善事业基金会	2008	江　苏	29439	44	1
25	广东省雁洋公益基金会	2013	广　东	28111	48	N/A
26	上海复旦大学教育发展基金会	2004	上　海	26420	50	91
27	贵州省信合公益基金会	2013	贵　州	25334	55	N/A
28	苏州大学教育发展基金会	2006	江　苏	24993	56	38
29	南京工程学院教育发展基金会	2007	江　苏	23425	59	110
30	腾讯公益慈善基金会	2007	广　东	22940	60	1

续表

排名	基金会名称	成立时间	所在地	净资产（万元）	全国排名	中基透明指数 FTI 排名*
31	北京交通大学教育基金会	2009	北　京	22748	61	1
32	南京审计学院教育发展基金会	2006	江　苏	21411	65	106
33	陕西省府谷县城乡居民大病医疗救助基金会	2010	陕　西	20655	67	284
34	南京林业大学教育发展基金会	2008	江　苏	20231	69	481
35	紫金矿业慈善基金会	2012	福　建	20049	72	296
36	福建省黄仲咸教育基金会	2004	福　建	20030	73	284
37	泛海公益基金会	2010	北　京	20005	74	43
38	上海工商界爱国建设特种基金会	1993	上　海	19806	75	442
39	江西省农村信用社百福慈善基金会	2011	江　西	19787	76	216
40	中南大学教育基金会	2011	湖　南	19751	77	143
41	南京师范大学教育发展基金会	2006	江　苏	19309	78	156
42	南京信息大学教育发展基金会	2005	江　苏	19218	79	284
43	西北工业大学教育基金会	2007	陕　西	19006	81	58
44	友成企业家扶贫基金会	2007	北　京	18144	84	1
45	江苏大学教育发展基金会	2007	江　苏	18020	86	150
46	广东省华南理工大学教育发展基金会	2007	广　东	17773	88	164
47	上海唐君远教育基金会	1999	上　海	17524	89	150
48	爱佑慈善基金会	2008	北　京	17514	90	1
49	福建华侨大学教育基金会	2006	福　建	17358	93	421
50	华润慈善基金会	2010	广　东	17134	94	1

* 中基透明指数 FTI。截止日期：2015 年 4 月 30 日。

N/A 为 2013 年 1 月 1 日之后成立的基金会，暂未纳入中基透明指数 FTI 榜单。

2. 2013年非公募基金会捐赠收入 Top 50

序号	基金会名称	成立时间	所在地	捐赠收入（万元）	全国排名	中基透明指数 FTI 排名*
1	清华大学教育基金会	1994	北　京	145120	2	63
2	北京大学教育基金会	1995	北　京	139584	3	132
3	上海民生艺术基金会	2010	上　海	45200	10	237
4	南京金陵文化保护发展基金会	2010	江　苏	40500	12	284
5	浙江大学教育基金会	2006	浙　江	31980	15	1
6	江苏陶欣伯助学基金会	2006	江　苏	28044	16	69
7	广东省雁洋公益基金会	2013	广　东	27977	17	N/A

续表

序号	基金会名称	成立时间	所在地	捐赠收入（万元）	全国排名	中基透明指数FTI排名*
8	贵州省信合公益基金会	2013	贵　州	25874	18	N/A
9	江苏元林慈善基金会	2012	江　苏	25000	21	145
10	华阳慈善基金会	2009	福　建	19696	24	296
11	北京师范大学教育基金会	2007	北　京	17229	26	181
12	北京航空航天大学教育基金会	2005	北　京	16282	28	132
13	慈济慈善事业基金会	2008	江　苏	16242	29	1
14	爱佑慈善基金会	2008	北　京	15875	30	1
15	上海交通大学教育发展基金会	2005	上　海	15485	32	222
16	腾讯公益慈善基金会	2007	广　东	12870	37	1
17	厦门大学教育发展基金会	2006	福　建	12583	38	125
18	华润慈善基金会	2010	广　东	12392	39	1
19	江苏华仁扶贫发展基金会	2007	江　苏	11600	40	441
20	北京市中国人民大学教育基金会	2004	北　京	11086	42	92
21	南京大学教育发展基金会	2005	江　苏	10329	47	1
22	宁夏燕宝慈善基金会	2010	宁　夏	10324	48	65
23	广东省汕头大学教育基金会	2009	广　东	10298	49	137
24	贵州省宏立城公益基金会	2013	贵　州	10031	50	N/A
25	上海联和新泰战略研究与发展基金会	2001	上　海	10000	51	260
26	中华艺文基金会	2013	北　京	10000	52	N/A
27	武汉大学教育发展基金会	1995	湖　北	9374	53	131
28	哈尔滨工业大学教育发展基金会	2009	黑龙江	9093	57	54
29	安徽工业大学教育发展基金会	2013	安　徽	8808	59	N/A
30	北京民生文化艺术基金会	2010	北　京	8461	62	284
31	上海视觉艺术学院教育发展基金会	2012	上　海	8010	67	260
32	华中师范大学教育发展基金会	2010	湖　北	7365	72	307
33	增爱公益基金会	2012	上　海	7326	74	9
34	中南大学教育基金会	2011	湖　南	7037	77	143
35	上海同济大学教育发展基金会	2006	上　海	6916	78	224
36	浙江省新华爱心教育基金会	2007	浙　江	6685	81	34
37	广东省中山大学教育发展基金会	2004	广　东	5972	88	134
38	南通大学教育发展基金会	2006	江　苏	5941	91	143
39	中远慈善基金会	2005	北　京	5932	92	1
40	张学良教育基金会	2006	辽　宁	5911	93	450
41	南京审计学院教育发展基金会	2006	江　苏	5826	95	106

续表

序号	基金会名称	成立时间	所在地	捐赠收入（万元）	全国排名	中基透明指数 FTI 排名*
42	上海复旦大学教育发展基金会	2004	上　海	5700	98	91
43	韬奋基金会	1986	北　京	5616	99	128
44	中国海油海洋环境与生态保护公益基金会	2012	北　京	5516	100	78
45	山东省南山老龄事业发展基金会	2012	山　东	5479	101	201
46	福建华侨大学教育基金会	2006	福　建	5400	104	421
47	北京化工大学教育基金会	2011	北　京	5387	105	134
48	西北工业大学教育基金会	2007	陕　西	5377	106	58
49	天津大学北洋教育发展基金会	1995	天　津	5375	107	1
50	中兴通讯公益基金会	2012	广　东	5260	113	6

*中基透明指数 FTI。截止日期：2015 年 4 月 30 日。
N/A 为 2013 年 1 月 1 日之后成立的基金会，暂未纳入中基透明指数 FTI 榜单。

3. 2013年非公募基金会公益事业支出 Top 50

序号	基金会名称	成立时间	所在地	公益支出（万元）	全国排名	中基透明指数 FTI 排名*
1	清华大学教育基金会	1994	北　京	69373	5	63
2	华阳慈善基金会	2009	福　建	29943	13	296
3	神华公益基金会	2010	北　京	22949	17	77
4	北京大学教育基金会	1995	北　京	20937	18	132
5	江苏元林慈善基金会	2012	江　苏	19078	20	145
6	老牛基金会	2004	内蒙古	16904	21	1
7	苏州大学教育发展基金会	2006	江　苏	15773	22	38
8	浙江大学教育基金会	2006	浙　江	15317	23	1
9	河仁慈善基金会	2010	福　建	12742	30	137
10	腾讯公益慈善基金会	2007	广　东	11315	33	1
11	爱佑慈善基金会	2008	北　京	10867	35	1
12	华润慈善基金会	2010	广　东	10628	37	1
13	广东省汕头大学教育基金会	2009	广　东	10274	40	137
14	宁夏燕宝慈善基金会	2010	宁　夏	9750	43	65
15	北京市中国人民大学教育基金会	2004	北　京	9191	46	92
16	慈济慈善事业基金会	2008	江　苏	8667	47	1
17	北京民生文化艺术基金会	2010	北　京	8655	48	284
18	南京大学教育发展基金会	2005	江　苏	8150	50	1

续表

序号	基金会名称	成立时间	所在地	公益支出（万元）	全国排名	中基透明指数 FTI 排名 *
19	上海交通大学教育发展基金会	2005	上　海	7732	56	222
20	江苏大学教育发展基金会	2007	江　苏	7321	57	150
21	安利公益基金会	2011	北　京	7321	58	1
22	北京师范大学教育基金会	2007	北　京	7248	59	181
23	南京工业大学教育发展基金会	2007	江　苏	7103	60	313
24	南京信息大学教育发展基金会	2005	江　苏	6527	63	284
25	重庆大学教育发展基金会	2013	重　庆	6295	65	N/A
26	武汉大学教育发展基金会	1995	湖　北	6106	68	131
27	陕西省神木县民生慈善基金会	2011	陕　西	6042	70	1
28	中国海油海洋环境与生态保护公益基金会	2012	北　京	5973	71	78
29	广东省中山大学教育发展基金会	2004	广　东	5859	72	134
30	苏州科技学院教育发展基金会	2007	江　苏	5812	74	191
31	南通大学教育发展基金会	2006	江　苏	5762	75	143
32	张学良教育基金会	2006	辽　宁	5700	77	450
33	西北工业大学教育基金会	2007	陕　西	5501	80	58
34	浙江省新华爱心教育基金会	2007	浙　江	5360	81	34
35	上海同济大学教育发展基金会	2006	上　海	5117	84	224
36	榆林市胡星元慈善基金会	2006	陕　西	5093	85	296
37	山东省南山老龄事业发展基金会	2012	山　东	5050	86	201
38	吴阶平医学基金会	2002	北　京	4843	88	82
39	上海复旦大学教育发展基金会	2004	上　海	4812	89	91
40	招商局慈善基金会	2009	广　东	4483	92	1
41	江西省庐山东林净土文化基金会	2006	江　西	4329	97	284
42	北京国际音乐节艺术基金会	2005	北　京	4250	101	145
43	泛海公益基金会	2010	北　京	4040	104	43
44	北京航空航天大学教育基金会	2005	北　京	4026	105	132
45	哈尔滨工业大学教育发展基金会	2009	黑龙江	3972	107	54
46	广东省雅居乐公益基金会	2012	广　东	3897	108	296
47	南京工程学院教育发展基金会	2007	江　苏	3888	109	110
48	中国移动慈善基金会	2009	北　京	3830	110	11
49	上海民生艺术基金会	2010	上　海	3768	112	237
50	河海大学教育发展基金会	2007	江　苏	3597	114	176

* 中基透明指数 FTI。截止日期：2015 年 4 月 30 日。

N/A 为 2013 年 1 月 1 日之后成立的基金会，暂未纳入中基透明指数 FTI 榜单。

4. 2013年非公募基金会政府补助收入 Top 30

序号	基金会名称	成立时间	所在地	政府补助收入（万元）	政府补助收入占总收入比重（%）	全国排名	中基透明指数 FTI 排名*
1	陕西省神木县民生慈善基金会	2011	陕　西	15000	35	3	1
2	重庆大学教育发展基金会	2013	重　庆	4877	66	9	N/A
3	北京国际音乐节艺术基金会	2005	北　京	2765	61	14	145
4	上海巴斯德健康研究基金会	2007	上　海	1600	98	22	291
5	福建省林森基金会	2013	福　建	1264	86	25	N/A
6	河北省清河县教育基金会	2013	河　北	1170	52	26	N/A
7	宁波诺丁汉大学教育发展基金会	2012	浙　江	860	80	33	53
8	广州市羊城志愿服务基金会	2009	广　东	600	96	42	282
9	福建海西青年创业基金会	2007	福　建	536	74	44	260
10	河北省青年就业创业基金会	2009	河　北	516	91	45	296
11	瑞安市社会组织发展基金会	2013	浙　江	500	97	50	N/A
12	淮安大众助保基金会	2006	江　苏	400	60	68	284
13	上海阎宝航社会公益基金会	1991	上　海	400	96	70	237
14	南通市爱心帮困基金会	2008	江　苏	396	87	80	296
15	江苏软件产业人才发展基金会	2008	江　苏	300	97	97	216
16	南安市仑苍镇教育发展基金会	2008	福　建	284	30	104	176
17	乌兰浩特市城乡困难群众大病医疗救助基金会	2011	内蒙古	238	62	107	260
18	宿迁市宿豫区京东特困救助基金会	2012	江　苏	200	48	120	296
19	阿拉善生态基金会	2011	内蒙古	200	18	122	141
20	南京市中小学幼儿教师奖励基金会	1993	江　苏	200	63	128	284
21	黑龙江省大庆市妇女儿童基金会	2012	黑龙江	200	43	129	172
22	晋江市梅岭教育基金会	2013	福　建	200	13	130	N/A
23	林则徐基金会	1995	福　建	162	71	137	59
24	重庆市彭水教育基金会	2012	重　庆	160	25	140	225
25	聊城市牧琳爱爱心基金会	2013	山　东	150	73	150	N/A
26	宁夏回族自治区兴俊爱心慈善基金会	2011	宁　夏	150	7	151	296
27	东莞市沙田教育基金会	2012	广　东	150	57	152	296
28	亨通慈善基金会	2011	江　苏	126	8	154	284
29	南京师范大学附属中学教育发展基金会	2011	江　苏	120	6	158	284
30	湖南光召科学技术基金会	1996	湖　南	120	61	160	542

＊中基透明指数 FTI。截止日期：2015 年 4 月 30 日。

N/A 为 2013 年 1 月 1 日之后成立的基金会，暂未纳入中基透明指数 FTI 榜单。

5. 2013年非公募基金会投资收益 Top 30

序号	基金会名称	成立时间	所在地	投资收益（万元）	投资收益占总收入比重（%）	全国排名	中基透明指数 FTI 排名*
1	清华大学教育基金会	1994	北　京	18391	11	2	63
2	河仁慈善基金会	2010	福　建	14500	98	3	137
3	北京大学教育基金会	1995	北　京	9198	6	4	132
4	浙江大学教育基金会	2006	浙　江	3933	11	6	1
5	上海交通大学教育发展基金会	2005	上　海	3763	19	7	222
6	北京市中国人民大学教育基金会	2004	北　京	3310	22	8	92
7	中国海油海洋环境与生态保护公益基金会	2012	北　京	3087	36	9	78
8	中国和平发展基金会	2011	北　京	2578	88	11	39
9	神华公益基金会	2010	北　京	2062	56	15	77
10	江西省农村信用社百福慈善基金会	2011	江　西	1631	100	18	216
11	南京大学教育发展基金会	2005	江　苏	1547	11	21	1
12	中科院研究生教育基金会	2009	北　京	1414	52	24	200
13	中远慈善基金会	2005	北　京	1345	18	25	1
14	陕西省府谷县城乡居民大病医疗救助基金会	2010	陕　西	1305	99	26	284
15	广东省大成慈善基金会	2009	广　东	1220	98	27	166
16	泛海公益基金会	2010	北　京	1137	27	28	43
17	宁波鄞州银行公益基金会	2011	浙　江	1040	64	34	1
18	复旦管理学奖励基金会	2005	上　海	946	99	37	132
19	江苏元林慈善基金会	2012	江　苏	875	3	40	145
20	纺织之光科技教育基金会	2008	北　京	856	55	42	95
21	无锡公安大病特困救助基金会	2009	江　苏	829	25	45	284
22	桃源居公益事业发展基金会	2008	广　东	792	45	50	1
23	江苏陶欣伯助学基金会	2006	江　苏	787	3	51	69
24	紫金矿业慈善基金会	2012	福　建	733	22	55	296
25	上海工商界爱国建设特种基金会	1993	上　海	725	99	56	442
26	安徽大学教育基金会	2008	安　徽	696	64	59	182
27	华润慈善基金会	2010	广　东	680	5	60	1
28	南京审计学院教育发展基金会	2006	江　苏	677	10	61	106
29	西北工业大学教育基金会	2007	陕　西	636	11	63	58
30	上海唐君远教育基金会	1999	上　海	628	49	65	150

* 中基透明指数 FTI。截止日期：2015 年 4 月 30 日。

6. 2013年非公募基金会全职员工数量 Top 30

排名	基金会名称	成立时间	所在地	全职员工数量	全国排名	中基透明指数 FTI 排名*
1	浙江大学教育基金会	2006	浙　江	35	14	1
2	北京春苗儿童救助基金会	2010	北　京	28	19	445
3	河北省卓达养老基金会	2009	河　北	27	22	447
4	友成企业家扶贫基金会	2007	北　京	26	23	1
5	老牛基金会	2004	内蒙古	26	24	1
6	北京大学教育基金会	1995	北　京	25	25	132
7	清华大学教育基金会	1994	北　京	25	26	63
8	南京大学教育发展基金会	2005	江　苏	25	27	1
9	河北进德公益基金会	2011	河　北	24	31	87
10	广东省卓如医疗慈善救助基金会	2011	广　东	24	32	451
11	爱佑慈善基金会	2008	北　京	23	33	1
12	慈济慈善事业基金会	2008	江　苏	23	34	1
13	云南慧邦尼公益基金会	2013	云　南	23	37	N/A
14	北京师范大学教育基金会	2007	北　京	22	39	181
15	河南省荆浩非物质文化遗产传承发展基金会	2013	河　南	21	42	N/A
16	浙江省新华爱心教育基金会	2007	浙　江	20	43	34
17	福建省黄仲咸教育基金会	2004	福　建	19	46	284
18	宁夏燕宝慈善基金会	2010	宁　夏	19	50	65
19	四川大学教育基金会	2010	四　川	17	54	87
20	陕西省神木县民生慈善基金会	2011	陕　西	16	60	1
21	华民慈善基金会	2008	北　京	15	61	1
22	南都公益基金会	2007	北　京	15	62	1
23	广东省华南理工大学教育发展基金会	2007	广　东	15	70	164
24	余彭年慈善基金会	2010	广　东	14	75	296
25	江苏喻继高艺术基金会	2012	江　苏	14	81	537
26	北京市西部阳光农村发展基金会	2006	北　京	13	86	12
27	哈尔滨工业大学教育发展基金会	2009	黑龙江	13	92	54
28	顶新公益基金会	2010	北　京	13	93	176
29	山西省华安扶贫基金会	2011	山　西	13	94	269
30	广东省蓝态幸福文化公益基金会	2012	广　东	13	96	196

*中基透明指数 FTI。截止日期：2015 年 4 月 30 日。

N/A 为 2013 年 1 月 1 日之后成立的基金会，暂未纳入中基透明指数 FTI 榜单。

7. 2013年非公募基金会项目支出 Top 30

序号	项目名称	基金会名称	支出总额（万元）	全国排名	中基透明指数 FTI 排名*
1	支援学校基本建设	苏州科技学院教育发展基金会	58000	5	191
2	长庚医学基金	清华大学教育基金会	29680	9	63
3	捐赠北京清华长庚医院	华阳慈善基金会	29680	10	296
4	元林老年大学（江阴、靖江、泰兴）	江苏元林慈善基金会	18404	14	145
5	基础设施、教学及学科发展资助项目	浙江大学教育基金会	11613	21	1
6	神华爱心行动	神华公益基金会	10320	25	77
7	仪器设备支出	苏州大学教育发展基金会	9712	30	38
8	教育基金	清华大学教育基金会	8100	33	63
9	爱佑童心	爱佑慈善基金会	7099	38	1
10	捐助工业大学规划二期人防工程和环科楼项目	南京工业大学教育发展基金会	7000	39	313
11	教师发展项目	北京大学教育基金会	6386	46	132
12	捐资助学	宁夏燕宝慈善基金会	6358	48	65
13	古田华润希望小镇	华润慈善基金会	6200	50	1
14	学校建设与发展	南通大学教育发展基金会	5693	53	143
15	教育及公益倡导项目	腾讯公益慈善基金会	5586	55	1
16	研究基金	清华大学教育基金会	5556	56	63
17	内蒙古盛乐国际生态示范区项目（植被修复与保护子项目）	老牛基金会	5350	59	1
18	捐赠北京民生现代美术馆	北京民生文化艺术基金会	5155	62	284
19	发放老人补贴	山东省南山老龄事业发展基金会	5050	63	201
20	生科院实验室建设	南京中国药科大学教育发展基金会	5000	64	284
21	榆阳区公共文化服务中心	榆林市胡星元慈善基金会	5000	65	296
22	春苗营养计划	安利公益基金会	4894	66	1
23	捡回珍珠计划	浙江省新华爱心教育基金会	4877	67	34
24	学生奖助项目	北京大学教育基金会	4873	69	132
25	学科建设项目	北京大学教育基金会	4789	71	132
26	冬令发放	慈济慈善事业基金会	4509	75	1
27	清华大学艺术博物馆	清华大学教育基金会	4500	76	63
28	福建省福清高山崇恩寺修建	河仁慈善基金会	4500	77	137
29	财政补贴基金	重庆大学教育发展基金会	4500	78	N/A
30	养老工程	陕西省神木县民生慈善基金会	4390	80	1

* 中基透明指数 FTI。截止日期：2015 年 4 月 30 日。

N/A 为 2013 年 1 月 1 日之后成立的基金会，暂未纳入中基透明指数 FTI 榜单。

致　谢

基金会绿皮书系列是基金会中心网每年连续出版的一本行业报告，迄今为止已经连续出版了 4 年，康晓光教授和邓国胜教授等业界翘楚也先后主编过该报告，基金会绿皮书在业内也拥有较高的影响力。当基金会中心网程刚总裁 2015 年年初找到我编写这本报告的时候，我刚刚从中央民族大学管理学院副院长陈旭清教授手中接过基金会研究中心的工作。在清华大学 NGO 研究所从事博士后研究工作期间，我就已经开始密切关注基金会发展的前沿动态，通过本报告的撰写，可以系统地对基金会进行观察和研究，对我而言是一个很好的学习和提升机会。在此，首先要向程总表示感谢。

本报告之所以能够在两个月的时间内顺利付梓，要归功于整个团队的共同努力。团队成员主要来自国内基金会领域的研究学者和实务者，其中有一些是我的朋友和同事，有一些是我素未谋面的业内精英，在我发出邀请的时候，大家都欣然应允，从百忙之中抽出时间参与到报告写作之中并贡献了高质量的成果，在此尤其要向他们表示衷心的感谢。其中，华侨基金会滕潘慧撰写了鄞州银行的案例；瑞森德副总裁刘盛以及叶盈和邱莹两位同事贡献了体验筹款和运动筹款的两个精彩案例；深圳大学管理学院罗文恩撰写了深圳市慈善会改革的案例；中央编译局比较政治研究中心才凤伟撰写了联合之路的案例；商务部研究院跨国研究中心林志刚撰写了敦和基金会的案例。互助教育计划秘书长党军、中国公益研究院黎颖露、心创益杨诗琪和公益观察员廿三等也基于自己的专业特长，参与了本报告相关章节的撰写。

还要感谢我在北京师范大学珠海分校宋庆龄慈善教育中心的学生们，当我承接了此项工作的时候，他们主动要求参与到报告团队当中，参与了本报告相关章节的撰写，他们是谢嘉婷、杨淳之、颜俊玲、张文勇、陈曦、方玲玲、白铭蕾、曾祥静等，在这里一并向他们表示感谢。

基金会中心网程刚总裁、陶泽副总裁在报告撰写期间，在整体框架和研究内容上给予了宝贵的意见，尤其是基金会中心网的王君女士对基础数据进行了全面整理，并在后续校稿过程中付出了大量的时间和精力。同时还要感谢在报告撰写过程中提供调研帮助的相关人员，他们是老牛基金会雷永胜秘书长，浙江敦和慈善基金会刘洲鸿秘书长、熊敏华副秘书长，上海宋庆龄基金会的杨晔副秘书长，中和农信外联主管李琦，心平基金会的伍松秘书长和宁波鄞州银行公益基金会的严意娜秘书长等。

最后，感谢社会科学文献出版社社会政法分社社长王绯女士对报告的出版给予的有力支持，以及黄金平先生的编辑工作，保证了本报告的及时出版。本报告的完成得益于每个人的支持和帮助，在此表示诚挚的谢意！

李 健

2015 年 3 月 7 日

法律声明